Produktionspraxis 1

Bastian Clevé

Wege zum Geld

Film-, Fernseh- und Multimedia-Finanzierungen

Bleicher Verlag

Für Marietta Celine

Die Deutsche Bibliothek – CIP-Einheitsaufnahme

Clevé, Bastian:
Wege zum Geld : Film-, Fernseh- und Multimedia-Finanzierungen
/ von Bastian Clevé.
– 2., aktualisierte Aufl. – Gerlingen : Bleicher, 1997
ISBN 3-88350-994-9

Herstellung und Vertrieb: Bleicher Verlag, Gerlingen
Umschlagentwurf: Christa Gnädig, Bleicher Verlag
Druck und Weiterverarbeitung: Maisch + Queck, Gerlingen
ISBN 3-88350-994-9

Inhaltsverzeichnis

Grußwort

Liebe Leserinnen und Leser,

die Branche der Film-, Fernseh- und Multimedia-Produzenten hat in Baden-Württemberg gute Entwicklungsmöglichkeiten. Das Land baut seine branchenspezifische Infrastruktur gezielt auf und leistet Hilfe zur Selbsthilfe.

Die Aktivitäten des Landesgewerbeamtes, der Filmakademie Baden-Württemberg und der Medien- und Filmgesellschaft Baden-Württemberg in den letzten Jahren belegen die Entschlossenheit der Landesregierung, diesen Bereich zu fördern.

Als Herausgeber dieses Buches freuen wir uns besonders über die gute Nachfrage, die dazu führte, daß bereits vor Ablauf eines Jahres eine neue Auflage notwendig ist. Diese Nachfrage läßt die Folgerung zu, daß mit Professor Clevés Leitbuch eine erhebliche Informationslücke geschlossen werden konnte.

Wir würden uns freuen, wenn die hiermit vorgelegten Informationen den mittelständischen Unternehmen und Existenzgründern in unserem Lande Nutzen bringen.

Dr. Willi Weiblen
Präsident des Landesgewerbeamts Baden-Württemberg

Einführung

Was dieses Buch versucht zu sein, und was es nicht ist. Dieses Buch wird nicht versuchen, einen historisch-kulturellen Diskurs zur deutschen und europäischen Film- und Fernsehproduktion zu bieten, um von daher die unterschiedlichen Finanzierungsinstrumente und Modelle zu erklären. Es wird sich auch nicht einlassen auf die Debatte der Unterschiedlichkeit und kulturellen Wertigkeit des europäischen Films bzw. der europäischen Medienproduktion im Vergleich zu der amerikanischen. Freilich wird man nicht darum herumkommen, das amerikanische System der Filmfinanzierung mit dem der europäischen bzw. deutschen zumindest hin und wieder zu vergleichen und auf die Unterschiede und sich daraus ergebenden Folgen, z.T. durchaus in persönlich gefärbten Kommentaren, hinzuweisen. Ebenfalls wird dieses Buch keinen Kurs in Betriebswirtschaftslehre, Rechnungswesen oder Filmgeschäftsführung bieten. – Ein grundsätzliches Verständnis und die fundamentale Kenntnis der Mechanismen von Medienproduktion und Marktdetails also setze ich beim Leser voraus.

Dieses Buch wird versuchen – und die Informationsbedürfnisse und auch Standpunkte und Anliegen der Medienproduzenten stehen hierbei durchaus an erster Stelle – die unterschiedlichen Finanzierungsinstrumente und -modelle, so wie sie z.Zt. in Deutschland bei Film- und Fernseh-, wie auch Multimedia-Produktionen praktiziert werden, darzustellen und so anschaulich wie möglich zu beschreiben. Wert lege ich dabei auf eine Detailtiefe, wie sie in allgemeineren, z.B. in Fachzeitschriften nur gelegentlich zu findenden Darstellungen, nicht anzutreffen ist. Ein besonderes Augenmerk soll zusätzlich auf Baden-Württemberg gerichtet werden.

Gebündelte Literatur zu diesem Thema ist bemerkenswert rar, zum einen wohl deshalb, weil es sich hier um Wissen handelt, das die vielen, unterschiedlich Beteiligten nicht ohne weiteres besprechen wollen, zum anderen auch deswegen, weil es sich um ein äußerst mühsames, weil akribisches und insofern zeitaufwendiges Unterfangen handelt. Finanzierungsinstrumente und -modelle unterliegen im Detail zudem im Umfeld einer sich permanent verändernden Medienlandschaft fortwährenden Modifikationen, obwohl die grundsätzlichen Mechanismen die gleichen bleiben. Sichtbar wird auch in diesem Buch, daß es unterschiedliche Sichtweisen auf unterschiedliche Themen und Probleme gibt – jeweils entsprechend den unterschiedlichen Interessenlagen.

Die Idee zu diesem Buch entstand zum einen aufgrund einer Anregung von Herrn Gernot Wendlandt, der im Haus der Wirtschaft des Landesgewerbeamtes in Stuttgart den „Arbeitskreis der baden-württembergischen Film-, Fernseh- und Multimediaproduzenten" fürsorglich liebevoll und effektiv betreut, und zum anderen aus Vorlesungen des Studienganges PRODUKTION, den ich an der Filmakademie Baden-Württemberg, Ludwigsburg, seit 1991 auch unter der hiermit gedankten Mithilfe meiner Assistentin Mechthild Kaub aufgebaut habe und den ich seitdem leite. Das Prinzip dieser Studienrichtung, nämlich alle Aspekte der audiovisuellen Medienproduktion durch Praktiker und Experten aus der Branche selbst darzustellen, sorgt dafür, daß fortwährend aktuelle Informationen in die Studienrichtung einfließen und den Studentinnen und Studenten zur Verfügung stehen. In den jeweiligen Blockseminaren wird ins „Kleingedruckte" und in die Details der Materie eingedrungen – hiermit möchte ich mich besonders bei allen, auch zukünftigen, Gastreferenten* dafür bedanken, daß sie uns so großzügig und uneigennützig Einsicht haben nehmen lassen. Ich habe mich bemüht, möglichst präzise und verständlich die unterschiedlichen Themenkreise zu erfassen: Die Anlagen gegen Ende des Buches stellen oftmals besonders gesetzliche Richtlinien dar, die ja gerade in Deutschland und Europa die Grundlage der Film-Produktionslandschaft bilden, sowie weiter unterschiedliche Verträge, die die Grundlage jeglicher Zusammenarbeit darstellen. Obwohl ich mich um korrekte Informationen bemüht habe, kann keinerlei Gewähr für die in diesem Buch gegebenen Unterlagen gegeben werden.

Besonderer Dank speziell für die Aufarbeitung dieses Buches gebührt Christoph Holch (Redaktion Fernsehspiel, ZDF, Mainz), Helga Bähr (LICHTBLICK Film, Hamburg), Michael Burghoff (VIDEAL, Hamburg), Sigrid Lotz und Nikola Mirza (MEDIA Desk, Hamburg), Wolfgang Brehm (Rechtsanwalt, Heuking Kühn Kunz Wojtek, Frankfurt a.M.), Hans-Joachim Mendig (Odeon Film, Wiesbaden), Prof. Klaus Keil (Filmboard Berlin-Brandenburg), Gabriele Röthemeyer (Medien- und Filmgesellschaft, Stuttgart), Sibylle Hubatschek-Rahn und Claudia Tronnier (Red. Kleines Fernsehspiel, ZDF), Christian Cloos (Redaktion Quantum, ZDF), Gebhard Plangger (SWF), Rolf Engelhardt (Stadtsparkasse Köln), Klaus Frers und Ed Ernst (Daydream Prod., München), Prof. Dr. Norbert P. Flechsig (Rechtsanwalt, Stuttgart), Dr. Andreas Schreitmüller (arte, Redaktionsleiter Fernsehfilm, Straßburg), Hans Dieterle (Landesanstalt für Kommunikation, Stuttgart), Dr. Hans-Günther Brüske (Koordination arte), Thomas Haffa (EM-Entertainment, München), Dr. Johann Hinrich Gerhard (Geyer-Werke, München), Dr. Bernd Schnappinger (PRO7, Multimedia, München), Stefan Thul (Produktionsleiter, PRO7 Eigenproduktion, München), Monika Westhäußer (Steuerberaterin, Stuttgart), Almuth Pfaff, M.A. (München), Kerstin Wiedé (Producerin SAT.1, Berlin), Petra Wersch, FFA und Harro von Have (Rechtsanwalt, Hamburg), die mir durch teils ausführliche Interviews geholfen haben, Themen zu durchleuchten, zusätzliche Informationen zu erhalten und eine Unmenge von Detailfragen zu beantworten.

* Siehe **Anlage Nr. 1**, S. 197.

Über Laurens Straub noch etwas sagen zu wollen, hieße wohl Oscars nach Hollywood zu tragen; er hat es auf sich genommen, dieses Buch begleitend zu lesen, und dafür möchte ich ihm wirklich ganz herzlich danken.

Bedanken möchte ich mich auch bei den Studentinnen und Studenten, besonders der Studienrichtung PRODUKTION, die mir wieder etwas Mut und Zuversicht geben, wenn ich an die Zukunft des deutschen Films und Fernsehens denke.

Prof. Bastian Clevé
im Dezember 1995

Einführung zur 2., aktualisierten Auflage

Die 2., aktualisierte Auflage des vorliegenden Buches macht deutlich, wie schnell Entwicklungen im Medienbereich zu verzeichnen sind: Neben meinem nicht immer, aber doch recht häufig erfolgreichen Bemühen, jeweils neueres Zahlenmaterial zu erhalten und zu verarbeiten, liegen die größten Veränderungen scheinbar auf Initiativen und Programmen, die oftmals politisch gesteuert und motiviert sind oder waren.

Die davon unabhängigen nationalen und internationalen Medienkonzernverflechtungen haben ebenfalls turbulente Zeiten hinter sich; neue Allianzen wurden und werden geschlossen (z.B. Bertelsmann/Ufa und CLT, Time Warner und Turner Broadcasting System, Walt Disney und ABC), andere wieder gelöst oder umgewandelt, Marktprognosen haben sich als zu optimistisch erwiesen (z.B. das Digitale Fernsehangebot DF-1 der Kirch-Gruppe hat nur ca. 10% der 200.000 Abonnenten anziehen können, die erwartet worden waren) und Personalallianzen, die mit großen Erwartungen eingegangen worden waren, sind gescheitert (z.B. Michael Ovitz' $ 90 Mio teurer Weggang von Disney nach nur 18 Monaten). Entsprechend hat sich die Rangfolge der weltgrößten Unterhaltungskonzerne von 1995 zu 1996 folgendermaßen verändert:

	1995	1996
1.	Time Warner Inc.	Time Warner Inc.
2.	Bertelsmann AG	The Walt Disney Co.
3.	Walt Disney Co.	Viacom
4.	News Corp., AUS	Sony Entertainment Corp.
5.	Fujisankei Communications	Bertelsmann/CLT
6.	Sony Entertainment Corp.	Tele Communications

Das Film-Fernseh-Abkommen zwischen der FFA und den öffentlich-rechtlichen Sendern ist wieder in Kraft getreten, und auch die privaten Fernsehanbieter haben sich zum Jahresschluß 96 mit der FFA konstruktiv geeinigt.

Das Filmboard Berlin-Brandenburg ist 1996 in eine finanzielle Schieflage geraten, die den ambitioniert gesteckten Zielen noch einige Hürden aufbaut; ob diese Ziele mittelfristig noch zu erreichen sind, hängt wesentlich auch vom politischen Willen und der Finanzkraft der beiden Länder ab; dazu im Gegensatz hat sich die Medien- und Filmgesellschaft in Stuttgart konsolidiert, und die Förder-Richtlinien haben eine der Praxis und besonderen politischen und geographischen Situation angepaßte positive Veränderung erfahren.

Das Thema Ballungsraumfernsehen in Stuttgart steht derweil wohl vor dem Beginn, nachdem einige ursprüngliche Bewerber und Investoren sich zurückgezogen hatten: zu den deren Auffassung zufolge wirtschaftlich unattraktiven Erwartungen – bislang schreibt kein Ballungsraum-TV schwarze Zahlen – kam eine schleppende institutionelle Verwirklichung, die den ursprünglichen Initialenthusiasmus vertrieben hatte. Die Lizenzierung ging nun an die Bewerbergruppe DRF TV in Baden GmbH & Co.KG (Ballungsraum TV-Gesellschaft, Modern Video, SDR, Ernst Klett International).

Der von der Politik großspurig angekündigte „europaweit größte Feldversuch im Bereich Datenhighway" – ebenfalls in Stuttgart mit 4000 Testhaushalten geplant – hatte im Herbst 1996 nach kontinuierlichem „Down-Sizing" und Startverschiebungen seinen Geist aufgegeben, noch bevor er die technologischen Startlöcher verlassen hatte.

Eine weitere, auch für Produzenten möglicherweise relevante Entwicklung, stellt die in Angriff genommene Fusionierung des SDR und SWF dar; es ist allerdings noch zu früh, konkrete Auswirkungen zu vermelden – Konzepte hierfür sollen bis zum Herbst dieses Jahres verabschiedet werden.

In diesem Jahr jedenfalls wird der Programmetat des SWF Fernsehens um 6,35% gekürzt, während der SDR beim Fernsehetat eine Erhöhung um 14,1% ankündigt. Über die konkrete Verwendung dieser Mittel wird im Laufe dieses Jahres entschieden, beinhaltet seien jedoch Mittel zweckgebunden für den Kinderkanal von ARD und ZDF und den geplanten „Ereignis-, Parlaments- und Dokumentationskanal". Die Befürchtungen freier Produzenten, daß sich die Auftragsvergabe auch durch eine Fusionierung nicht oder nur kaum verbessern wird, sind nicht ganz unbegründet.

Für eine vorläufige Laufzeit von fünf Jahren ist im Rahmen der „Standortentwicklung" ab diesem Jahr der „Multimedia-Kongreß" statt wie zuvor in Heidelberg und dann Leipzig nun in Stuttgart beheimatet.

Auf europäischer Ebene liegt derweil das Programm MEDIA II vor – auch hier sind erhebliche konzeptionelle und organisatorische Veränderungen zu vermelden. Das entsprechende Kapitel in diesem Buch wurde neu geschrieben.

Im Bereich der Investment-Finanzierung ist aufgrund der zum Jahresbeginn veränderten Steuerabschreibungsmöglichkeiten in Folge der deutschen Wiedervereinigung zunehmende Fondsaktivität im Medienbereich zu beobachten; wiederum ist es zu früh, zu beurteilen, ob die angekündigten Fonds zu einer grundlegenden Belebung bzw. Zuschauerorientierung der deutschen Produktionslandschaft führen werden. Der größte Fonds, Kapital Consult in Stuttgart, investiert jedenfalls ausschließlich in Hollywood-Produktionen.

Prof. Bastian Clevé
im August 1997

Anstatt eines Vorworts:

Grundsätzliches für alle, die in der Medienbranche tätig werden wollen, sind und waren:

Risikohinweise*

„Es wird darauf hingewiesen, daß es sich bei vorliegendem Projekt um eine Medienfinanzierung handelt, deren endgültige Ertragsergebnisse nicht im voraus konkretisiert werden können. Insofern ist auch diese gewerbliche Betätigung trotz der bereits feststehenden Anfangserträge nicht ohne die branchenüblichen unternehmerischen Risiken durchführbar. Die zukünftigen Erträge können von den bisherigen Erfahrungswerten aus heute nicht erkennbaren Gründen u.U. erheblich abweichen. Sollten sich einzelne Produkte nicht mit dem erwarteten Erfolg vermarkten lassen, können Vermögensverluste bei einer Beteiligung nicht ausgeschlossen werden.
Wir weisen darauf hin, daß sich durch heute nicht konkretisierbare Umstände im Gegensatz zur aktuellen Marktlage Marktveränderungen ergeben können, die durch ungünstige Preisentwicklungen oder eine veränderte Nachfragesituation eine nicht erwartungsgemäße Ertragslage verursachen können. In diesem Falle würden die Ertragsrückflüsse der Gesellschafter entsprechend gemindert. Auch eine Veränderung der Marktposition der Firmengruppe aus heute unbekannten Gründen, eine generelle Veränderung der Marktsituation oder Wettbewerbssituation kann eine negative Beeinträchtigung von Geschäftsergebnissen bewirken.
Es kann branchenbedingt keine Garantie dafür übernommen werden, daß die Kommanditgesellschaft die gleichen Ergebnisse wie ihre Vorläufergesellschaften erzielt. Sollten bei den Coproduzenten Insolvenzen entstehen, können verzögerte Produktfertigstellungen, bedingt durch die Akquisition gleichwertiger neuer Coproduzenten, entstehen. Sollten Künstler, die bei der Projektdurchführung ausfallen, entgegen den bisherigen Erfahrungen nicht durch gleichwertige ersetzt werden können, kann dieses zur Herstellung anderer, vergleichbarer Produktionen führen.
Es wird darauf hingewiesen, daß, wie in jeder Unternehmung, bei Ausfall der Geschäftsführung nicht verhinderbare Nachteile wie kurzfristige Projektverzögerungen durch die Einarbeitung von Ersatzpersonen entstehen können."

* Zitiert aus dem Prospekt der Fünfundzwanzigsten Beteiligungs-KG VIDEAL, Hamburg, 1995.

Die Rolle von Banken bei Film- und Fernsehproduktionen. Die Situation in Deutschland

„Ein Banker ist jemand, der Gürtel *und* Hosenträger trägt."

In Deutschland befassen sich eigentlich nur vier Bankinstitute mit Film- und Fernsehfinanzierung: die Berliner Bank in Berlin und München und die Bayerische Hypobank in München, sowie die West LB/Investitionsbank in Düsseldorf (die allerdings momentan ihr Schwergewicht in amerikanischen Medieninvestitionen sieht). Die Kölner Stadtsparkasse plant ebenfalls, sich zunehmend mehr als Filmbank zu profilieren. Diese zuerst genannten Banken, zusätzlich zu der Bayerischen Vereinsbank, betätigen sich allerdings rege im US-amerikanischen Produktionsgeschäft (u.a. „Das Schweigen der Lämmer"/Bayer. Vereinsbank; „Natural Born Killers", „Free Willy", „Ludwig van B."/ Berliner Bank).
Auf europäischem Feld sind die aktivsten mit Film- und Medienfinanzierung befaßten Banken die Banca Nazionale del Lavoro; die Banque Worms in Paris; Person, Heldring & Pierson (NL) und die British & Commonwealth Merchant Bank Plc., London.
Wobei zugleich festzustellen ist, daß diese Banken, wie gemeinhin fast alle europäischen Banken und damit im Gegensatz zu einigen ihrer amerikanischen Kollegen stehend, nicht als Investoren mit den entsprechenden Verlust- oder Gewinnrisiken, sondern allein als Finanzintermediäre auftreten. Ein Produzent also, der erwartet, daß eine deutsche Bank ihm „einfach so", nämlich überzeugt von der Qualität und den möglichen Marktchancen des Projektes, ähnlich einem Investor, Kapital zur Produktion seines Filmes zur Verfügung stellt, wird enttäuscht werden.
Um eine optimale Zusammenarbeit beider Parteien zu gewährleisten, ist es notwendig, daß sowohl die Banken das Wesen von Medienproduktion verstehen als vor allen Dingen auch, daß Medienproduzenten sich vor Augen führen, wie Banker denken und was Banker erwarten.

Allgemeines

Um die Position und Rolle von Banken richtig einordnen zu können, vorab ein kurzer Blick darauf, wie Filme und Fernsehproduktionen allgemein und in Deutschland üblicherweise finanziert werden und wie sie Rückflüsse und Gewinne abwerfen können: Im Kino- (und Fernseh)bereich kommen Filme gewöhnlich erst in die Produktions-

und Herstellungsphase, wenn die Finanzierung vollkommen gesichert und geschlossen ist. Dies geschieht, sofern es sich meistens wie im Fernsehen nicht um reine Auftragsproduktionen handelt, durch Vorverkäufe der Aufführungs/Distributions- und Senderechte sowie, falls nötig und möglich, anderer möglicher Lizenzrechte wie Print, Musikvermarktung u.a., generell also der umfassenden und erschöpfenden späteren kommerziellen Nutzung. Oder bzw. in Kombination mit möglichen staatlichen Filmförderungssummen, mit Eigeninvestitionen, mit Fremdinvestitionen, mit Gagen- und anderen Rückstellungen oder Mitteln des Product-Placements und Merchandisings.
In den meisten Fällen allerdings zahlen die beteiligten Geldgeber und Vertragspartner nur schrittweise und in Raten entsprechend dem Verlauf und Fortschritt der Produktion, oder auch erst bei Ablieferung des fertigen Produktes.
Rückflüsse an die Produzenten über die vertraglichen Garantiesummen der Vorverkäufe hinaus – im Falle einer Gewinnbeteiligung – erfolgen gewöhnlich oder oftmals erst nach dem Break-Even-Point und der Gewinnerzielung und treten entsprechend erst mit erheblicher Verzögerung und in Staffelungen ein, die sich zudem über mehrere Jahre erstrecken können. Im allgemeinen rechnet man mit einer ersten Auswertungsperiode von ca. 5 Jahren für einen Kinofilm, in der er – im Falle des Erfolgs – neben der Kinoauswertung die des Pay-TV, Video, Commercial TV, Free TV und der Nebenmärkte Print, Merchandising, Musik durchlaufen kann. Spätere, wiederholte Verkäufe sind allerdings bei „A"– und Hollywood-Produktionen die Regel – diese haben oft eine weltweite Lebensdauer von mehreren Jahrzehnten, wie man sich bei der Durchsicht der Fernseh-programmzeitschriften – da ja das Programm überwiegend aus Wiederholungen besteht – selbst überzeugen kann. Derartige Archive, „Libraries" von Kinofilmen und Fernsehserien nahezu jeden Alters, stellen erhebliche Werte dar. In einer Nebenbemerkung: Auffällig ist auch, daß deutsche Filme à la „Der Hexer", Schlager- oder Heimatfilme der deutschen „Altproduzenten" der 50er und 60er Jahre regelmäßig zumindest regional zu sehen sind (was man von den allermeisten Filmen des „Jungen deutschen Films" nicht behaupten kann). Ein Grund dafür ist natürlich auch in der Tatsache zu finden, neben dem, was man so „allgemeinen Publikumsgeschmack" nennt, daß die Filme dieser „Altproduzenten" meistens ohne Fernsehbeteiligung hergestellt worden waren, d.h. die Produzenten selbst verfügen noch über die entsprechenden Verwertungsrechte. Diese werden z.B. jetzt und heute wieder genutzt – nämlich die der Re-Makes bzw. Sequels, der Nach- und Neuverfilmung – da momentan Neuverfilmungen der alten „Klassiker" für deutsche Fernsehsender en vogue sind.
Im Fernsehbereich dagegen gibt es entweder Auftragsproduktionen, bei denen der Produzent im Auftrage eines Fernsehsenders oder Networks unter Garantie einer ca. 15%igen Pauschale der Herstellungskosten, die sich zu gleichen Teilen aus Handlungskosten und Gewinnmarge zusammensetzt, ein Produkt erstellt und kein oder ein geringes finanzielles Risiko eingeht – dafür allerdings auch keinerlei oder nur geringe Verwertungsrechte behält – diese verbleiben vollständig, exklusiv, zeitlich und örtlich unbeschränkt beim Auftraggeber, dem Sender; oder im Falle einer Koproduktion mit dem Sender z.B. auch über Fernsehförderungen oder das Film-Fernseh-Abkommen oder Auslandsvorverkäufe, beteiligt sich die Produktionsfirma am Risiko und erhält

dafür im Erfolgsfalle z.B. einer internationalen Verwertung entsprechend mehr von den Rückflüssen. Es sei allerdings angemerkt, daß das letztere für deutsche Fernsehproduktionen eher die Ausnahme ist.
In beiden Fällen allerdings, da die Auftraggeber ebenfalls in mehreren Raten und letztlich erst vollständig bei Ablieferung eines sendefähigen Produktes zahlen, ist der Produzent über den Zeitraum der Produktion bis zur Ablieferung auf ausreichenden Kapitalmittelfluß* angewiesen; diesen sicherzustellen im Falle eines negativen Cash-Flow, der meistens in der Mitte bis zum Ende von Dreharbeiten einer Produktion auftritt, ist der wesentliche Tätigkeitsbereich von Banken.

Wie sieht der Bereich Film- und Fernsehproduktion aus dem Blickwinkel der Banker aus?

Grundlage eines Entschlusses einer Bank, in diesem Bereich überhaupt tätig zu werden, d.h. eine eigene Abteilung für dieses Marktsegment aufzubauen, was ja eine z.T. erhebliche personelle, zeitliche und finanzielle Investition darstellt, die im Falle von Kinofilmen und internationalen Fernsehkoproduktionen u.U. durchaus auch international orientiert sein muß, ist zuallererst die Einschätzung über heutige und zukünftige Märkte und deren Wachstumsmöglichkeiten.
Fazit mehrerer Untersuchungen ist die Beurteilung, daß die Medien-Märkte auf Wachstumskurs bleiben werden und somit gute Chancen für professionelle Film- und Fernsehproduzenten darstellen. Das stellt sich in der Wertigkeit folgendermaßen dar:

1.	Deutschland	+
2a.	Westeuropa	+
2b.	Osteuropa	++
3a.	Nordamerika, Australien	+
	Japan	+
3b.	Südamerika	++
3c.	Asien, Afrika, Indien	++

Nach einer Studie der American Film Market Association AFMA, die den Zeitraum 1984-94 beobachtet, stellen sich die Top Ten Territories (für alle Medien und für 1994) für US-Medienprodukte folgendermaßen dar:

* Das Beispiel eines typischen Kapitalmittelflußplans bzgl. Förderungen siehe in der **Anlage Nr. 2**, S. 202.

	Land	Verkäufe (in $ Tsd)	Prozent im Jahrestotal
1.	Deutschland	151.805	13
2.	Großbritannien	140.219	12
3.	Japan	136.003	12
4.	Italien	118.061	10
5.	Frankreich	85.078	7
6.	Korea	68.410	6
7.	Spanien	57.221	5
8.	Australien, Neuseel.	52.266	5
9.	Skandinavien	41.378	4
10.	Kanada	22.272	2
insgesamt		872.714	77

Der Rest der Welt (ROW/Rest of World) erlebte in den vergangenen 10 Jahren eine Steigerung von 9% auf 16% der Verkäufe. Die Verkäufe in osteuropäische Länder hatten ab 1988 eine 861%ige Steigerung erfahren bis 1991 mit Verkäufen in Höhe von $ 21.8 Mio und ist seitdem nicht mehr gewachsen, wofür die politische Instabilität als Ursache angesehen wird. Indien, Indonesien und Thailand werden als zukünftig expandierende Märkte angesehen.
Die Einschätzung der Situation des Kinofilms in Deutschland allerdings erfährt durch die Banken eine weniger optimistische Erkenntnis: nämlich aufgrund der seit über Jahrzehnte existierenden Filmförderungssysteme wird dem deutschen Film generell vorgeworfen, an der Marktnachfrage vorbeizugehen, weil vorbeigehen zu können; dementsprechend sei auch das Verständnis der Produzenten für betriebswirtschaftliche Erfolgskriterien wenig ausgebildet; dementsprechend arbeiten Banken nur bedingt und in verhältnismäßig geringem Umfang mit Filmproduzenten zusammen.
Nicht unerwähnt allerdings soll bleiben, daß Banken das Geschäft mit deutschen Produzenten (Ausnahmen wie z.B. Bernd Eichingers Constantin Filmproduktion und -verleih, München; Bankpartner Münchner Hypo und Berliner Bank bestätigen diese Regel) auch aufgrund des geringen Umsatzvolumens und deshalb geringen Kreditbedarfs ertragsmäßig für wenig attraktiv halten: Für Banken sind Medien-Kunden, auch eingedenk besonders der Tatsache, daß es sich prinzipiell um ein High-risk-Geschäft handelt, mit einem Kreditbedarf von weniger als 5 Mio DM/Jahr vergleichsweise uninteressant. Filmproduktion in Deutschland ist allerdings das Geschäft von kleinst- oder mittelgroßen Produktionsfirmen, die gewöhnlich 1 oder 2 Filme pro Jahr herstellen – ein Kreditbedarf liegt hier bei nur ca. 200.000-300.000 DM/Jahr.
Selbst der Aufbau einer umfangreicheren Produktpalette mit höherer Produktionsaktivität mit entsprechend höherem Finanzbedarf – Drehbücher wie auch Abnehmer gäbe es nach Auskunft von Produktionsfirmen anscheinend genug – scheitert daran, daß deutsche Banken normalerweise von den Produzenten Bürgschaften erwarten, selbst wenn eine geschlossene Finanzierung durch Vorverträge vorliegt; dieses Risiko kann und will kein „kleiner" Produzent eingehen. In dieser Hinsicht – nämlich Vorver-

träge nicht zu honorieren, sondern auf persönlichen Bürgschaften zu bestehen – unterscheiden sich deutsche Banken von ihren europäischen und noch mehr amerikanischen Kollegen. Der normale Produzent also wird für die Zwischenfinanzierung statt zu den oben erwähnten eher zu seiner traditionellen Hausbank gehen können. Ob das angepeilte europäische Förderinstrument der EMG (European Media Guarantees) hier eine Lösung skizzieren könnte, wird später erörtert werden.

Kurz ein Blick auf Amerika: Filmfinanzierungen haben sich permanent den wechselnden Konditionen des Produktions- und weltweiten Absatzmarktes anzupassen. Es gab Zeiten (die 80er Jahre), in denen mittelgroße, sog. B-Pictures, alleine durch Vorverkäufe im Videobereich finanzierbar waren – diese Zeiten der sog. kleineren „Independents" sind momentan vorbei. Filmgesellschaften wie die inzwischen aufgelösten Samuel Goldwyn Co., Carolco oder Savoy Pictures Entertainment konnten oftmals mithilfe von Investment Banken über den Gang an die Börse ihr Kapital beschaffen; andere wie z.B. Cinergi Pictures Entertainment erfuhren herbe Wertverluste – ein, zwei, drei Flops können das Ende von Gesellschaften bedeuten – womit die Anleger ihr Geld verloren haben. Das bedeutet, daß zukünftig Investoren über eine Palette von Projekten hinaus, die mit in der Branche bekannten Persönlichkeiten umgesetzt werden sollen, zunehmend weitere Sicherheiten verlangen wie z.B. Libraries – und diese können nur von Gesellschaften erarbeitet worden sein, die schon länger produzieren, also kaum von den sog. Independents, die ja primär Finanzierung suchen. Die Bindung an eines der großen Studios ist ein weiteres Mittel, den Unsicherheiten des Geschäftes zu entgehen und somit Investoren anzuziehen. Den meisten Produktionsfirmen ist dies allerdings nicht möglich. Dieses „knappe" Investitionsklima eröffnet also z.Zt. Banken Möglichkeiten, wie sie zuvor weniger existierten: Produktionsfirmen nehmen immer höhere Bearbeitungsgebühren und Zinsen für Kredite in Kauf, um ihre Projekte überhaupt zu machen. Finanzierungslücken bis zu 30% der Herstellungskosten können in den USA z.Zt. über Bankkredite abgedeckt werden – diese Banken wissen sehr wohl um den langlebigen Wert von Filmen.

Filmfinanzierung per Subvention

Um an das zuvor Gesagte anzuschließen: Folgerichtig verlangen – nicht nur – Banken eine Neuorientierung der Filmförderungen in Deutschland, nämlich die konsequente Trennung von kultureller und wirtschaftlicher Filmförderung, da die Filmförderung selbst zu einem alternativen Absatz- und Finanzierungsmarkt für Filmproduktionen geworden ist. Allerdings einem Markt, der Rückflüsse eher verhindert als fordert. Das ist statistisch und in der Praxis leider hinlänglich bewiesen. Über die Gründe später mehr.

Hierbei ist wichtig zu verstehen, daß in einer Situation, in der Profitabilität nicht angestrebt werden muß, da die Herstellung des Filmes selbst im wesentlichen staatlich subventioniert ist und diese Subventionen nur bedingt rückzahlbar durch Einkünfte des Filmes selbst und damit relativ risikofrei sind – ja in der sogar persönliche Honorare und Gewinne der Hersteller und Macher durch Subventionierung bereits weitgehend garantiert sind, ohne daß es zu einer eigentlichen Verwertung kommen muß – die Produkte, also Filme, einen Profit auf dem Markt nicht unbedingt erwirtschaften müssen, um den Produzenten (oft genug auch zugleich noch immer Autor und Regisseur in einer Person) „im Geschäft" zu belassen. Die Kehrseite allerdings besteht darin, daß unter dem jetzigen System – selbst wenn man es wollte – Kapitalbildung bzw. hohe Gewinne auf Seiten der Produzenten auch im Erfolgsfalle so gut wie nicht möglich sind. Dazu später mehr.

Unter diesen Umständen ist und wird es für Produzenten nicht wirklich notwendig, Filme derart zu gestalten und zu packagen, daß sich kommerzielle Verwerter und Vertreiber dafür interessieren, mit diesen Produkten Geld zu verdienen. Allerdings ist auch hier teilweise eine Veränderung zu beobachten: Stoffe, die zielstrebig eine Kinoauswertung anstreben und entsprechend die Mechanismen von Packaging anwenden – so wie bislang Produzenten Verleihern Stoffe angeboten hatten – werden inzwischen oftmals von Verleihern selbst entwickelt, produziert und erfolgreich vermarktet (z.B. Senator Film, Berlin; Neue Constantin Film, München; Pandora Film, Frankfurt/M.). Ob Verleiher auf die Dauer gut beraten sind, auch Produzenten zu sein, muß abgewartet werden. Im Sinne einer umfassenden Rechtewahrung und Kontrolle allerdings ist das Verhalten der Verleiher verständlich.

Insofern, solange Förderungen die Grundlage von Filmproduktion darstellen, brauchen die normalen Marktgesetze von Angebot und Nachfrage nicht zu funktionieren, insofern auch brauchen die klassischen Finanzierungsmodelle wie Garantien der Verwerter über Vorverkäufe nicht praktiziert zu werden. – Leider ist es eine Tatsache, daß die diversen Filmförderungen nicht in der Lage gewesen waren, trotz ihrer beachtlichen Mittel (z.B. FFA-Etats von 1968 bis heute: 1,5 Milliarden DM), eine Filmindustrie zu schaffen noch ein publikumswirksames Kino.

In diesem, nicht nach freien marktwirtschaftlichen Gesetzen funktionierenden Markt der Filmförderungen und Fernsehbeteiligungen gibt es für die Banken außer Überbrückungsfinanzierung im Falle von negativem Cash-Flow, der aufgrund der zeitlich unterschiedlichen Auszahlungsmodalitäten der Förderungen entstehen kann, kaum etwas anderes, wie möglicherweise z.B. Investmentbanking, zu tun. Im Durchschnitt handelt es sich bei deutschen Produktionen ohnehin häufig um solche im „low budget"-Bereich von 1-3 Mio DM, d.h. der Aufwand der Banken, hier tätig zu werden, steht in keinem vernünftigen Verhältnis zu den zu erwartenden Gewinnen aus Zinsen und Bearbeitungsgebühren. Das Risiko der Banken wäre allerdings relativ gering, da die staatlichen Förderungszusagen praktisch „bares Geld" darstellen, obwohl es auch hier einige wenige spektakuläre Ausnahmen gegeben hat. Generell also gibt es im Bereich der „kulturellen" Filmförderung und -produktion kaum Berührungspunkte zwischen Banken und Filmemachern.

Die Beziehung von Produzenten zu subventionierter Filmproduktion und möglichen Rückflüssen allerdings ist gerade in Deutschland ein vielschichtiges Thema, dessen Problematiken später noch öfters zu erörtern sein werden.

Filmfinanzierung über den Markt

Umfassender und komplexer wird die Rolle der Banken im Falle der marktüblichen und klassischen Finanzierung von Filmen, die aus den folgenden, wesentlichen Instrumentarien besteht:

1. Vorverkäufe und Garantien späterer Verwerter eines Filmes
2. Investoren
3. Regierungsprogramme wie z.B. Steuervorteile etc.
4. Gagenrückstellungen und Eigenleistungen
5. Rabatte von an der Produktion beteiligten Zulieferfirmen oder Serviceleistern, z.B. Kopierwerke
6. Banken

1. Vorverkäufe und Garantien späterer Verwerter eines Filmes, also z.B.:

Filmverleiher, Distributoren
Fernsehsender (Pay-TV (z.B. premiere, Commercial TV (z.B. RTL2, PRO7),

Free TV (z.B. ARD und ZDF)
Videoauswerter
Product-Placement
Lizenznehmer aus Folgemärkten wie Merchandising (Spielzeug, Bekleidung, um zwei typische und durchweg sichtbare zu nennen)
Print, Buch
CD-ROM, Multimedia
Musik-Soundtrack-Verwerter

Bevor der Film hergestellt wird, verpflichten sich die o.g. Parteien aufgrund eines von der Produktionsfirma erstellten und detailliert beschriebenen „Paketes“, das normalerweise:

Inhalt (Treatment/Drehbuch)
Besetzung
Autor
Regisseur und
Produzent

umfaßt und garantiert, dazu, entweder bei Ablieferung oder schrittweise im Verlauf der Produktion oder durch teilweise Vorabzahlung, den Film bzw. die entsprechenden Nutzungsrechte an dem Film*

für einen bestimmten Betrag
für eine bestimmte Dauer

* Zum Umfang der Rechteübertragung siehe **Anlage Nr. 3**, S. 206.

für ein bestimmtes Territorium
für eine bestimmte Ausstrahlungsanzahl
zu erwerben, um ihn dort vereinbarungsgemäß zu verwerten. Das bedeutet, daß derartige Vorverkäufe mit weltweiten Partnerfirmen der unterschiedlichen Branchen und Medien der unterschiedlichen Verwertungsmärkte abgeschlossen werden.
Eine Bank hat diese Vertragspartner auf ihre Bonität und Seriosität zu prüfen, um eine kompetente Entscheidung bzgl. einer Finanzierung treffen zu können. Daß dazu eine detaillierte Branchenkenntnis, die nur mit viel Zeit und Engagement erworben werden kann, gehört, liegt auf der Hand. Anders als bei üblichen Bankgeschäften ist eben die Finanzierung eines Filmes solange ungewiß, bis dieser fertiggestellt ist und in die Verwertung geht, d.h. die Vorverträge honoriert werden – hier gibt es kein Grundstück oder Gebäude, das als Sicherheit dienen könnte und im Konkursfall einen echten Wert darstellt.
Das Finanzierungsrisiko besteht also in diesem Fall aus zwei Aspekten:
a) zum einen darin, daß die Bank sicher sein muß, daß die Produktionsfirma als Kreditnehmer tatsächlich das Know-how besitzt, den Film, das Produkt selbst im vorgegebenen finanziellen und zeitlichen Rahmen in der erforderlichen Qualität herzustellen;
b) zum anderen darin, daß die Vertragspartner der Verwertungskette in der Tat in der Lage sind, die von ihnen eingegangenen Verpflichtungen zu halten, d.h. die Garantie- und Lizenzbeträge termingerecht zu zahlen.

2. *Investoren*

Einzel- oder Gruppeninvestoren geben Kapital in einen oder mehrere Filme; dies kann aus den unterschiedlichsten Motivationen erfolgen mit dem Ziel, einen potentiell höheren Gewinn zu erzielen, als ihn eine Geldanlage in z.B. Immobilien oder Investmentplänen in Aussicht stellt. Hier handelt es sich um Risikokapital, d.h. den Investoren ist bewußt, daß sie ihre ganze Einlage verlieren können. Diese Art der High-risk-Finanzierung ist in den USA nicht ungewöhnlich. Investmentfonds wie z.B. „Silver Screen Partners“, in denen eine Palette von unterschiedlichen Filmen unterschiedlicher Genres angekündigt werden, werden für den Disney-Konzern von Investment-Brokern und Bankhäusern regelmäßig aufgelegt und vertrieben. Der Name Disney garantiert hierbei nicht nur die Produktion weltweit vermarktbarer Produkte einer bestimmten, hohen Qualität, sondern auch Präsens in den wichtigen Folgemärkten TV, Video, Print, Musik, CD-ROM, Merchandising und Licensing mithilfe eines hervorragenden, weltweiten Vertriebssystems.
Es ist allerdings ebenso nicht ungewöhlich, daß nur für einen einzelnen Film und weniger bekannte Firmen Kapitalanleger zusammengebracht werden. Hier handelt es sich dann mehr um Investoren, die mit den Machern des Projektes mehr oder weniger persönlich bekannt sind, während sich z.B. ein Silver-Screen-Partners-Prospectus über Brokerhäuser wie „Shearson, Lehmann, Hutton“ in New York City an eine öffentliche

Allgemeinheit wendet, die üblicherweise kein intensives und persönliches Interesse an der jeweiligen Filmherstellung hat. Zum Thema Investoren siehe bitte auch das entsprechende, spätere Kapitel.

3. *Regierungsprogramme wie z.B. Steuerabschreibungen etc.*

Derartige Investmentfonds werden oftmals aufgelegt mit der Koppelung von staatlichen steuerlichen Abschreibungsmodalitäten. Mehr dazu im Kapitel „Zusätzliche Finanzierungsinstrumentarien". Besondere Abschreibungsmodelle, speziell für Filmproduktionen, gibt es z.Zt. in Deutschland nicht.

4. *Gagenrückstellungen und Eigenleistungen*

Ob in Deutschland, wo die subventionierte Filmförderung vom Produzenten bei unterschiedlichen Förderinstitutionen eine Eigenbeteiligung von Null bis 30 Prozent der Herstellungskosten verlangt, oder in den USA, wo Produktionen mit Herstellungskosten von $ 50 Mio Plus auch aufgrund exorbitanter Schauspielergagen von mehreren Millionen bis zu 20 Millionen (Sylvester Stallone z.B. zzgl. Bruttobeteiligung an allen Einkünften) immer schwieriger zu finanzieren sind, kommt es auch über das Instrument der Gagenrückstellungen dazu, Filme durchfinanziert zu bekommen.
Im ersten, deutschen Fall wird die vorgesehene Eigenbeteiligung* dadurch erreicht, daß eigene Arbeitsleistungen oder Rechte z.B. des Autors, des Regisseurs und des Produzenten entweder ganz oder teilweise unbezahlt bleiben und somit als „Investition" auftreten – dies kann sich übrigens auch auf Sachleistungen wie z.B. Büroräume und Equipment (Kameras, Schneidetische usw.) oder Vorverkäufe, Bankdarlehen und Lizenzsummen (zu einem bestimmten Prozentsatz) von Fernsehsendern bzgl. einer oder mehrerer Ausstrahlungen erstrecken. Eine Besonderheit bleibt zu erwähnen: In Deutschlands Fördersystem darf der Produzent sich kein Honorar (Producer's Fee) anrechnen, aus diesem Grund fungieren die meisten Produzenten zusätzlich als eigener Herstellungsleiter, dessen Honorar dann wiederum anrechenbar ist. Daß diese Bestimmung der Entwicklung einer starken Produzentenszene entgegenwirkt, ist einsichtig: Da der Produzent als Herstellungsleiter bei seiner eigenen Produktion seinen Lebensunterhalt verdienen muß, fehlt ihm diese Zeit, oftmals Monate, neue Produktionen zu entwickeln und „aufs Gleis" zu setzen.
Als erster hat der bayerische FilmFernsehFonds FFF im Rahmen seiner Neuorganisation eine Producer's Fee eingeführt: Produzenten können sich 2,5% der Herstellungskosten für ihre Tätigkeit berechnen. Inwieweit dieser Passus sich in das Gesamtgefüge der unterschiedlichen deutschen Förderrichtlinien – die diesen Passus nicht haben – einfügen wird, bleibt abzuwarten.

* Siehe Vorgaben des Filmförderungsgesetzes als **Anlage Nr. 4**, S. 209.

Im zweiten, amerikanischen Fall verzichten z.B. Stars oder Regisseure (zunehmend auch Autoren) und Produzenten auf Teile ihres Honorars und werden darüber zu Investoren in ihren eigenen Filmen, um dann gewöhnlich beim Rückfluß aus Brutto-Erträgen mit an erster Stelle (first position) vor Abzug aller anderen Obligationen zu stehen. Diese Art des Vorgehens hat sich z.B. in Filmen mit Arnold Schwarzenegger, Kevin Kostner, Jack Nicholson, Eddie Murphy, Mel Gibson, Marlon Brando oder Sylvester Stallone u.a. für diese als äußerst profitabel erwiesen, da die Gewinnbeteiligung im Erfolgsfalle sich weit über das ursprüngliche und normale Honorar hinaus fortsetzt. Die Schauspieler kommen so in die Rolle des Koproduzenten, tragen demnach auch das Risiko, wenn der Film ein finanzieller Mißerfolg wird, was allerdings nur bedeutet, daß die ihnen normalerweise bezahlten Gagen dann eher nicht oder eher nur langfristig erreicht werden. Sie tragen nicht oder nur in seltenen Fällen das volle Risiko ähnlich einem echten Koproduzenten für den Fall, daß der Film über Budget geht und Zusatz- bzw. Nachfinanzierung notwendig wird. Aber natürlich gibt es auch Schauspieler, die zugleich echter Produzent bzw. Koproduzent des Filmes werden, in dem sie die Hauptrolle spielen (Kevin Costner z.B.).

5. *Rabatte von an der Produktion beteiligten Zulieferfirmen oder Serviceleister, z.B. Kopierwerke*

Im Wettbewerb mit Konkurrenzunternehmen gewähren Serviceleister, z.B. Kopierwerke oder Geräteverleiher, Rabatte von 10-15% bzw. 25% und mehr entsprechend dem Auftragsumfang. In der Tat ist es eher ungewöhnlich, daß eine Produktionsfirma die in den Preislisten ausgedruckten, vollen Beträge zahlt. Bei Mietsituationen z.B. berechnet der Vermieter oft nur drei oder vier Tage zum normalen Tarif, gestattet jedoch den Gebrauch über eine ganze Woche. Kopierwerke gewähren nach Umfang der zu leistenden Arbeiten und dem Marktgewicht der Produktionsfirma Preisrabatte bis zu 50%, in den allerseltensten Fällen treten sie allerdings als echte Investoren auf. Diese Preisrabatte sind derart üblich, daß sie z.B. in den Kalkulationsformularen der FFA (Filmförderungsanstalt) per Vordruck gelistet werden, da sie ohnehin weitergegeben werden müssen.

Darüber hinaus ist es nicht unüblich, daß z.B. Kopierwerke Rechnungsbeträge stunden, was deswegen vorkommen kann, weil sie am zeitlichen Ende der Produktion stehen. In diesem Fall sind Verzugszinsen in Höhe von bis zu 5% über dem Bundesdiskontsatz üblich. Wenn Produktionen über Budget gegangen sind, sind Kopierwerke, da sie am Ende des gesamten Prozesses stehen, am ehesten in Gefahr, ihre Rechnungen nicht mehr bezahlt zu bekommen. Da sie im Besitz des Negativs des Films sind, sind sie freilich in einer hervorragenden Rolle, wenn es darum geht, fällige Beträge einzutreiben. Eine Weiterverwertung ohne Zugriffsmöglichkeit auf das Negativ ist unmöglich.

6. Banken

Wie schon eingangs beschrieben, treten Banken als Investoren bzw. als Träger von Investmentfonds in Deutschland praktisch nicht auf, sondern sie beschränken sich auf die Rolle des Finanzintermediärs.
Der Vorteil einer Bankenfinanzierung statt einer Investorenfinanzierung liegt für den Produzenten auf der Hand: Die Bank ist in ihren Ansprüchen abgegolten, wenn das Darlehen und die Zinsen zurückgezahlt sind, Investoren nehmen weiterhin unbefristet an Einkünften und Profiten teil, schmälern also den Ertrag des Produzenten.

Was Banken brauchen

Es ist erneut hervorzuheben, daß Banken in Deutschland sich ausschließlich mit dem Finanzierungsrisiko befassen, d.h. auch, daß sie weder in den Herstellungsprozeß des Filmes noch in die Verwertung des Produktes per se eingeschaltet werden wollen. Banken ist es grundsätzlich auch gleich, um welche Art von Film es sich handelt, ob Action, Comedy oder Familienunterhaltung usw. Für Banker existiert ein Film primär nur in der Form seiner Verträge, die er von den Finanzierungs- und Verwertungspartnern vorliegen hat. Um folglich ein Vorhaben über den Produzenten adäquat einschätzen zu können, benötigen Banken in der Regel die folgende Dokumentation:

1. Die Kalkulation der Herstellungskosten auf branchenüblichen Kalkulationsformularen
2. Eine einseitige Synopsis des Films
3. Unterlagen über die wesentlich Beteiligten (inkl. Biofilmographien):
   Regisseur
   Produzent
   Hauptdarsteller
   Wichtigste Crew-Mitglieder (Kamera, Architekt, Ausstattung usw.)
4. Zeitplan der Produktion vom Beginn der Arbeiten bis zur Ablieferung, inkl. des Drehplanes
5. Der Kapitalmittelflußplan
6. Unterlagen zum Antragsteller und Informationen zur Firmenstruktur usw.
7. Darstellung der Sicherheiten und Garantien: Diese Unterlagen umfassen alle Verträge, die bis dato mit Verleihern und Verwertern gemacht wurden, und erklären im Detail die Art der vergebenen Rechte, Zeitdauer und Territorien im Tausch für welche Beträge, sowie die individuellen Zahlungsmodalitäten. Diese Unterlagen müssen durch jeweilige Bankgarantien und andere Dokumentationen ihre Echtheit und Seriosität beweisen. Im wesentlichen ist es dieses Paket, das eine Bank dazu bewegt, einen Film zu finanzieren
8. Darstellung all jener Rechte, die noch zum Verkauf frei sind, und eine Darstellung der Firmen, die mit dem Verkauf der Rechte beauftragt sind

9. Darstellung der Completion Bond Absicherung
10. Darstellung des Versicherungspaketes
11. Darstellung jeder anderen und zusätzlichen Form der Finanzierung, z.B. Gagenrückstellungen, Investments usw.

Die Liste dieser Unterlagen (die übrigens weitgehend den Unterlagen gleichen, die auch eine Completion Bond Company verlangt) macht zugleich deutlich, wie sehr die Beziehung Produzent-Banker auch von persönlichem Kennen, Erfahrungen und Wertschätzung getragen wird und werden muß. Der Banker, der den Kredit vergibt, tut dies nicht nur aus der Einschätzung der vertraglichen Dokumente usw. heraus, obwohl dies wesentlich und entscheidend bleibt; er tut es auch aus seinem Gefühl und seiner Kenntnis für den Klienten, von dessen Persönlichkeit, Solvenz und Geschäftsgebaren. Da das Risiko der Zwischenfinanzierung im wesentlichen daraus besteht, daß der Film in erster Linie in einer bestimmten handwerklichen Qualität fertiggestellt werden muß, ist es wichtig, daß der Banker Vertrauen in die Fähigkeiten des Produzenten hat, genau dies tun zu können, also die qualitätsvolle Fertigstellung „in time in budget“ zu gewährleisten. Aus dieser Einschätzung und diesen Erfahrungen heraus hat sich ein Verhaltenskodex entwickelt, der sich in „Do's“ und „Don'ts“ für Produzenten gliedern läßt:

Do's:
1. Die Projekt-Präsentation sollte sorgfältig, korrekt, fehlerfrei, sachlich und übersichtlich in einem Ordner dargestellt sein.
2. Der persönliche Lebenslauf sollte enthalten sein.
3. Die Präsentation sollte frühzeitig stattfinden und mit dem Ziel, daß den Investoren und Bankern das Projekt vollständig und ohne Auslassungen verständlich wird.
4. Honorare und Preise sollten vernünftig und marktüblich sein.
5. Der Vorverkauf der Verwertungsrechte sollte ausreichend sein, um sowohl die Produktionskosten als auch die Finanzierungskosten abzudecken.
6. Alle Vereinbarungen sollten durch „letters of credit“, also Bankakkreditive, abgesichert sein.
7. Das gesamte Projekt sollte in seiner Vollständigkeit dargestellt sein.
8. Der Produzent sollte sich durch qualifizierte Berater, z.B. Anwälte, zusätzlich repräsentieren lassen.

Don'ts:
1. Die Finanzierung sollte nicht zu lange bei zu vielen Kreditinstitutionen gesucht werden; kein Banker will die letzte Notlösung darstellen.
2. Die Finanzierung soll nicht erst am ersten Drehtag gesucht werden.
3. Das Projekt soll nicht durch einen unbekannten Verkaufsagenten präsentiert werden.
4. Die Completion Bond Company muß für die Bank akzeptabel sein; man sollte keine von der Bank unerwünschte Firma präsentieren.

5. Unter keinen Umständen soll dem Banker ein unvollständiges Bild des Projekts präsentiert werden.
6. Einschätzungen über das Verkaufspotential sollten nicht präsentiert werden, sondern nur echte Verkäufe.
7. Kreditanträge mit einer Laufdauer von über 2 Jahren sollten nicht gestellt werden.
8. Budgets sollten nicht präsentiert werden, die einen zu hohen Above-the-line-Anteil besitzen, d.h. in denen die Honorare für Autoren, Regisseure, Schauspieler und Produzenten unverhältnismäßig hoch sind.
9. Man soll den Finanziers nicht weismachen wollen, einen Film, der $ 1 Mio kostet, für $ 1 herstellen zu können.

Wenn es zu einer Kreditvereinbarung kommt, enthält diese die folgenden, typischen Bestandteile:

1. Alle Produktionsversicherungen müssen die Bank begünstigen.
2. Alle Verwertungsverträge können von der Bank auf ihre Legitimität und Seriösität hin geprüft, und ggf. abgelehnt werden.
3. Im Falle, daß die Bank nicht die Gesamtfinanzierung des Projektes übernimmt, hat sie das Recht auf Einsicht und Prüfung aller Unterlagen, die mit der Restfinanzierung zusammenhängen.
4. Die Bank steht an erster Nutzungsposition betr. das Copyright und Negativ des Films wie auch aller Verwertungsverträge.
5. Die Position der Bank zwischen den Vereinbarungen der Completion Bond Versicherung, den Investoren und den Verwertern muß geklärt sein und „passen".

Daß diese Forderungen z.T. in Konflikt zu anderen Beteiligten, z.B. einer Completion Bond Company oder Kreativen mit Brutto-Beteiligung ab der „ersten Mark" stehen, ist offensichtlich. In diesem Fall ist eine für alle Seiten akzeptable vertragliche Lösung herzustellen.

Warum Banken in diesem Geschäft tätig sind: Kosten und Erträge

Üblicherweise (Vorsicht: jedes einzelne Projekt ist anders gelagert und wird auch den Umständen entsprechend anders ver- und behandelt!) verlangen Banken eine Gebühr für die Bereitstellung des Kredites, diese liegt bei ca. 0,25-2,00% der Darlehenshöhe. Dazu können Sonderausgaben kommen, wenn z.B. die Einschaltung von Anwälten notwendig wird. Das Darlehen selbst wird normalerweise mit 2-3% über dem Hypothekensatz berechnet. Diese Zinsen sind meistens vierteljährlich zu zahlen, in der Praxis also geben Banken auch das Geld, um diese Zinsen zurückzuerstatten.
Aus diesen Fakten heraus wird deutlich, daß Banken Vorverkaufsgarantien benötigen, die ca. 120% des Darlehens darstellen, bzw. Banken beleihen nur zwischen 70-80%

der Summen der Garantien bzw. Akkreditive. Die Laufzeit eines Darlehens liegt gewöhnlich bei 2-3 Jahren, damit ist für sie verbunden das Risiko der Anhebung des Leitzinses. Um sich ggf. gegen dieses Risiko zu schützen, bestehen Banken darauf, möglichst frühzeitig und/oder in unterschiedlichen Raten Teile des Darlehens zurückbezahlt zu bekommen.
Wie so oft in diesem Geschäft gibt es nur wenige allgemeingültige und unumstößliche Regeln, d.h. jedes Projekt wird in vielerlei Hinsicht mithilfe aller Beteiligten „maßgeschneidert". In geringem Umfang gilt dies auch für den Umgang mit Banken.

Begriffserklärungen *

mit deutschen Übersetzungen und Anmerkungen
bzgl. der deutschen Produktionsverhältnisse

Da Film- und Fernsehproduktion oftmals ein internationales Geschäft ist und Verträge die Grundlage aller Aktivitäten darstellen, versuche ich im folgenden, eine Reihe von für die Finanzierung und Produktion relevanten englischen Begriffe mit ihren deutschen Pendants** aufzulisten. Besonders im Bereich der europäischen Koproduktionen und noch mehr im Bereich der weltweiten Verwertungen ist Englisch die Standardsprache und wird gelegentlich in ihren englischen Ausdrücken auch im Deutschen verwendet. Die folgenden deutschsprachigen Anmerkungen beziehen Besonderheiten aufgrund der deutschen Filmfördersysteme nicht vollkommen mit ein.

Above the line costs
When used in the context of feature film production this term means the *cost of production* relating to the creative elements including story rights acquisition, fees to the director, the producer, the writer and principal cast.
Above-the-line-Kosten
In der Spielfilmproduktion bezieht sich dieser Ausdruck auf diejenigen, die ursprünglich kreativ und projektbestimmend tätig sind: Autoren, Regisseure, Produzenten, Hauptdarsteller, u.U. Komponisten. In ihren Gagen und Vertragsvereinbarungen sind sie frei verhandlungsfähig und aufgrund ihres Status in der Praxis an keinerlei Tarifvereinbarungen gebunden. Die Honorare dieser Personen machen den Betrag *above the line* aus. In Deutschland sind praktisch nur die Regisseure und Schauspieler hier von Bedeutung, da die Autoren noch nicht ungewöhnlich hohe Gagen erhalten. Entsprechende, über die Tarifraster hinausgehende Mehrkosten, z.B. aufgrund teurerer Schauspieler, werden im Falle von Fernsehauftragsproduktionen gewöhnlich von den Sendern getragen, da diese der besonderen Besetzung vorher zugestimmt haben.

AGICOA
Association des Gestion Internationale Collective des Œuvres Audiovisuelles. A society that collects television cross-border or overspill revenues in Europe.
AGICOA
Association des Gestion Internationale Collective des Œuvres Audiovisuelles. Eine Verwertungsgesellschaft, die Einnahmen, die ein Fernsehprogramm grenzüberschreitend in Europa erzielt, im Auftrag des Produzenten einzieht und sammelt.

* Auszugsweise (englisch) zitiert aus Veröffentlichungen von EURIMAGES/Denton International und Media Business School.

** Deutsche Übersetzungen von Bastian Clevé unter freundlicher Mithilfe von Rechtsanwalt Wolfgang Brehm, Frankfurt, und Monika Westhäußer, Steuerberaterin, Stuttgart.

Answer print
The first print which incorporates all timer light and color changes required by the production company (and anyone else with a right of ap-proval). The answer print is produced by the laboratory from the original negative which has been matched up to the editor's cutting copy.
Null-Kopie
Die erste Kopie, in der alle Licht- und Farbbestimmungen berücksichtigt sind. Die Null-Kopie entspricht der Endschnittfassung des Cutters und wird vom Original-Negativ entsprechend geschnitten.

Back end
A loose and generic term used to describe the monies which are received or which are payable once the entire *cost of production* has been recouped. Typically this term refers to net profit participation, but also includes deferments and residuals. Back end is to be contrasted with front end.
Netto-Gewinnbeteiligung
Dieser Begriff bezeichnet den Gewinn, der erzielt wird, nachdem die vollständigen Herstellungskosten, inkl. Rückstellungen und sonstigen Ansprüchen, abgedeckt worden sind. Im Gegensatz dazu gibt es die Brutto-Gewinnbeteiligung.

Below the line costs
in film production, the cost of production other than above the line costs. This includes for example technical crew, staff, equipment rental and purchase, stock and lab costs, set construction, insurance a.s.o.
Below-the-line-Kosten
Dieser Begriff bezeichnet all diejenigen Herstellungskosten mit Ausnahme der *above the line* Kosten, die notwendig werden, um den Film herzustellen. Es handelt sich also um alle Details, die dann auch im wesentlichen über Preislisten und Tarifvereinbarungen grundsätzlich darstellbar sind. Selbstverständlich steht es den below-the-line Mitarbeitern frei, ihre Honorare außerhalb bzw. über den Tarifrastern zu verhandeln. Tarifvereinbarungen und Preislisten allerdings bilden üblicherweise die Grundlage von Kalkulationen.

Box office receipts
Monies paid by the public at the box office of the cinema for tickets to see a film. The *exhibitor* is usually responsible for all taxes and levies on box office receipts and must then pay the distributor its agreed share of the balance (see *film rentals*)
Kinoeinspielergebnis/Kasseneinnahmen
Die Einnahmen, die der Kinobesitzer durch den Verkauf der Eintrittskarten erzielt. Für das Abführen von Steuern etc. auf diese Einnahmen ist der Kinobesitzer verantwortlich. Nach Abzug seines vertraglich vereinbarten Anteils führt der Kinobesitzer den verbleibenden Betrag an den Filmverleiher ab.

break even point
The point at which all costs, including interest, related to the film production have been recouped and at which point the *producer* shows neither a profit nor a loss. Above this point a producer begins to show a profit and below it shows a loss.
Break-even-Punkt/Gewinnschwelle
Der Punkt, an dem alle Kosten, die mit der Herstellung des Films, inkl. Zinsen, durch Einnahmen wiedereingespielt wurden. Unterhalb dieses Punktes besteht für den Produzenten ein Verlust, darüber beginnt der Gewinn. Geschäftsabschluß ohne Gewinn und Verlust.

Budget
The detailed estimates of the *cost of production*.
Kalkulation der Herstellungskosten/Kostenvorschau
Die *Kalkulation der Herstellungskosten* oder das *Budget* führt im Detail die Kosten Posten um Posten auf, die notwendig sind, um einen Film herzustellen. Sie umfassen alle *Above-the-line-* wie auch *Below-the-line-Kosten*.

Buy out
The term is used to describe the acquisition

of all rights with no limitations so that the owner of the rights receives a lump-sum payment (either in one or several installments) in con-sideration for selling the rights. Typically used in the context of acquiring an actor's or author's right to *use fees, repeat fees* or *residuals*. The buy out does not necessarily rule out any net profit *participation*, however.
Abfindung/buy out
Mit der einmaligen Zahlung – diese auch in Raten – einer zu verhandelnden Summe erwirbt der Rechteerwerber die pauschale Abgeltung aller Ansprüche, die sonst aus z.B. tariflichen Vereinbarungen hätten erwachsen können, z.B. Wiederholungshonorare für Autoren bei Wiederholungs-Fernsehausstrahlungen. Diese Abfindung schließt nicht unbedingt eine Profitbeteiligung aus. Buy-out-Beträge, z.B. von TV-Autoren, liegen um ca. 2-3fach höher als Honorare, bei denen noch Wiederholungshonorare vereinbart wurden. Per buy-out können auch ganze Kino-Filme übernommen werden ähnlich einem *negative pick-up*.

Cap
A ceiling placed on the monies to be expended and/or recouped by third parties. For example, if the producer is obliged to pay the legal costs of the financiers as part of the agreement, the producer will wish to place a cap on such legal costs. Likewise if the producer appoints a *sales agent*, the producer will wish to place a cap on the monies to be expended and recouped by the agent.
Höchstbetrag
Eine finanzielle Begrenzung, die die Bezahlung, Ausgaben oder Erträge an dritte Parteien definiert. Falls z.B. der Produzent als Teil des Vertrages verpflichtet ist, die Anwaltskosten des Investors zu übernehmen, empfiehlt es sich, hier einen Höchstbetrag festzusetzen. Entsprechendes gilt für Gelder, die z.B. ein Verkaufsagent im Zusammenhang mit den Kosten seiner Verkaufsbemühungen berechnen darf, bzw. der Erträge, die ihm aus Beteiligungen zustehen.

Chain of title
A complete declaration which details which rights have been licenced to whom at which time. This is required before any contracts will be negotiated or drawn up.
Rechtekette
Ein vollständiger Nachweis, aus dem zu ersehen ist, welche Rechte zu welchem Zeitpunkt an welche Rechteinhaber abgetreten worden sind. Dieser Nachweis ist üblicherweise vor den Vertragsverhandlungen zu erbringen.

Collateral
The property offered by the *producer* of the film to the financiers as security for advances towards the cost of production of the film. It usually takes the form of distribution contracts with *minimum guarantee*.
Sicherheiten
Dasjenige, das der Produzent den Finanziers als Sicherheiten für deren Leistungen und Vorschüsse bzgl. der Herstellungskosten des Films bietet. Üblicherweise ist dies ein Verleihvertrag mit einer Mindesteinspielgarantie bzw. Verwertungsverträge im Rahmen einer geschlossenen Finanzierung. Ebenfalls das Vorhandensein eines *Completion Bond* stellt eine Sicherheit dar, die die Fertigstellung des Films garantiert, bzw. die Rückerstattung der Investitionen an die Investoren im Falle, daß der Film nicht vollendet wird.

Completion guarantee
A guarantee, usually backed by financial strength and insurance underwriting, that a particular production will be completed and delivered in accordance with certain delivery instructions (e.g. compliance with a specified distribution agreement, or an agreed delivery schedule and by an agreed date). The guarantee will usually be subject to certain standard exclusions, e.g. copyright title risk. This guarantee provides a financier with the assurance that it will be entitled to be repaid from any *contract receivable* which is conditional only upon delivery of the film.

Fertigstellungsgarantie
Eine Absicherung, üblicherweise von großen, internationalen Rück-Versicherungsgruppen gestützt, daß eine spezifizierte Produktion in Einklang mit den vereinbarten Kriterien, an einem bestimmten Datum oder in einem bestimmten Zeitplan fertiggestellt und geliefert wird. Es handelt sich also nicht um eine Finanzierungs-, sondern um eine Fertigstellungsgarantie. Diese Absicherung garantiert dem Finanzier, daß er aus Einnahmen wie z.B. Mindestgarantien oder Abnahmesummen seine Rückzahlungen erhält, bzw. daß er bei Nichtvollendung der Produktion sein Investment zurückerstattet bekommt. Um diese Absicherung erfüllen zu können, hat die Completion Bond Gesellschaft weitgehende Kontrollmöglichkeiten über die Produktion, wie z.B. Austausch des Regisseurs und Produzenten. Im Gegensatz zu England und den USA z.B. sind in Deutschland Completion Bonds nur bei großen und internationalen Produktionen üblich, normalerweise wird das Herstellungsrisiko eines Filmes vom Produzenten übernommen. Die Kosten eines Completion Bond, ca. 6% (bei Inanspruchnahme, 3% bei Nichtinanspruchnahme) der Herstellungskosten des Films inkl. einer Überschreitungsreserve von 10%, nach dessen Ausschöpfung das Bond erst in Kraft tritt, sollte gegenkalkuliert werden zu den zusätzlichen Finanzierungskosten eben dieser 10%igen Überschreitungsreserve (die normalerweise sonst nicht auftritt) und zu den auszugleichenden Schäden im Ernstfall, da die Inanspruchnahme des Bond dazu führt, die volle Prämie zahlen zu müssen, während die Nichtinanspruchnahme eine Reduktion der Prämie zur Folge hat.

Completion guarantor
The company which provides the completion guarantee and which in return receives a fee (usually 3-6% of the *budget* of the film). The completion guarantor will require approval of various items including the screenplay, key personnel, the budget and the production and shooting schedules and will usually demand a contingency allowance of not less than 10% of the budget.
Completion Garant/Fertigstellungsgarant
Die Gesellschaft, die für eine Gebühr von 3-6% der Herstellungskosten des Films die *Completion Garantie* stellt. Die Gesellschaft prüft und genehmigt vor Abschluß des Vertrages z.B. das Drehbuch, die Schlüsselbesetzungen, das Budget (inkl. einer mindestens 10%igen Über-schreitungsreserve) und den Drehplan. Die Gesellschaft kann die Produktion stoppen und das gesamte Personal auswechseln (z.B. Regisseur, Produzent), wenn sie das für notwendig erachtet. Zur Wahrung ihrer Aufgaben kann sie die Produktion vollkommen übernehmen.

Conditions precedent
Those conditions demanded by the financier which need to be satisfied prior to the financier advancing any monies on the loan, e.g. executed assignments, security agreements, payment notices or insurance.
Vorbedingungen
Die Bedingungen, die erfüllt sein müssen, bevor z.B. ein Investor in eine Vertragserörterung oder -unterzeichnung, in Verhandlungen oder den Vertrag selbst eintritt.

Contingency
An amount of about 5-10% of the below-the-line-cost of the production to be added as a reserve to be used in case the film goes over budget.
Überschreitungsreserve/Eventualreserven
Ein Betrag von 5-10% der Herstellungskosten des Films, der zum gesamten Budget addiert wird und im Falle von Budgetüberschreitungen benutzt wird.

Contract receivable
Monies becoming due pursuant to a contract, for example *minimum guarantees*.
Einkünfte aus dem Vertrag/offene Posten aus der Vereinbarung
Einkünfte, die entsprechend den Vereinbarun-

gen eines Vertrages fällig sind oder werden, z.B. Minimumgarantien.

Cost of production
The actual cost of production of the film up to the point when it is ready for delivery to its principal distributor (including all interest on borrowed monies, banking and financing charges and *completion guarantor*'s fees and advances, legal fees and disbursements directly related to the production, financing or distribution of the film and payable by or chargeable to the account of the *producer* and an allowance for the producer's overheads in such amount as is customary and reasonable) as shall be certified by the producer's auditors or a firm of accountants approved by the recipients of *net profits* but excluding any *residuals, deferments, percentage participation* and shares of receipts or net profits. It may also be referred to as the *negative cost* i.e. the cost of creating the exposed film negative. Since financiers generally charge interest on the monies they invest in the production, the *cost of production* will continue to rise accordingly until it is fully repaid.
Herstellungskosten
Die Höhe der tatsächlichen Herstellungskosten eines Films zum Zeitpunkt der Lieferung an den Verleiher (inkl. aller Zinsen, Finanzierungsgebühren und -zinsen, Completion Bond Gebühren, Rechtsberatungen, Honorare usw., die direkt mit der Produktion des Films verbunden sind und die dem Produzenten in Rechnung gestellt werden, sowie die allgemeinen und üblichen Handlungskosten der Produktionsfirma), so wie sie von der Treuhandfirma anerkannt und von den Empfängern einer Netto-Beteiligung unter Ausschluß von Rückstellungen, Prozentbeteiligungen und tariflich bedingten Zahlungen akzeptiert werden. Dieser Ausdruck kann auch mit Negativ-Kosten benannt werden, also den Kosten, die notwendig sind, das belichtete und fertiggestellte und ablieferbare Filmnegativ herzustellen. Da Finanziers für das von ihnen zur Verfügung gestellte Geld Zinsen verlangen, steigen die Herstellungskosten entsprechend, bis die Investoren ihre ursprüngliche Einlage inkl. Zinsen zurückerhalten haben.

Cost off the top
The practice of deducting a party's entitlement to recoup expenses before sharing receipts. For example, if a distributor is entitled to 50% of receipts and to recoup certain expenses „off the top", it would recoup expenses out of 100% of receipts, share the balance in the ratio 50/50.
Vorabzugsfähige Kosten
Erträge, die von den ersten Einnahmen einbehalten werden, bevor die verbleibenden Erträge in dem vertraglich vereinbarten Teilungsverhältnis verteilt werden, z.B. Verleihvorkosten eines Verleihers, bevor übrigbleibende Beträge mit dem Produzenten gesplittet werden.

Creative accounting
Accounting practises adopted so as to enhance the balance sheet figures of a company. Within the limits of the codes of practise of chartered accountants, this is a legal means of portraying the company's finances in a more favourable light. Also practised (unlawfully) by distributors to postpone the moment at which they have to pay the producer its entitlement to income by making expenses appear greater than they are.
„Kreative" Abrechnung/gestaltete Abrechnung
Legale und praktizierbare Buchführungsmethoden, die die Bilanz einer Firma in positivem Licht erscheinen lassen. Auch weniger legale Abrechnungspraktiken von z.B. Verleihern, in denen ungerechtfertigte Ausgaben überhöht dargestellt werden, um den Punkt hinauszuzögern, an dem der Verleiher Gelder an den Produzenten abführen muß. Besonders die Methode der gegenseitigen Verrechnung unterschiedlicher Medien und Territorien oder Filmpakete erleichtert diesen Mißbrauch.

Cross-collateralisation
If a distributor acquires distribution rights in more than one media or more than one territory, it may seek to offset any shortfall in recovery of distribution expenses which it suffers in one media or territory against *distributors' net film receipts* which would otherwise have been payable to the *producer* as a result of the film's exploitation in the other media or territories or territories controlled by the distributor. If a distributor acquires more than one film from a producer it may seek to cross-collateralise the recoupment costs between films.
Gegenseitige Verrechnung
Falls ein Vertrieb Auswertungsrechte für mehrere Territorien und/oder in unterschiedlichen Medien besitzt, erlaubt die Gegenverrechnung Unkosten mit Einnahmen derart zu bilanzieren, daß Ausgaben in einem Territorium mit Einnahmen eines anderen Territoriums ausgeglichen werden, bzw. daß Erträge aus dem einem Medium (z.B. Video) mit Verlusten eines anderen (z.B. Kino) verrechnet werden. Dadurch wird der Punkt, an dem der Produzent aus den Nettoerlösen des Verleihers Gelder beziehen kann, nach hinten verschoben. Diese Gegenverrechnung ist auch möglich, wenn ein Verleiher mehrere Filme eines Produzenten vertreibt; dann wird er wünschen, Verluste des einen Films mit Gewinnen des anderen zu verrechnen. In Deutschland ist es, mit der Ausnahme von Projekten bereits vormals kommerziell sehr erfolgreicher Regisseure, praktisch kaum möglich, diese, gewöhnlich auf 12-15 Jahre abgeschlossenen Verträge bzw. Vertragsform zu durchbrechen und unterschiedliche Auswerter für die verschiedenen Auswertungsarten zu bekommen. Üblichweise wird ein Verleiher alle Auswertungsrechte an einem Film haben wollen. Das Ergebnis dieser Vertragsform ist, daß Rückflüsse an den Produzenten erst sehr spät, wenn überhaupt, eintreten.

Dailys
American term for *rushes*.

Einlichtkopien
Die Kopien, die im Kopierwerk mit einem einheitlichen Licht farbbestimmt werden, und die nur dazu gedacht sind, z.B. im Rohschnitt verwendet zu werden.

deferor's receipts
The *producer's gross film receipts* after *residuals, percentage participations* and the *costs of production* have been deducted. Also known as *first profits*.
Zahlungen auf Rückstellungen
Dies sind die Bruttoeinnahmen des Produzenten nach Abzug der Prozentbeteiligungen, der Abfindungen, der Verleihvorkosten, der Provisionen und der Herstellungskosten.

Deferment
A fee (other than *residuals, repeat fees, use fees* and *percentage participation*) in respect of the provision of any services, rights, finance or facilities in connection with the production or exploitation of the film payable out of the *deferor's receipts* or *first profits* from the film but which would be recognized as part of the *cost of production* if it had been quantified and paid out of finance provided to the *producer* for the said production.
Aufwands-Rückstellungen
Rückstellungen (ausgenommen Abfindungen, Wiederholungshonorare und Prozentbeteiligungen) in Form von Dienstleistungen, Rechten, Geldern oder Geräten usw. im Zusammenhang mit der Herstellung des Films. Diese werden üblicher- aber nicht notwendigerweise bezahlt – gewöhnlich mit einem ca. 10%igen Zuschlag – aus den *Ersten Profiten* des Films. Wären diese Rückstellungen in bar bezahlt worden, wären sie den Herstellungskosten des Films zugerechnet und aus dem Budget des Produzenten bezahlt worden. Diese Rückstellungen sind Teil der Herstellungskosten. In Deutschland sind Rückstellungen von Crewmitgliedern im Rahmen der Regionalför-derungen selten, im Rahmen der wirtschaftlichen Filmförderungen so gut wie nicht mehr üblich.

Development money
This is not a precise term but one which is generally taken to mean monies expended by the *producer* prior to *principal photography* on:
a) securing options on film and television right in a play, book or other creative work
b) the actual acquisition of film and television rights in a play, book, screenplay or other creative work
c) the commission of a scriptwriter to write a screenplay
d) the preparation of a *budget,* and a production and shooting schedule for the film
e) visiting possible shooting locations
f) visiting possible casting agents and cast and crew members
g) preparing a presentation for possible distributors, financiers a.s.o
Projektentwicklungsgelder
Gelder, die der Produzent vor Beginn der Dreharbeiten ausgibt, um das Projekt zu entwickeln (und nicht unbedingt beschränkt auf das folgende), d.h. um:
a) Optionen auf Verfilmungsrechte eines Stükkes, Buches oder einer anderen kreativen Arbeit zu erwerben.
b) den Kauf von Verfilmungsrechten an einem Stück, Buch, Drehbuch oder anderen kreativen Arbeiten zu tätigen
c) das Honorar, um ein Drehbuch entwickeln und schreiben zu lassen
d) die Kosten, um ein Budget und einen Produktions- und Drehplan sowie eine Kalkulation erstellen zu lassen
e) Besuche von möglichen Drehorten zu tätigen
f) Besuche von möglichen Casting-Agenten, Schauspielern und Crew-Mitgliedern zu tätigen
g) Präsentationen für mögliche Verleiher und Finanziers herstellen zu lassen und durchzuführen.
Im Rahmen der deutschen und internationalen Filmförderungen sind in den vergangenen Jahren diverse Modelle entwickelt worden, Projektentwicklung zu finanzieren, z.B. European Script Fund oder z.B. in Berlin-Brandenburg, Hamburg, NRW, Bayern und Baden-Württemberg. Mußte bislang der Produzent die Projektentwicklung vollständig aus eigenen Mitteln finanzieren – und somit quasi unter allen Umständen den Film dann auch herstellen, um diese Vorkosten zu amortisieren, so ist es nun eher möglich, Stoffe, die unbefriedigend entwickelt worden sind, „zu den Akten" zu legen. Zum Vergleich: in den USA führen höchstens 10% aller Stoffentwicklungen tatsächlich zu Produktionen. Die Phase der Projektentwicklung also ist eine verhältnismäßig billige und aufgrund ihrer Eigenart allerdings auch lange, aber ausschlaggebende.

Discount/discounting
Process by which a lending bank arrives at the value it will attribute to a given *contract receivable.* Normally the bank will make a prudent estimate of the amount of interest that will be payable on its loan up to the date that the contract receivable is payable (the calculation will always be made up to the last legally possible payment date). The bank will then deduct the amount of interest calculated from the face value of the contract receivable in arriving at the discounted value. Other factors taken into account in discounting include any costs incurred by the bank in the process, withholding tax of applicable and the creditworthiness of the payer.
Diskontierung
Der Betrag, den die Bank für kreditfähig erklärt. Üblicherweise beleiht eine Bank nur einen Prozentsatz z.B. einer Verleihgarantie, um die Wiedererstattung ihrer Gebühren, Zinsen usw. bei der Kreditvergabe mitabzusichern. Zugleich spielt das Geschäftsverhältnis von Bank zu Kunde bei der Diskontierung eine – untergeordnete – Rolle.

Distribution expenses
The costs and expenses which the distributor or its sub-distributors and sub-agents incur in distributing the production. These include,

broadly, the cost of making the prints, transporting and insuring them and advertising the production. Certain of these allowances may be subject to financial limits, i.e. a *cap*.
Verleihkosten
Kosten, die dem Verleiher oder Sub-Verleiher im Zusammenhang mit dem Verleih eines Filmes entstehen, wie z.B. Herstellung der Kopien, Transport- und Versicherungskosten, Werbekosten. Diesen Ausgaben sollten vom Produzenten vertraglich finanzielle Begrenzungen gesetzt sein, da alle diese Kosten direkt dem Produzenten aus seinen Erlösen gegengerechnet werden. Siehe auch Anlage Nr. 5.

Distribution fee/distribution commission
The fee which a distributor charges for distributing the film, usually a percentage of the *distributor's gross film receipts*. The *producer* should insure that the distributor pays all subdistributors and agents from this distribution fee.
Verleihanteil
Der pauschale Anteil, der dem Verleiher für die Kosten des Verleihs des Films zusteht, gewöhnlich eine prozentuale Beteiligung der Bruttoeinnahmen des Verleihers. Der Produzent sollte darauf achten, daß der Verleiher aus diesem Anteil Sub-Verleiher und Agenten bezahlt.

Distributor's gross film receipts
All monies earned by the distributor in the use of the rights to exploit a film, including damages for infringement of those rights. Distributor's gross film receipts are accounted for under distribution agreement with the *producer*.
Verleihbruttoeinnahmen
Alle Beträge, die der Verleiher durch die Verwertung der ihm zugestandenen Rechte verdient, inkl. Regreßzahlungen, die ihm aus der Verletzung dieser Rechte zustehen könnten. Im Rahmen der Verleihvereinbarung mit dem Produzenten hat dieser Einsicht in die Buchführung des Verleihers.

Distributor's (or distribution) guarantee
see *minimum guarantee*
Minimumeinspielgarantie
Betrag, den der Verleiher dem Produzenten für das Recht garantiert, den Film auswerten zu können.

Distributor's net film receipts
Distributor's gross film receipts after deduction of all fees, commissions and expenses deductible by or payable to distributors under distribution agreements, and of all *residuals* and *percentage participations* payable by distributors.
Verleihnettoeinnahmen
Einnahmen des Verleihers nach Abzug aller Kommissionen, Honorare und abzugfähigen Ausgaben entsprechend der Verleihvereinbarung. Des weiteren abzüglich aller Prozentbeteiligungen.

Duplicate negative
A copy of the original cut negative which is used to produce the many prints for theatrical distribution, thereby protecting the original negative from risk of damage from multiple printing. It incorporates all printer light changes of the original print via the *interpositive* and can therefore be used to print at high speed whithout changes in light levels.
Dup-Negativ
Eine Kopie des Original-Negativs der geschnittenen Endfassung. Von diesem Dup-Negativ werden die Kopien für den Kinoeinsatz gezogen und bewahren somit das Original vor möglichen Beschädigungen. Über das Inter-Positiv sind alle Lichtbestimmungen eingegeben, und somit kann die Massen-Kopien-Herstellung mit hoher Kopiergeschwindigkeit erfolgen.

Equity
This is a legal term which is loosely used in the film industry to refer to the participation of investors in the *net profits*.

Risikobeteiligung
Dieser Begriff umfaßt den Anteil der Investoren an den Netto-Profiten.

Equity investment
An investment as opposed to a loan.
Risikokapital
Ein Investment, das nicht als Darlehen, sondern als Risikokapital einer Produktion zur Verfügung gestellt wird. In Deutschland spielt Risikokapital bei der Filmfinanzierung praktisch kaum eine Rolle.

Errors and omissions policy
a policy which indemnifies the insured against claims arising out of libel, slander, plagiarism, infringement of copyright, invasion of privacy, and use of formats, ideas and titles in a way not specified in the original contract. It does not cover losses such as delay to, or abandonment of the production caused by such claims. Financiers, investors and distributors acquiring US or world distribution rights will usually require an E & O policy.
Irrtums- und Unterlassungs-Versicherung
Diese Versicherung wird gewöhnlich verlangt von Finanziers, Investoren und Verleihern, die mit US- und Weltvertriebsrechten handeln. Sie bietet Schutz gegen juristsche Versäumnisse im ursprünglichen Vertrag bezüglich Verleumdung, Plagiatsvorwürfen, Urheberrechtsverletzung, Persönlichkeitsrechtsverletzung, und Verwendung von Formen, Ideen und Titeln. Die Haftung erstreckt sich nicht auf Verluste, die aufgrund dieser Vorwürfe zu Verzögerungen oder Aufgabe der Produktion führen.

Event of default
The occurance of a particular event – specified in a loan agreement – which causes a loan to go into default. The most important „events" are bankruptcy, breach of conditions, or failure to pay principal or interst when due.
Verzugsfall
Das Auftreten bestimmter Umstände, die vertraglich definiert sind, die dazu führen, daß ein Kredit zurückgezogen wird. Dies können z.B. Konkurs, Vertragsbruch oder Nichtzahlen der Zinszahlungen sein.

Exhibitor
The party (being the owner or operator of a cinema) to whom the distributor grants the right to exhibit the film in return for an agreed share (usually 30-50%) of the *box-office receipts*.
Der Kinobesitzer
Der Kinobesitzer erhält vom Verleiher das Recht, den Film im Kino zu zeigen. Für dieses Recht zahlt der Kinobesitzer dem Verleiher einen Teil der Einspielergebnisse der Kartenverkäufe, meistens zwischen 30-50%.

Favoured nations: used in the context of profit participation
A clause in the agreement between a *producer* and a profit participant which stipulates that if a producer offers a third party a more favorable profit definition than that offered to the profit participant, then this will replace the original profit definition in the agreement. Also can be a clause which stipulates that the most favourable profit definition accorded to any profit participant will be used when no profit definition is agreed.
Gleichstellung
Eine Vertragsklausel, die besagt, daß wenn ein Produzent einer dritten Partei bessere Vertragsbedingungen als dem betreffenden Vertragspartner gewährt, dieser die vorherigen Vertragsbedingungen in neue, gleichlautende umwandelt. Der Begriff kann auch im Falle einer Profitbeteiligung bedeuten, daß die günstigste Regelung in Kraft tritt, falls keine andere Profitbeteiligungsregelung erreicht wird.

Feature film or feature length
A film intended primarily for exhibition in cinemas.
Spielfilm
Ein Film, der primär für das Zeigen im Kino gedacht ist.

Film rental
The sum paid by the exhibitor to the distributor for the rental of the film. Normally a percentage of the *box-office receipts.*
Filmmiete
Der Betrag, den der Kinobesitzer dem Verleiher zahlt. Normalerweise ein Prozentsatz der Einspielergebnisse der Kartenverkäufe und einer Minimumgarantiesumme.

Final cut
This is the final version of the film. The final cut rights refer to the rights typically held by the main distributor (or sometimes by very established film directors) to cut and edit a film to meet its (or his/her) requirements.
Schnitt-Endfassung/ Endschnitt
Das Recht auf die Schnitt-Endfassung liegt gewöhnlich beim Produzenten bzw. beim Verleiher; nur in Ausnahmefällen und bei sehr etablierten Regisseuren haben diese das Recht. Gewöhnlich gibt es einen ersten Director's Cut des Regisseurs; eventuelle Änderungen auf Wunsch des Produzenten oder Verleihers ergeben dann den Final Cut. Aufgrund des unterschiedlichen Urheberrechts gehört z.B. in Frankreich dem Regisseur der Final cut. Eine Harmonisierung des europäischen Urheberrechts ist eine Voraussetzung, wenn der europäisch koproduzierte Film weltweit wieder eine Rolle spielen will.

First call
The period during which an artist or director etc. engaged on the film may only take another professional engagement if it does not interfere with the services contracted under his or her agreement with the *producer.* First call is often confined to the period before principal photography starts or after *principal photography* has finished and before *second call* begins.
Erstverpflichtung, auf 1. Abruf
Der Zeitraum, in dem ein Künstler oder Regisseur der Produktionsfirma exklusiv zur Verfügung steht. Diese Periode bezieht sich meistens auf die Drehzeit und die Zeit davor.

First profits
see *deferor's receipts*
Erste Profite
Dies sind die Bruttoeinnahmen des Produzenten nach Abzug der Prozentbeteiligungen, der Abfindungen, Provisionen und der Herstellungskosten.

Flat fee licence agreement (outright sale)
Distribution agreement under which the distributor pays a fixed amount, thus waiving the obligation to pay the *producer* a further share of the *distributor's gross film receipts.*
Pauschal-Verkauf
Verleihvereinbarung, nach der der Verleiher dem Produzenten den Film für einen bestimmten Preis abkauft; dieser verzichtet damit auf alle Ansprüche aus weiteren Verkäufen oder Einnahmen.

Force majeure
Circumstances beyond the control of a contracting party which prevent the performance of obligations under a contract, e.g. fire, casualty, accident, riot, war, nuclear accident, act of God, strike, lock-out, judicial order, labour conditions or enactment or incapacity (mental or otherwise) of any of the parties to the contract. Typically events of force majeure suspend a contract and if they continue for longer than the agreed aggregate period the contract can be terminated or is automatically terminated.
Höhere Gewalt
Umstände, die außerhalb der Kontrolle der Vertragspartner liegen und die die Erfüllung der vertraglichen Verpflichtungen unmöglich machen z.B. Feuer, Verletzung, Unfall, Bürgerkrieg, Aufstand, Krieg, Nuklearunfall, Streik, Aussperrung, Gerichtsanordnung, Arbeitsumstände oder -erlasse oder Unfähigkeit (geistiger oder anderer Art) betr. eine Vertragspartei. Derartige Umstände stornieren einen Vertrag oder, wenn sie länger andauern, können Grundlage einer Auflösung sein bzw. zu einer automatischen Auflösung führen.

Four wall deal
As an alternative to renting the film to the *exhibitor*, the distributor may very occasionally agree to pay a fixed sum to the exhibitor in return for 100% of *box office receipts*. Such an arrangement is referred to as a four wall deal or fourwalling.
Kinomietpauschale
Die Möglichkeit, ein Kino zu einem bestimmten Preis für eine bestimmte Dauer zu mieten. Alle Kassen-Einnahmen gehen dann direkt an den Verleiher oder Produzenten, bzw. den Mieter. Dieses Verfahren ist in Deutschland kaum üblich.

Front end
Monies which have to be paid at the outset of a project which are usually included in the film's *budget*.
Vorproduktionskosten
Die Kosten, die in der Vorproduktionsphase anfallen.

Gross deal
A deal between producer and distributor whereby the producer is entitled to a percentage of the *distributor's gross film receipts* before the distributor deducts any fee, commission or expenses.
Brutto-Vereinbarung
In dieser Vereinbarung zwischen dem Produzenten und Verleiher ist der Produzent an einer Beteiligung am Brutto-Einspielergebnis vor Abzug jeglicher Kommissionen, Unkosten oder Honorare des Verleihers berechtigt.

Gross participation
An agreement in which major artists and other creative talent participate in the *distributor's gross film receipts* in addition to their fee contained in the budget of the film.
Brutto-Beteiligung
Eine Vereinbarung darüber, daß ein Darsteller oder andere kreativ Beteiligte (Autoren, Regisseure) zusätzlich zu den im Budget des Films enthaltenen Honoraren eine Beteiligung an den Brutto-Einspielergebnissen des Verleihers erhalten.

Holdback
Term used to describe the non-exploitation of a film within a certain medium for a certain period. For example, the holdback period for video rental is the period during which a distributor agrees for the benefit of the theatrical *exhibitor* not to exploit a film in this market for say nine month. The holdback period for one form of exploitation is the *window* for another.
Sperrfrist
Bezeichnung für den Zeitraum, in dem ein Film in einem bestimmten Medium für eine bestimmte Zeit nicht ausgewertet wird. Z.B. wird ein Film, solange er sich in der Kinoauswertung befindet, nicht auch in Video ausgewertet; oder der Zeitraum, in dem der Film sich in der Pay-TV Auswertung befindet, er nicht im freien Fernsehen zu sehen ist. Das Auswertungsfenster bedeutet auf der anderen Seite die Schutzzeit /Sperrfrist für ein anderes Medium.

House nut
An amount agreed between the distributor and *exhibitor* which covers the exhibitor's expenses (i.e. the cost of running a cinema). Used in calculating the sliding scale of film rental payable by the cinema.
Kinofixkosten
Dieser Betrag umfaßt die Kosten, die dem Kinobesitzer entstehen, sein Kino zu betreiben. Bei sich ändernden Verteilungsprozenten liegt dieser Betrag den Berechnungen zugrunde.

Inducement letter
A letter from the talent to the production company agreeing to provide services directly in the event that the *loan out company* (if used) is dissolved or fails to provide the contractual services.
Veranlassung zum Vertragsabschluß
Ein Schreiben des Kreativen an die Produk-

tionsfirma, in dem er seine Dienstleistungen/ Mitwirkung zusichert.

Interpositive
A positive print of the original negative used to make the *duplicate negative*, incorporating all the printer light changes of the *answer print*.
Interpositiv
Das Interpositiv stellt eine Positivkopie des Original-Negativs der geschnittenen Endfassung dar; diese beinhaltet alle Lichtbestimmungen; von ihr wird das Dup-Negativ zur Herstellung von Massenkopien gezogen.

Investment
Investment is money or services provided by investors to the *producer* to enable the producer to meet the budgeted costs of the film
Investment
Summe oder Leistungen, die der Investor dem Produzenten im Rahmen der Herstellungskosten des Films zur Verfügung stellt, um den Film herzustellen.

Laboratory access letter
Letter from the laboratory holding film materials/negative to the party acquiring distribution rights. It confirms that the lab holds specified film materials and has been authorized by the *producer* to honour orders placed by the distributor for release prints and duplicating material, and agrees not to exercise any lien which may adversely affect the distributors rights to place orders and receive materials. The producer is also a signatory to the letter.
Ziehungsberechtigung
Ein Schreiben des Kopierwerks an den Verleiher – vom Produzenten gegengezeichnet – in dem bestätigt wird, daß dieser das Recht hat, vom Negativ Kopien zu ziehen.

Laboratory pledgeholder's letter
Letter from the laboratory to the financiers and countersigned by the *producer*, stating that the lab agrees to retain possession of film materials as ordered by the financiers, and not to part with such materials except with the written consent of the financiers. Also often states that the lab will not accept orders for prints for commercial release or exploitation without written instructions from the financiers, and that the lab will not assert any liens against the film materials, except in respect of its fees for work done on the film.
Negativeinlagerungsbestätigung
Eine Bestätigung des Kopierwerks an Banken und Investoren – vom Produzenten gegengezeichnet – daß die Negative des Films im Kopierwerk eingelagert sind. Zugang zu den Materialien ist nur mit schriftlicher Genehmigung der Adressaten möglich.

Letter of credit
Document in which a bank irrevocably agrees to pay an amount of money upon receipt of certain documents on or before a specified date. Typically used to ensure payment of a *distributor's guarantee*. Letter of credit is an excellent form of collateral for a lender because it is irrevocable and simple.
Akkreditiv
Unwiderrufliche Bestätigung der Bank, unter bestimmten Bedingungen einen bestimmten Betrag zu einem bestimmten Datum zu zahlen. Das Akkreditiv wird gewöhnlich auf bestehende Garantieverträge ausgestellt.

Limited recourse
Term used to describe a typical film financing loan for which the lender's source of repayment (and security) is limited to the film and the receipts from the film's exploitation.
Eingeschränkte Darlehensrückführung
Darstellung der Darlehensrückführung aus den beschränkten Einnahmen des Films und seiner Auswertung.

Loan out company
A limited liability company used by the *talent* to contract with the production company, such that the loan out company agrees to supply services of the talent on agreed terms. If a loan out company is used, the production

company will invariably require the talent to sign an *inducement letter*.

Persönliche Gesellschaft

Eine persönliche Gesellschaft wird aus steuerlichen Gründen gegründet und stellt die Person des Künstlers dar, die sich quasi selbst beschäftigt und ausleiht.

Minimum guarantee (or distribution guarantee)

A guarantee from a distributor that the film's income in a particular territory will not be less than a specific amount by a fixed or ascertainable date. Such a guarantee can be, and often is, discounted by the bank.

Verleihgarantie/ Mindesteinspielgarantie

Die Garantie des Verleihers an den Produzenten über eine Mindesteinspielsumme in einem bestimmten Territorium, zahlbar zu einem bestimmten Datum. Eine derartige Zusage wird von einer Bank häufig bzgl. einer Zwischenfinanzierung akzeptiert, allerdings selten in Deutschland (persönliche Bürgschaft). In Deutschland tritt eine derartige Garantie gewöhnlich als Eigenleistung auf und wird als Produktionskapital der Herstellungskosten verwandt.

Moral rights

Moral rights are divided into four kinds of rights:

a) the right to be identified as author or director of one's work

b) the right to object to derogatory treatment of one's work

c) the right not to have work falsely attributed

d) the right of privacy of certain photographs and films

Moral rights were introduced for the first time into the UK by the Copyright, Designs and Patents Act 1988. Other European countries, especially France, have recognized moral rights for a long time.

Urheberpersönlichkeitsrecht

Die *moral rights* sind im deutschen Urheberrecht beinhaltet und umfassen

a) den Nennungsanspruch §13

b) den Schutz gegen Entstellung §17

c) das Recht auf Schutz der Persönlichkeit als Urheber.

Negative cost

The actual cost of producing a film (i.e. the cost of creating the exposed negative). Negative cost represents the monies spent on production up to the moment when the film can be delivered to the principal distributor. See also *cost of production*.

Herstellungskosten

Die Höhe der tatsächlichen Herstellungskosten eines Films zum Zeitpunkt der Lieferung an den Verleiher (inkl. aller Zinsen, Finanzierungsgebühren und -zinsen, Completion Bond Gebühren, Rechtsberatungen, Honorare usw., die direkt mit der Produktion des Films verbunden sind und dem Produzenten in Rechnung gestellt werden, sowie die allgemeinen und üblichen Handlungskosten der Produktionsfirma), so wie sie von der Treuhandfirma anerkannt – siehe Anlage Nr. 6 – und von den Empfängern einer Netto-Beteiligung unter Ausschluß von Rückstellungen, Prozentbeteiligungen und tariflich bedingten Zahlungen akzeptiert werden. Dieser Ausdruck kann auch mit Negativ-Kosten benannt werden, also den Kosten, die notwendig sind, das belichtete, fertiggestellte und ablieferbare Filmnegativ herzustellen. Da Finanziers für das von ihnen zur Verfügung gestellte Geld Zinsen verlangen, steigen die Herstellungskosten entsprechend, bis die Investoren ihre ursprüngliche Einlage inkl. Zinsen zurückerhalten haben.

Negative pick up

A distribution agreement to acquire a film once it has been completed, which guarantees payment of a specific amount on fixed or ascertainable dates after delivery of the film.

Pauschalabnahmepreis

Eine Verleihvereinbarung, nach der der Rechteinhaber nach Fertigstellung des Films einen einmaligen oder in Raten zu zahlenden Fixbetrag erhält, womit sämtliche Ansprüche auf weitere Beteiligungen oder Ansprüche abgegolten sind.

Net profits
The *producer's gross film receipts* after deduction of:
a) any *percentage participation*
b) any *residuals* payable by the production company or any affiliate thereof
c) the *cost of production*
d) any *deferements*
e) any out of pocket expenses incurred by the *producer* or any affiliate thereof in negotiating, entering into, complying with, enforcing or exercising its rights under distribution agreements.
But net profits do not include deduction of any shares of profits payable to any third party, or retainable by the distributors or subdistributors.
Netto-Gewinn
Die Bruttoeinnahmen des Produzenten vor Abzug der Prozentbeteiligungen, der Tantiemen oder Wiederholungshonorare, der Herstellungskosten, der Gagenrückstellungen und der Verleihverhandlungskosten des Produzenten. Diese Kosten beinhalten nicht Zahlungen an Dritte oder an Sub-Distributoren.

Off the top payments
Payments that are made before division of receipts or shares of profit.
Bruttobeteiligungen
Zahlungen, die ab den ersten Einnahmen vor Abzug von anderen Beteiligungen oder Unkostenerstattungen geleistet weden.

Outside delivery date
The final day for delivery of the film, usually as specified in the completion guarantee. The outside delivery date is the time specified as a limit on any *force majeure* – usually 90 days – past the date agreed with the principal distributor for normal delivery of the film.
Verspäteteter Abliefertermin aufgrund Höherer Gewalt
selbsterklärend

Out-takes
Shots which are not used in the *final cut.*
Schnittreste
Diejenigen Szenen, die im fertigen Endschnitt des Films keine Verwendung finden.

Overages
Usually refers to the sums paid by a distributor to the *producer* over and above any *minimum guarantees* advanced. Occasionally overages is also used to refer to the amount by which a film exceeds its budgeted cost, but this is called more properly *overcost.*
Garantiemehrzahlung/ Budgetüberschreitung
Bezeichnet den Betrag, den der Verleiher dem Produzenten zahlt, und der über der Minimumgarantie liegt. Bezeichnet auch den Betrag, falls die Herstellungskosten über die veranschlagte Summe hinausgegangen waren.

Overcost (overspend)
If the *cost of production* exceeds the original budgeted cost of production, then a sum equivalent to that excess (plus interest) will be repayable out of the *producer's gross film receipts.* Generally this is repayable before or at the same time that the budgeted cost of production is recouped, unless, for instance, the excess was previously insured by a *completion guarantor,* in which case it will be repayable after the budgeted cost of production.
Budgetüberschreitung
Budgetüberschreitungen (inkl. zusätzlicher Zinsen) werden nomalerweise erstrangig aus den Einnahmen, die dem Produzenten zustehen, beglichen.

Pari passu
What is meant for example, recoupment of investments on a pari passu basis is that each party investing in a film will recoup its respective investment on an equal footing with the other investors. When people say pari passu in a negotiation they often really mean pari passu and *pro rata.*

Auszahlungsgleichstellung
Diese Bezeichnung sichert, daß alle an der Investition beteiligten Parteien im gleichen Ausmaß zu gleichen Bedingungen aus allen Einnahmen entsprechend ihrer individuellen Beteiligung zurückbezahlt werden.

Participation
Compensation, often paid to *talent,* based on a percentage of revenues or profit.
Einspielbeteiligung
Eine prozentuale Beteiligung an den Einspielergebnissen oder am Profit. Diese Beteiligung wird häufig an Schauspieler oder andere, wesentlich kreative Beteiligte bezahlt (Autoren, Regisseure).

Pay or play
This is the form of contract which the more important stars, *producers* and directors obtain from the production company for their services. The agreement states that, regardless of whether the production company uses the services of the star, as long as the star makes himself or herself available the production company is obliged to pay the agreed sums.
Ausfallhonorarregelung
Ausfallhonorar wird üblicherweise in Deutschland mit 50% der vereinbarten Summe bezahlt – vorausgesetzt, der Vertragspartner geht kein anderes Arbeitsverhältnis in dem entsprechenden Zeitraum ein. In den USA ist die gesamte Honorarsumme fällig.

Percentage participation
Any renumeration (other than *residual* or shares of *net profits*) for the provision of services, rights, finance or facilities in connection with the production or exploitation of the film, calculated as a percentage of, and paid out of receipts. Percentage participation would be recognized as part of the *cost of production* if it had been quantified and paid out of finance provided to the production company for the said production. This term also includes *gross participation* and *participations.*

Prozentbeteiligung
Prozentuale Beteiligungen an den Einnahmen des Films können entweder auf einer Netto- oder Brutto-Basis verhandelt werden und werden Personen gewährt, die entweder ihre Gage zurückgestellt haben oder eine beträchtliche (kreative) Leistung in der Herstellung oder Auswertung geleistet haben und dafür nicht adäquat bezahlt worden sind bzw. nicht bezahlt werden wollten.

Principal photography
The main period of photography, excluding the later shooting of additional and unscheduled scenes. Filming outside this period may involve the principal actors.
Dreharbeiten
Die Hauptzeit der Dreharbeiten gemäß dem Drehplan. Diese Periode umfaßt weder Nach- noch zusätzliche Drehs, bei denen allerdings Hauptdarsteller involviert sein können.

Prints and advertising (P&A) money
Monies acquired from third parties by the *producer* and paid to the distributor as a contribution towards the prints and advertising costs incurred by the distributor in releasing the film in its territory. Prints and advertising money can be particularly important in securing an advantageous US distribution agreement. By providing P&A money, the producer can often ensure that the film is given a major release (i.e., a large number of prints in a large number of cities), and the producer may also be able to negotiate a *gross deal.*
Prints & Advertising Vereinbarung
Festlegung der Summe, die für die Herstellung der Kopien und der Werbung aufgewandt werden muß. Dieser Betrag wird mit dem Verleiher festgelegt oder kann von einem anderen Verwerter gestellt werden. Eine unabhängige oder auch vom Produzenten getragene P&A-Zusage kann helfen, eine günstigere Verleihvereinbarung zu erhalten.

Producer
Often used to denote the production company, and equally often used to describe the person who brings the film together in all its financial and logistical aspects. In this later sense, the producer may have had some creative input, in so far as he or she is involved in bringing together the creative elements of the film, such as screenplay, director and *talent*. *Producer* refers to the most important person responsible for getting the project together, whereas *executive producer* may be used to describe the producer involved in the actual organisation of the project (the *producteur délégué* or *Federführender Produzent*). Alternatively, executive producer is sometimes used as a courtesy credit for an executive of a company financing the film. The term *associate producer* usually describes the person who is an assistant to the main producer, while the term *co-producer* is a credit usually accorded to third parties involved in some way in the financing of the picture. A *line producer* is a person responsible for the day-to-day production of the picture, in other words, responsible for the logistics of monies, personnel, studio facilities and locations. All the above terms are somewhat loose and variations in their application are often found between different countries. They are a matter for specific negotiations of contract.

Produzent
Derjenige, der meistens, aber nicht notwendigerweise, auch Geschäftsführer einer Produktionsfirma ist. Er ist verantwortlich für die Gesamtherstellung, für die finanziellen Vereinbarungen und Deals und trägt das Risiko und ist an Inhalt und Form des Films auch übergreifend kreativ (Buch, Besetzung, Stab) beteiligt. Der Produzent ist der Motor eines jeden Filmprojektes, er bringt alle Elemente zusammen. Falls sich seine Rolle auf die des Dealmakers, bzw. der finanziellen Arrangements beschränkt, kommt er eher dem amerikanischen *Executive Producer* (wenig gebräuchlich: Exekutiv-Produzent) gleich. *Koproduzent* umfaßt die gleiche Rolle wie Produzent. *Ausführender Produzent* oder *Durchführender Produzent* (oder *Federführender Produzent* bei Koproduktionen) (amerik.: *Producer, produced by, supervising producer*) ist derjenige, der die übergeordnete Gesamtleitung innehat und die großen Details der Produktion übersieht. Auf dem rein organisatorischen Bereich tut dies auch der *Herstellungs-* oder *Produktionsleiter* bzw. der *Erste Aufnahmeleiter* (amerik.: *line producer, unit production manager, 1st assistant director*). Im deutschen Fernsehbereich wird mit *Producer* oft die Person benannt, die im Rahmen einer großen Produktionsfirma einen einzelnen Film oder eine TV-Serie inhaltlich, kreativ und übergeordnet organisatorisch betreut, wobei das Dealmaking oft wieder in der Hand des Firmeninhabers liegt. Viele dieser Begriffe sind auslegungs- und verhandlungsfähig und sollten im Einzelfall konkret vertraglich vereinbart werden.

Producer's gross film receipts
The aggregate of:
a) *distributor's net film receipts* either received by, payable to or for the benefit of the *producer*, subject to any rights of distributors to recoup any advances or guaranteed payments made by them under distribution agreements
b) all lump sum payments as advances, or *minimum guarantees* of, distributor's net film receipts, or as fixed price consideration for the rights to exploit the film that are not calculated as a proportion of, or by reference to, distributor's net film receipts, but are payable to the producer under distribution agreements
c) all monies received by, or payable to, or for the benefit of the producer by way of govern-mental or state subsidy, prize monies or other national benefits in respect of the film
d) all monies that may become available to the producer as a result of any sale and lease-back transaction, or tax incentive scheme, or

similar transaction or scheme in relation to the film
e) all other monies (if any) earned by, or payable to, or for the benefit of the producer from the use of rights to exploit a film, including damages for infringement of those rights and the disposal of properties and materials, subject to deduction of any costs, fees or expenses incurred
Produzentenbruttoeinspieleinnahmen
Können bestehen aus:
a) dem vertraglich vereinbarten Anteil der Nettoeinnahmen des Verleihers
b) dem Garantiebetrag, der vom Verleiher als Mindestgarantie vereinbart wurde
c) Geldern, die dem Produzenten aufgrund staatlicher Regelungen zustehen, oder Preisgeldern, die an den Produzenten gehen
d) Geldern, die aus späteren Verkäufen oder Vereinbarungen oder Steuervorteilen dem Produzenten zustehen
e) Geldern, die aufgrund von Rechtsverletzungen im Zusammenhang mit der Verwertung des Films zahlbar werden.

producer's share of net profits
net profits are generally shared between production company and financiers on a 50:50 or 40:60 basis. The share retained by the *producer* is either the producer's share of the net profits, „producer's share" or „producer's net". From this sum, the producer is expected to pay all profit entitlements due to the production team, including actors, writers and senior technicians. An individual may ask for either 5% of the net profits, or 10% of the producer's share of net profits, whichever is the greater. This can reduce the producer's share further. Before agreeing on financial terms, a prudent producer should check how these are defined, and then calculate how they affect the recoupment of the *cost of production* and the producer's ultimate share of net profits.
Produzentennettobeteiligung
Der Anteil des Produzenten, der nach dem Splitten mit z.B. Investoren, beim Produzenten verbleibt. Von diesem Anteil, dem *producer's share*, bezahlt der Produzent Profitbeteiligungen oder Rückstellungen an entsprechend Beteiligte. Der Produzent sollte eine Zusage einer Profitbeteiligung oder Kompensation bzgl. zurückgestellten Honorars damit vergleichen, inwieweit die Bezahlung jener Posten während der Produktion zwar die Herstellungskosten erhöhen, aber letztlich ihm mehr seiner Einkünfte belassen.

Pro rata
Under pro rata recoupment, each party will recoup its respective investment in proportion to the total investment. Thus if party A invests $ 500,000 in a $ 1 mio film, party B $ 300,000 and party C $ 200,000, then, if the parties recoup on a pro rata and *pari passu* basis, party A will receive 50% of net distribution receipts, party B 30% and party C 20%.
Anteilig
Anteilige Auszahlung an die Berechtigten im Verhältnis ihrer ursprünglichen Beteiligung bzw. ihres Investments.

Remake
A new film based on an older film using substantially the same story and characters.
Neuverfilmung
Ein neuer Film, der dieselbe Geschichte und dieselben Charaktere/Personen eines bereits bestehenden Filmes verwendet.

Rental right
The permission to make the film or work available for direct or indirect commercial advantage for a limited period of time.
Vermietrecht
Die Erlaubnis, den Film direkt oder indirekt für einen bestimmten Zeitraum kommerziell zu verwerten.

Repeat fee
Same as *use fee* and *residual.*
Wiederholungshonorar
Siehe auch Kapitel „Produzieren für das Fernsehen".

Residual
Fees or monies payable to the *talent* under applicable collective bargaining agreements by reason of, or as a condition for, exhibition of the film in any medium, but which are not included in the *cost of production.*
Wiederholungshonorar, Tantiemen
Siehe oben.

Sales agent
A third party appointed by the *producer* and specialised in selling distribution rights. The sales agent will usually be paid a commission of between 10% and 20% of distribution net receipts, depending on media, territory and other factors. The sales agent will usually be entitled to recoup expenses related to selling activites out of *distributor's net film receipts.* The producer should try and place a cap on such expenditures.
Verkaufsagent
Eine Person, die sich auf den Verkauf von Verleih- und Distributionsrechten spezialisiert. Diese wird vom Produzenten beauftragt und erhält gewöhnlich, abhängig von der jeweiligen Situation, eine Kommission von 10-20% der Verleihnettoerlöse. Unkosten, die mit den Verkaufsbemühungen entstanden sind, kann der Agent normalerweise aus den Erlösen ausgleichen. Der Produzent sollte darauf achten, eine Obergrenze auf derartige Auslagen zu legen. In Deutschland sind Provisionen von ca. 20% üblich, in England und Frankreich geringere Sätze.

Second call
This term refers to the periods both before and after the *first call* period, during which the artists or technicians engaged may be required to render services in connection with the production, editing, recording and completion of the film, subject to any other professional engagements.
Eingeschränkte Verfügbarkeit
Im Gegensatz zur exklusiven Verfügbarkeit be-zeichnet diese Periode die Zeit, in der das kreative Talent üblicherweise für Postproduktionsarbeiten zur Verfügung stehen soll; in dieser Zeit kann er andere Verpflichtungen annehmen.

Sell-through / video sales
The practice of selling videocassettes directly to the public rather than to rental shops for hire to the public.
Direktverkauf
Im Direktverkauf werden Videocassetten direkt an das Publikum verkauft, z.B. über Warenhäuser oder Lebensmittelläden und nicht an Videoläden, die diese entweder vermieten oder verkaufen.

sequel
A new film made using the characters and general situation of an earlier film with a new storyline.
Fortsetzung
Ein neuer Film, der die Charaktere/Personen und den allgemeinen Hintergrund eines früheren Films benutzt, um mit einer neuen Story einen weiteren Film zu machen.

Strike price
The amount of money which the financier has to pay into the production account in order to trigger the liability of the *completion guarantor.* Usually equal to the *budget.*
Herstellungsfestpeis
Nach Ausschöpfung dieses Betrages tritt die Verpflichtung des Completion Garanten in Kraft.

Synchronisation licence
This permits the recording of any soundtrack (usually music) for the purpose of synchronisation with the film.
Synchronisierungsrecht
Das Recht, einen bestehenden Soundtrack (gewöhnlich Musik) in einem Film verwenden zu können.

Talent
The creative elements involved in a film – e.g. screenwriters, actors and directors.

Die Kreativen
Autoren, Regisseure, Schauspieler, die an der Herstellung des Films beteilgt sind.

Theatrical release
The exhibition of a film in cinemas. Hence, a theatrical film is one intended in the first instance for exhibition in cinemas.
Kinoauswertung
Das Zeigen des Films im Kino. Entsprechend ist ein Kinofilm in erster Linie für eine Kinoauswertung gedacht.

turnaround
term referring to a period, agreed between an independent *producer* and (typically) a studio, during which the producer can seek alternative finance in the event that the studio does not develop and produce the project within a certain period. If the producer succeeds in raising finance, the studio's investment must be repaid; if he or she fails, the rights to the project revert back to the studio.
Rechterückfall
Die bestimmte Zeit, die der freie Produzent hat, sein Projekt, das ursprünglich für ein Studio von Interesse war, über anderweitige Finanzierung wieder selbst zu entwickeln und zurückzubekommen. Gelingt dies dem Produzenten, muß er das Studio für bis dahin geleistete Auslagen entschädigen; gelingt es nicht, fallen die Rechte an dem Projekt an das Studio zurück. Wird in Deutschland wenig praktiziert.

Use fee
Form of *residual* payment, typically to a performer or writer, arising from use of the film in additional media and territories.
Tantieme, Benutzungsgebühr
Siehe auch Kapitel „Produzieren für das Fernsehen".

window
a term closely linked to *holdback*, e.g. video rental window, is the period for which the *producer* or main distributor grants the video distributor exclusive exploitation by means of video rental.
Auswertungsfenster
Bezeichnung für den Zeitraum, in dem ein Film in einem bestimmten Medium für eine bestimmte Zeit ausgewertet wird. Z.B. wird ein Film, solange er sich nicht mehr in der Kinoauswertung befindet, in Video ausgewertet, oder der Zeitraum, in dem der Film sich in der Pay-TV-Auswertung befindet, er nicht im freien Fernsehen zu sehen ist. Das Auswertungsfenster bedeutet auf der anderen Seite die Schutzzeit / Sperrfrist für ein anderes Medium.

Der deutsche und internationale Fernsehmarkt – öffentlich-rechtlich und privat

ZDF, SWF, SDR*, Ballungsraumfernsehen, arte, RTL, RTL2, SAT.1, PRO7, premiere

Anmerkungen

Darüber hinaus, daß sich die Medien Film und Fernsehen des gleichen Phänomens, nämlich dem der bewegten Bilder, bedienen, haben beide, besonders auch seit der Existenz der privaten Sender, relativ wenig gemein. Zwar ist die Herstellung der Programme, zumindest wenn Film als Trägermaterial verwendet wird, weitestgehend ähnlich, aber sowohl die Verbreitung als auch die Rezeption sind von grundlegend unterschiedlicher Natur. Der wesentliche Unterschied ist wohl der, daß das Fernsehen vielfältig, permanent, sich häufig wiederholend und inzwischen rund-um-die-Uhr zu Hause verfügbar ist und weitgehend gratis geliefert wird, während Film zuerst den Entschluß für einen besonderen, bestimmten Film benötigt, dann den, das Haus zu verlassen und Geld in das Erlebnis des Kinobesuches zu investieren. Es ist ein interessantes Phänomen, daß Popularität im einen Medium, Fernsehen, sich nicht automatisch auf das andere Medium, Film, überträgt. Die Beispiele sind ohne Ende, in denen auch beliebte US-TV-Schauspieler ohne jeglichen Erfolg in Kinofilmen blieben. Ebenso interessant ist, daß für TV-Schauspieler selbst ein Erfolg eigentlich erst dann „gültig" ist, wenn er im Kino stattgefunden hat. Andersherum allerdings stimmt diese Beobachtung weniger, gerade in den USA beweisen sich Kinostars zunehmend auch in TV-Serien als zuverlässige Zugpferde.

Ebenso sind auch die Methoden und Praktiken der Finanzierung andere. Bei Kinofilmproduktionen handelt es sich um die Fertigung eines Einzelstückes, bei Produktionen fürs Fernsehen – hier sollte man unterscheiden zwischen öffentlich-rechtlichen und privaten Auftraggebern – ist das Kernstück der Aktivitäten die Produktion von Serien, sowohl im Bereich Games, Shows, Enter-info-edu-tainment als auch Daily Soaps, Drama-, Crime- oder Comedyserien und, allerdings weniger, TV-Mini-Serien oder TV-Movies. Hier geht es um massenhaft hergestellte Ware. Dies gilt besonders für die privaten Sender.

Da die öffentlich-rechtlichen Anstalten sich im wesentlichen über Gelder des Gebühreneinzugs finanzieren und in zunehmend geringerem Maße durch Werbeeinnnahmen,

* Ab 1. September 1998 werden SDR und SWF zu SWR (Südwestrundfunk) fusioniert werden.

während die privaten Sender sich ausschließlich und immer erfolgreicher über Werbeeinnahmen* betreiben (und damit die fortlaufenden Unterbrechungen des Programms in Kauf nehmen), und da die öffentlich-rechtlichen Sender auf ein jahrzehntelanges Sendemonopol bis vor gut 10 Jahren zurückblicken können, der auch ein von der Politik bestimmter Auftrag des umfassenden Informations-, Bildungs- und Unterhaltungsangebotes zugrunde liegt, ist das Wesen der öffentlich-rechtlichen Sender grundsätzlich verschieden vom dem der privaten.
1996 ist es den privaten Sendern wieder gelungen, ihre Werbeeinnahmen deutlich zu steigern; insgesamt stellt sich folgendes Bild dar: RTL erzielte ca. 3,2 Mrd DM (=12,1% Zuwachs), PRO7 2,35 Mrd DM (+ 18%), SAT.1 2,59 Mrd DM (+ 3,8%), ARD 479 Mio DM (+ 0,9%), ZDF 469 Mio DM (+ 2,7%), RTL2 589 Mio DM (+ 27,8%), VOX 301 Mio DM (+ 69,9%) Werbeeinnahmen.
Überspitzt gesagt, und getreu dem US-amerikanischen Vorbild, müssen kommerzielle Fernsehsender so verstanden werden, daß sie einzig dazu da sind, der sie finanzierenden Werbewirtschaft möglichst zuverlässig und vorhersehbar ein möglichst großes und finanziell begehrenswertes, also kauf- und konsumfreudiges Publikum für das Betrachten ihrer Werbespots/Commercials zu liefern. Das eigentliche „Programm“ hat also die Aufgabe, die Commercials an den Zuschauer zu „liefern“, sowie andersherum den Zuschauer an den Werbetreibenden. – Während 1991 ca. 400.000 Spots gesendet wurden, waren es 1994 bereits über 1,1 Mio, die für 5,6 Mrd DM Netteoeinnahmen bei den Sendern sorgten. – Der Erfolg einer TV-Produktion oder eines Programms mißt sich letztlich also einzig daran, ob dies von der Werbewirtschaft vorgegebene Wunschziel erreicht wurde oder wird oder nicht. Unter diesem Credo sind alle Erscheinungsformen des heutigen kommerziellen Fernsehens zu verstehen und zu erklären. So verwundert es auch nicht, daß das deutsche kommerzielle Fernsehen bis aufs i-Tüpfelchen ihre erfolgreichen amerikanischen Vorbilder nachahmt bzw. nachzuahmen versucht, können diese doch auf jahrzehntelange Erfahrungen zurückblicken, die pragmatisch amerikanisch zudem von kulturellen oder bildungspolitischen Bedenken so gut wie nicht „gestört“ wurden (das Commercial-Free-Fernsehen PBS Public Broadcasting System, das sich aus Steuergeldern und Spenden bescheiden finanziert, ist in den USA vergleichsweise nahezu bedeutungslos). Daß es trotz amerikanischer Vorbilder und Sendungen/Serien zu spezifisch deutschen Erscheinungsformen und Kolorit besonders in der Prime-Time kommt, ist einerseits zu begrüßen, hat andererseits allerdings auch zur Folge, daß deutsche TV-Ware nur in Ausnahmefällen (5,5% der eigenproduzierten Programme, und diese vorwiegend in die deutschsprechenden Nachbarländer Schweiz und Österreich) international exportfähig ist. Die jährliche Verkaufsmesse der deutschen öffentlich-rechtlichen Sender „German Screenings“ in Köln wertet es z.B. als Erfolg, wenn (1995) Programme wie „Der Fahnder“ nach Frankreich, Finnland, Italien, Tschechien, Slowakien, Kroatien und Australien, „Aus heite-

* Beispiel von Preisen eines einzelnen 30-sekündigen Werbespots: RTL teuerster Tarif T29, sonntags 20.00-22.10 Uhr, Spielfilm, Oktober 1996: 105.000 DM; billigster Tarif T1, samstags und sonntags 5.00-7:15 Uhr, Serie Kinder, Januar 1996: 840 DM.

rem Himmel“ nach Frankreich, Kroatien, Ungarn, Tschechien, Slowakai und Skandinavien, „Fünf Freunde“ nach Frankreich, Belgien, Slowakei, Kroatien, Slowenien und die Schweiz, und die Sechsteilige Dokuserie „Hitler“ nach Norwegen, Ungarn, Belgien und Österreich verkauft worden sind. Diese grundsätzliche Beobachtung ist relevant, auch um die unterschiedlichen Strukturen und Finanzierungsmodelle zu verstehen.

Fernsehproduktionsförderungen

Eine kurze Anmerkung zu den Fernsehförderungsmöglichkeiten im Rahmen der Filmförderungsinstitutionen: Die deutsche (wie europäische) Kinofilmherstellung ist auf absehbare Zukunft ohne Förderung/Subvention nicht lebensfähig. Dagegen ist die Fernsehwirtschaft eine gut funktionierende und kommt im Grunde ohne jegliche staatliche Subvention zurecht – insofern sind die bestehenden Fernsehförderungen* in Bayern, Berlin-Brandenburg (abnehmende Tendenz), Nordrheinwestfalen und Niedersachsen (abnehmende Tendenz) eher als standortpolitische Instrumentarien zu verstehen in

* Auszüge aus den Film-Fernsehförderrichtlinien in Deutschland:

1. Filmstiftung Nordrhein-Westfalen GmbH
Bei der Filmstiftung wird die Stoffentwicklung, Projektvorbereitung und Produktion von Fernsehfilmen unter den gleichen Bedingungen wie die der Kinofilme gefördert. Ein besonderer Unterschied wird hier nicht gemacht, obwohl die Fernsehtauglichkeit einzelner Projekte sicherlich ein Faktor ist. Die Förderung kann bis zu DM 2 Mio, aber nicht mehr als 50% der Herstellungskosten bei einer Eigenbeteiligung von mindestens 5% gehen. Das Verhältnis erklärt sich vielleicht durch die folgenden Passagen:

2.1.5 Wird im Rahmen der Produktionsvorbereitungsmaßnahme die Entwicklung eines Drehbuches mitgefördert und erfolgt die Förderung aus Mitteln, die der WDR für Förderungsmaßnahmen zur Verfügung stellt, so erwirbt der WDR die Fernsehrechte am Drehbuch. ...“

3.1.8 Wird der Film mit Mitteln gefördert, die der WDR für Förderungsmaßnahmen zur Verfügung stellt, so erwirbt der WDR die Fernsehnutzungsrechte an diesem Film entsprechend den im Zusatzabkommen zum Film-Fernseh-Abkommen vereinbarten Bedingungen. Die Übertragung der Pay-TV-Rechte auf den Produzenten und deren Nutzung bedarf einer einzelvertraglichen Regelung.

3.2.1 Die Herstellung von Fernsehfilmen kann insbesondere dann gefördert werden, wenn: – der Film gemeinsam mit internationalen Co-Partnern produziert wird oder nachweislich für die Auswertung auf dem internationalen Markt bestimmt ist - der Film in HDTV-Technik hergestellt wird.

3.2.5 Bei Fernsehfilmen müssen mindestens 40% der Herstellungskosten in NRW verwendet werden.

2. Bayern
Die Fernsehförderung kann in der Form eines bedingt rückzahlbaren Darlehens bis zu DM 1 Mio, aber nicht mehr als 30% der Herstellungskosten bei einer 10%igen Eigenbeteiligung, betragen.
Aus den Richtlinien für die bayerische Film- und Fernsehförderung:
Zuwendungsbereich

2.1.3 Die Produktion von Fernseh- und Videofilmen

5.1 Die Herstellung von Fernseh- und Videofilmen (Große Einzelvorhaben oder Serien) kann gefördert werden, wenn die Filme für die Auswertung auf dem internationalen Fernsehmarkt geeignet sind.

5.2 Antragsberechtigt sind Fernseh- und Videoproduzenten mit Sitz in Bayern, nicht aber Rundfunkanstalten und private Rundfunksender

dem Bestreben, Produktionen an den eigenen Medienstandort zu binden oder zu ziehen und so Arbeitsplätze zu bewahren oder zu schaffen. Gerade im Hinblick auf internationale Koproduktionen scheint dieses Bemühen sinnvoll, wenn auch noch recht zaghaft erfolgreich.
Die Fernsehförderung wird zunehmend, neben der Standortförderung, auch als Instrument angesehen, diese als Eigenmittel des Produzenten zu bewerten, um somit verstärkt Verwertungsrechte bei ihm zu belassen und dergestalt langfristig den Aufbau einer Kapitalbasis zu ermöglichen.

Der Markt

Nach den USA ist der deutsche Fernsehmarkt weltweit der größte: ca. 33 Mio (Stand 1994) Fernsehhaushalte (25,6 Mio in den alten, 6,5 Mio in den neuen Bundesländern) über 19 Mio Kabelanschlüsse (15,5 Mio in den alten, 3,5 Mio in den neuen Bundesländern) und ca. 5,7 Mio Direktempfangshaushalte (4 Mio in den alten, 1,7 Mio in den neuen Bundesländern) können sich der 18 nationalen und 61 regionalen Programme bedienen, die z.Zt. zu sehen sind. Dieser Markt, insbesondere auch im Hinblick auf den zu erwartenden zusätzlichen Markt von über 200 Mio Fernsehhaushalten in Osteuropa/Gesamteuropa, wird zunehmend auch für internationale Programmanbieter und Medienkonzerne interessant und wichtig. Eine Übersicht über die nationalen und internationalen Verflechtungen von Medienkonzernen findet sich am Ende dieses Kapitels.
1992 wurden in Westeuropa mit seinen ca. 135 Mio Fernsehhaushalten in 93 öffentlichen Rundfunkveranstaltern, 149 Privatsendern und 162 Regional- und Lokalsendern ca. 620.000 Programmstunden ausgestrahlt, das Volumen dieser Programme (Eigen-, Kauf- und Auftrags-/Koproduktionen) hatte einen Umfang von ca. 27 Mrd DM, wovon ca. 5 Mrd DM für Auftrags- und Koproduktionen ausgegeben wurden. Das Volumen 1992 von ca. 2 Mrd DM in Deutschland für Auftrags- und Koproduktionen entfiel zu gleichen Teilen auf Aufträge der privaten wie auch der öffentlich-rechtlichen Sender.
In Westeuropa entfielen ca. 8 Mrd DM auf im wesentlichen US-amerikanische Kaufproduktionen, was ca. einem 25%igen und konstant bleibenden Anteil an europäischen Programmen entspricht.
Im Jahr (1994) lag die Höhe des Auftrags- und Koproduktionsvolumens in Deutschland bei 2,4 Mrd DM; über 500 Produktionsfirmen mit über 7000 angestellten oder freien Mitarbeitern erarbeiten den entsprechenden Sendebedarf und schaffen bis zu 50.000 herstellungs- und verwertungsbezogene Arbeitsplätze. Nach einer Studie des VPRT Verbandes Privater Rundfunk und Telekommunikation haben die privaten Sender von 1991-1994 eine Steigerung von 3400 auf 7061 Arbeitsplätze bewirkt. Bedarf an gutausgebildeten Mitarbeitern besteht an allen Ecken und Enden.
Hierbei ist zu beachten, daß der deutsche Markt sich auf folgende Sender bzw. Konzerne konzentriert, die wiederum über eigene Produktionsfirmen einen Gutteil der Programme selbst herstellen. Zwei Drittel aller Produktionen werden von weniger als

einem Dutzend Firmengruppen kontrolliert. Dieses wiederum erschwert die Position des „kleinen, unabhängigen" Produzenten, der immer weniger in der Lage ist, den für Serien produktionstechnischen und finanziellen Anforderungen und Kapazitäten entsprechen zu können. Prinzipiell allerdings handelt es sich dennoch um einen „offenen" Markt, der letztendlich durch das kreative Potential bestimmt wird.

Neben den öffentlich-rechtlichen Sendern ZDF und ARD (mit seinen 8 Drittprogrammen) bestimmen der Kirch Konzern (SAT.1, PRO7, Kabel 1, DSF, Premiere) und die CLT/Bertelsmann Gruppe (RTL, RTL2, Super RTL, Premiere, VOX) das deutsche Fernsehgeschehen.

Zur Sender-Finanzierung

1994 erhielten die folgenden, marktdominierenden Sender folgende Einnahmen:

ARD	3,744 Mrd DM	aus Fernsehgebühren
	255 Mio DM	aus Fernsehwerbung
ZDF	1,578 Mrd DM	aus Fernsehgebühren
	333 Mio DM	aus Fernsehwerbung
RTL	1,881 Mrd DM	aus Fernsehwerbung
SAT.1	1,564 Mrd DM	aus Fernsehwerbung
PRO7	1,121 Mrd DM	aus Fernsehwerbung

Zur Programm-Produktion

Insgesamt wurden

a) für den Ankauf von Filmen und Serien 1,3 Mrd DM (über Filmhändler Beta/Taurus der Kirch-Gruppe; Medien-Handels AG, Beisheim; Tele-München, Kloiber, ABC; und Ufa, Bertelsmann)
b) für Sport-Übertragungsrechte 500 Mio DM (über ISPR, Kirch, Springer; Team AG, Oetker u.a.; und Ufa, Bertelsmann)
c) für die Produktion von Filmen und Serien 2,4 Mrd DM aufgewendet, davon entfielen auf Auftragsproduktionen:

ARD	600 Mio DM
ZDF	452 Mio DM
RTL	570 Mio DM
SAT.1	500 Mio DM
PRO7	300 Mio DM

hiervon wiederum entfielen auf die 5 größten Produktionsgesellschaften:

Kirch Gruppe	500 Mio DM	(u.a. Kommissar Rex/SAT.1, Alles außer Mord/PRO7, Freunde fürs Leben/ZDF)
		(u.a. Unitel Prod., Iduna Prod., Taurus Video, Taurus-Film, CBM Prod., NDF, Beta-Film)
Studio Hamburg	233 Mio DM	(u.a. Jackpot/ZDF, Doppelter Einsatz/RTL, Großstadtrevier/ARD)
Ufa, Bertelsmann	220 Mio DM	(u.a. Verbotene Liebe/ARD, Gute Zeiten, schlechte Zeiten/RTL, Ein starkes Team/ZDF)
		(u.a. Geo Film, stern TV, Ufa Babelsberg, Grundy Ufa TV-Prod., DCTP, Universum Film, Trebitsch Gruppe, G+J TV)
Bavaria	207 Mio DM	(u.a. Tatort/ARD, Die Wagenfelds/SAT1)
Endemol	150 Mio DM	(u.a. Traumhochzeit/RTL, Nur die Liebe zählt/SAT.1)

Vor diesem Hintergrund des enorm gewachsenen Programmangebots ist es interessant, festzustellen, daß die Fernsehnutzung nur unwesentlich zugenommen hat: im Durchschnitt werden seit Erweiterung auf das duale System nur 20 Minuten täglich mehr ferngesehen (insgesamt ca. 183 Minuten täglich), und bei den Jugendlichen – der beliebtesten Zielgruppe der Werbetreibenden – ist die Tendenz ein eher abnehmender Fernsehkonsum.
Überdurchschnittlich viel ferngesehen wird von Senioren, Frauen und Personen mit niedriger Schulbildung. Im Detail stellt sich das Fernsehpublikum in der Altersaufteilung folgendermaßen dar:

Fernsehzuschauer 1994 (in Mio)	alte Bdländer	neue Bdländer	gesamt
Fernsehaushalte	25,66	6,49	32,15
in % aller deutschen Haushalte	97,68	98,93	97,96
Zuschauerstruktur:			
Kinder 6-13 Jahre	4,83	1,72	6,54
Jugendliche 14-19 Jahre	3,24	1,06	4,30
Personen 20-29 Jahre	8,65	2,06	10,70
Personen 30-39 Jahre	8,40	2,36	10,76
Personen 40-49 Jahre	7,25	1,90	9,14
Personen 50-64 Jahre	11,84	3,20	15,04
Personen über 65 Jahre	9,77	2,08	11,85

Es sind u.a. auch diese Faktoren, unter denen zukünftige Programmentwicklungen und Prognosen (ein Marktvolumen von 3 Mrd DM im Jahre 2000, Wachstum um bis zu 20%) und damit Budgets und Finanzierungen zu betrachten sein werden. Inhaltliche Vorlieben sind dennoch modeartigen Trends unterworfen: obwohl das Ärzte-Milieu nach wie vor ein „Renner“ ist, wird momentan besonders gewünscht: „jung & abenteuerlich“. Mithin also die wünschenswert junge, kaufkräftige und probierfreudige Generation.

	Die TOP 10 Serien 1996	Die TOP 10 Spielfilme 1996	Die TOP 10 Fernsehfilme 1996
1.	Tatort, ARD	Schlaflos in Seattle, RTL	Das Mädchen Rosemarie, SAT.1
2.	Das Traumschiff, ZDF	Dennis, RTL	Der Clown, RTL
3.	Der Alte, ZDF	Sister Act, ARD	Das Haus an der Küste, ZDF
4.	Alarm für Cobbra, RTL	Mrs. Doubtfire, PRO7	Der Venusmörder, RTL
5.	Derrick, ZDF	Philadelphia, RTL	Der Schattenmann (5), ZDF
6.	Ein Fall für Zwei, ZDF	Bodyguard, PRO7	Und Tschüß auf Mallorca, RTL
7.	Anna Maria, SAT.1	Und tägl. gr. d. Murm., RTL	Adrenalin, RTL
8.	Fam Heinz Becker, ARD	Go Trabi Go, ARD	Schneesturm im Frühling, ZDF
9.	Lindenstr. (573), ARD	Pretty Woman, ARD	Weißb. Wintergesch., ZDF
10.	Polizeiruf 110, ARD	Robin Hood, PRO7	Tor des Feuers, SAT.1

Die medienpolitischen Forderungen des Bundesverbandes Deutscher Fernsehproduzenten e.V. spiegeln die positive und selbstbewußte Situation der deutschen Fernsehproduktionslandschaft (mit einem Auftragsvolumen von ca. 2,4 Mrd DM im Jahre 1994) ebenso wider wie die sich abzeichnenden neuen Verwertungsmöglichkeiten:

1. tritt man für die Sicherung der Gebühreneinnahmen der öffentlich-rechtlichen wie auch die der Werbung und des Sponsoring für die privaten Sender ein
2. fordert man bei einer realisierten Gebührenerhöhung, einen zweckgebundenen Beitrag von 1,- DM für die freie Produktionswirtschaft einfließen zu lassen
3. weist man darauf hin, daß eine Förderung der privaten Produktionswirtschaft mit ihrer Flexibilität und Kreativität im öffentlichen Interesse liege, um den innovativen und ideenreichen Gegensatz zu den bestehenden Anstalten darzustellen
4. ist man davon überzeugt, daß nur freie Produzenten einen vergleichbaren Fernsehprogrammstandard herstellen können
5. fordert man, den zunehmenden Wünschen des Publikums nach deutschen Produktionen Rechnung zu tragen und bei Wiederholungen die Filmschaffenden durch Wiederholungshonorare abzugelten
6. fordert man eine zeitlich und örtlich beschränkte Rechteübertragung, um Produzenten eigenes Programmvermögen, „libraries", bilden zu lassen
7. fordert man, von einer umfassenden Rechteübertragung abzusehen, um für die neuen Technologien wie Video-on-demand, Online-Dienste und Interaktivität auch im europäischen Verbund gerüstet zu sein
8. spricht man sich gegen die Bildung eigener, besonders den Privatsendern zugehörenden, Produktionsfirmen aus
9. ergeht der Ruf an die Ministerpräsidenten der Länder, „durch weitere Regelungen und Fördervorhaben die Herstellung neuer europäischer Fernsehproduktionen nachhaltig zu unterstützen" (aus der Präambel des Rundfunkstaatsvertrags)

Es wird deutlich, daß mit diesen Forderungen eine Kapital- und Rechtebildung der Fernsehproduzenten an den von ihnen auch im Auftrag produzierten Programmen angestrebt wird.

Übersicht über die europäischen und internationalen Fernseh-Verflechtungen großer Medienunternehmen (1995/96):

CLT, Luxemburg / **UFA** / **Bertelsmann**
Beteiligungen in:

Frankreich:	M6 (39,5%)
Niederlande:	RTL 5 (47,3%)
	RTL 4 (47,3%)
Belgien:	RTL TV (66%)
Spanien:	Tele-Cinco (25%)
Deutschland:	Super RTL (50%)
	RTL (89%)
	RTL2 (34,7%)
	VOX (24,9%)
	Premiere (37,5%)

Rupert Murdoch News Corp.,
New York, Sydney, London:

Großbritannien:	Pearson (8,1%)
	B Sky B (50%)
	Nickelodeon (50%)
	Thames TV (58,8%)
über Viacom (50%):	MTV Europe (100%)
Deutschland:	Nickelodeon (90%)
	VH-1 (100%)
über Selco (50%):	PRO7 (50%)
über PRO7:	Kabel 1 (45%)
Deutschland:	VOX (49,9%)

Canal Plus, Paris
Beteiligungen in:

Frankreich:	Havas (8,1%)
	Eurosport (33%)
Deutschland:	VOX (24,9%)
	Premiere (37,5%)

Johann Rupert, Richmond Gruppe,
Zug

Luxemburg:	RTL 2 (7,8%)
Luxemburg:	Network Hold. (50%)
Italien:	Telepiu (25%)
Deutschland:	DSF (26,5%)

Silvio Berlusconi, Finninvest
Mailand

Italien:	Mediaset (100%)
	Telepiu (10%)
Frankreich:	Tricom (33,3%)
Spanien:	Tele-Cinco (10%)
Deutschland:	DSF (24,9%)

Familie Leo Kirch, München

Deutschland:	PRO7 (47,5%)
	Premiere (25%)
	SAT.1 (59%)
	Axel Springer V. (35%)
	DSF (49,4%)
	Kabel 1 (45%)
Großbritannien:	Mercury (50%)
Frankreich:	Tricom (24,5%)
über Mercury:	TF1 (33,3%)
Italien:	Telepiu (39,9%)
Spanien:	Tele-Cinco (25%)

Anm.: Diese Konstellationen sind fortwährenden Veränderungen unterworfen.

Bemerkenswert ist zudem der US-amerikanische Anteil an folgenden deutschen Sendern:

RTL2	25,0%	Nickelodeon	90,0%
VOX	49,9%	Super RTL	50,0%
n-tv	69,8%	VH-1	100,0%
VIVA1	59,4%	TM3	25,0%
VIVA2	59,4%		

Das Film-Fernseh-Abkommen

Im Rahmen der Kinofilmproduktion und in Anerkennung der Tatsache, daß der deutsche Kinofilm ohne die Beteiligung der Fernsehsender, traditionellerweise der öffentlich-rechtlichen, so gut wie nicht mehr vorkam und vorkommt, gibt es das sogenannte Film-Fernsehabkommen, das am 31. Dezember 1995 ausgelaufen ist und nach einer einjährigen Pause 1997 wieder in Kraft getreten ist.
Das Abkommen zwischen der Filmförderungsanstalt FFA und der ARD (BR, HR, MDR, NDR, ORB, RB, SR, SDR, SWF, WDR) und dem ZDF („Rundfunkanstalten") definiert in §1 folgendes:

> Ziel der Zusammenarbeit der Partner dieses Abkommens ist es weiterhin, durch Gemeinschaftsproduktionen und Projektförderungsmaßnahmen die Herstellung von Filmen zu ermöglichen, die den Voraussetzungen des Filmförderungsgesetzes (FFG) und der Rundfunkgesetze entsprechen und dadurch das Programmangebot sowohl der Filmtheater als auch des Fernsehens zu bereichern und damit der Filmwirtschaft insgesamt zu stärken. (...)
> Des weiteren sind sich die Partner dahingehend einig, daß sie den deutschen Film nach ihren Möglichkeiten im In- und Ausland publizistisch begleiten und bei filmwirtschaftlichen, -kulturellen, -politischen Problemen von gemeinsamen Belangen, insbesondere im europäischen Bereich, verstärkt kooperieren. (...)

Für die Dauer des Abkommens (1.1.1993-31.12.1995) verpflichteten sich die Rundfunkanstalten, insgesamt 42.750 Mio DM – für jedes Jahr also 14.250 Mio DM – aufzubringen. Es steht zu erwarten, daß sich dieser Betrag bei einer Wiederaufnahme des Abkommens nicht verringert. Das Fördervolumen des jetzt bis zum 31. Dezember 1998 laufenden Abkommens beträgt 40 Mio DM, wovon 22 Mio DM für Gemeinschaftsproduktionen und 18 Mio DM im Rahmen der Projektförderung der FFA zur Verfügung gestellt werden. Generell wird ein Fernsehausstrahlungsrecht über acht Jahre vereinbart.
Für experimentelle, Nachwuchs- oder innovative Projekte wie auch für programmfüllende Dokumentarfilme können insgesamt hiervon 1 Mio DM, jährlich also zwischen 300.000 DM und 400.000 DM, eingesetzt werden. In der Praxis findet diese Regelung kaum eine Anwendung.
Gemeinschaftsproduktionen innerhalb dieses Abkommens sind an einige Voraussetzungen gebunden:

1. Der Filmhersteller/Produzent muß einen Mindesteigenanteil von 20% der Herstellungskosten erbringen

2. im Falle einer internationalen Koproduktion 20% des deutschen Herstellungsanteils
3. Vorabverkäufe auf die Videogrammauswertung hin, die in die Finanzierung des Films gehen, erhöhen den Eigenanteil des Produzenten auf 25%

Die Auswertungsfristen staffeln sich folgendermaßen:
Vor der Fernsehausstrahlung 24 Monate für die Kinoauswertung; im Falle eines entsprechenden Antrags, und wenn der Film ohne Verleiher geblieben ist, kann diese Frist reduziert werden, jedoch nicht geringer als sechs Monate sein. Die Videoverwertung darf erst sechs Monate nach Beginn der regulären Kinoauswertung beginnen.*

Wie wird über die Qualifikation eines Projektes entschieden?

Eine entsprechende zehnköpfige Kommission, bestehend aus je zwei Mitgliedern der ARD und des ZDF, drei Mitgliedern, die vom Verwaltungsrat der FFA benannt werden und drei Mitgliedern, hiervon ein Theaterbesitzer und im Einvernehmen mit der Bundesvereinigung des deutschen Films, entscheidet, entweder auf Antrag durch eine Rundfunkanstalt oder auf Antrag eines Produzenten (ohne Anbindung an eine Rundfunkanstalt), innerhalb von acht Wochen darüber, ob das Vorhaben im Rahmen dieses Abkommens gefördert wird. Anträge ohne bestehende Unterstützung einer Redaktion haben allerdings faktisch kaum Chancen, berücksichtigt zu werden.
Kommt es übrigens nicht zu einer derartigen Koproduktions-Förderung, können Projekte auch durch Vorabkauf der Fernsehnutzungsrechte berücksichtigt werden.
Mit der Anerkennung durch diese Kommission nimmt der Film an allen Förderungsmaßnahmen des FFG unter den dort genannten Voraussetzungen teil, wobei die dem Film zuerkannten Förderungshilfen in voller Höhe dem Produzenten/Filmhersteller zuerkannt werden.
Verwertungserlöse stehen nach Abdeckung der dem Hersteller entstandenen Produktionskosten beiden Parteien entsprechend ihrem Beteiligungsverhältnis zu. (Hierzu siehe auch Vertragszitate im folgenden Kapitel.)
Im folgenden eine Liste einiger, unter diesem Abkommen bewilligter Filme der vergangenen Jahre:

* Auszug eines diesbezüglichen Anschreibens des ZDF an die involvierten Produzenten:
„...wir möchten Sie daran erinnern, daß die mit dem ZDF vertraglich vereinbarte 24-Monatsfrist für die Kinoauswertung mit o.g. Datum abläuft und daher rechtzeitig beim Präsidium der FFA die Freigabe für die Fernsehausstrahlung zu erwirken ist. Ein Versäumnis dieser Freigabe bedeutet den Verlust von Referenzmitteln und die Rückforderung der Projektförderung der FFA.
Die Vergaberichtlinien des BMI sehen vor, daß die 24-Monatsfrist für die Kinoauswertung erst mit dem Kinostart beginnt. Im Rahmenabkommen für Film-Fernseh-Coproduktionen ist der Beginn dieser Frist auf die redaktionelle Abnahme der Gemeinschaftsproduktion festgelegt. ...“

1992
Herzlich Willkommen / Hamburger Kino-Kompanie
Erdenschwer / Calypso Film
Elser / Mutoskop Film
Rosalie Goes Shopping / Pelemele Film
Lebe wohl, Fremde / Lichtblick Film
Der Rosengarten / CCC Flmkunst
Spieler / Bavaria-Film
Erfolg / Franz Seitz Filmproduktion
Malina / Kuchenreuther Filmproduktion
Neuner / Novafilm Fernsehproduktion
Schrei aus Stein / Sera Filmproduktion
Pizza Colonia / Gemini Filmproduktion
Happy Birthday, Türke / Cobra Film
Go Trabi Go / Bavaria Film GmbH
Rosenemil / Galla Filmgesellschaft
Schtonk / Bavaria Film
Kleine Haie / Olga Film
Der Kinoerzähler / Allianz Filmproduktion
Justiz / Geißendörfer Filmproduktion
Mario und der Zauberer / Provobis Film

1993
Mord aus Liebe /Kick Film
Die Sirene / Provobis
Der Menschenfresser / Babelsberg-Film
Adamski / Pentagramm Filmproduktion
Mesmer / Babelsberg-Film
Berlin Calling / Vereinigte Film Partner
Mutter Courage / Sentana Film
Schlangen und Leitern / Sievernich Film GmbH
Träum weiter, Baby / Wüste Filmproduktion
Schlachtenbummler / Akzente, Cat Features
Roula / MIM Made in Munich Filmproduktion

Entsprechend der Vereinbarung mit den öffentlich-rechtlichen Sendern gibt es seit 1989 eine Vereinbarung zwischen der FFA und dem VPRT Verband privater Rundfunk- und Telekommunikation e.V. (RTL, SAT.1, PRO7, Kabelkanal, DSF, RTL2, VOX, VIVA). Dieses war 1993 ausgesetzt worden und besteht wieder für den Zeitraum 1995/96. PREMIERE verhandelt übrigens mit der FFA über eine gesonderte Regelung – trotz der Mitgliedschaft in dem VPRT. Insgesamt erwartet man eine Beteiligung von jeweils ca. 10,5 Mio DM für diesen Zwei-Jahres-Zeitraum.
Für die Restlaufzeit des Filmförderungsgesetzes bis zum 31.12.1998 gilt eine im De-

zember 1996 getroffene Vereinbarung mit den privaten Fernsehanbietern, nach der diese sich verpflichten, 30 Mio DM an die FFA zu zahlen (PRO7 TV 6.84 Mio DM, RTL 6.4 Mio DM, SAT.1 6.4 Mio DM, premiere 3.2 Mio DM, RTL2 2.55 Mio DM, Kabel1 2.44 Mio DM, VOX 900.000 DM, SuperRTL 525.000 DM, TM3 525.000 DM, DF1 110.000 DM). Diese Mittel sollen für Projektfilmförderung, Drehbuch- und Entwicklungsförderung und Markting eingesetzt werden. Über die Vergabe entscheidet ein aus drei Personen bestehender Ausschuß, eine gewählt von der Vergabekommision der FFA, eine von den privaten Sendern und eine von beiden gemeinsam. Die Privatsender können von den Beträgen, zu deren Zahlung sie sich gegenüber der FFA verpflichtet haben, Leistungen an die Länderfilmförderungen in Bayern, NRW, Berlin-Brandenburg und Hamburg in Höhe von 50% in Anrechnung bringen, z.Zt. also ca. 8,75 DM.
In Zukunft plant man nun, auf freiwilliger Basis ca. 10 Kinofilme zu fördern, durchaus auch in Kooperation mit Länderförderungen. Die inhaltliche Orientierung liegt dann deutlich bei Filmen, von denen erwartet wird, daß sie auch im Kino Kasse machen. Mit dieser Zielsetzung verbunden ist die Kritik, daß die FFA nicht geeignet sei, die deutsche Filmproduktionslandschaft nachhaltig zu stärken.

Zur Produktion von Prime-Time-Serien, Mini-Serien, TV-Movies, Kino- und Fernsehfilmen

Im folgenden werde ich versuchen, die für diese Veröffentlichung relevanten Sender (ZDF, SWF, SDR, Ballungsraumfernsehen, ARTE, PRO7, RTL, RTL2, premiere und SAT.1) kurz zu charakterisieren und dann die Möglichkeiten und Usancen im Bereich der Auftrags-, Koproduktionen oder Kaufproduktionen darzustellen.
Die für diese Ausführungen relevanten Programmbereiche stellen sich 1993 prozentmäßig zur Gesamtsendezeit der einzelnen Sender folgendermaßen dar:

Sender	Spielfilm	Fernseh-spiel/-film	Fernseh-serie	Kinderfiction
ARD	14,1	5,5	13,1	3,5
ZDF	11,4	7,4	13,8	3,7
SAT.1	18,5	0,2	20,3	2,3
RTL	7,1	2,3	29,5	5,1
PRO7	27,6	7,5	34,5	10,7
arte	13,9	17,2	0,4	-

Buy-out und Wiederholungshonorare

Der vielleicht größte Unterschied, ob für private oder öffentlich-rechtliche Sender produziert wird, liegt für Autoren, Regisseure und gelegentlich für Schauspieler der ersten

Kategorie in der Behandlung der unterschiedlichen Urheberrechts-Verwertungsabgeltungen und der daraus resultierenden Wiederholungshonorare.
Pauschal läßt sich feststellen, daß Produktionen bei den privaten Sendern auf einer Buy-out-Basis beruhen, d.h. alle, die mit der Herstellung des Filmes oder der Sendung kreativ bestimmend beschäftigt waren, sind mit einer Einmal-Zahlung, die allerdings höher liegt als die entsprechende Honorierung bei öffentlich-rechtlichen Sendern, für alle ihre – eventuell auch zukünftigen – Ansprüche abgegolten. Im Falle von Autoren bedeutet das z.B., daß RTL für einen Stoff 80.000 DM bezahlt, wo derselbe Stoff im ZDF nur 40.000 DM erhält. Eine einmalige Wiederholung eines Films im öffentlich-rechtlichen Programm kommt oftmals bereits einem buy-out im privaten Rundfunk gleich.
Aufgrund tarifvertraglicher Vereinbarung zwischen den öffentlich-rechtlichen Sendern bzw. Produktionsfirmen in den Mitgliedsverbänden und der IG Medien, bzw. RFFU und anderen Verbänden, z.B. DAG, sowie aufgrund individueller Vereinbarungen kommt es üblicherweise – Buy-out-Vereinbarungen sind allerdings ebenfalls möglich – zu Wiederholungsansprüchen folgender Art:*

1) Z.B. bzgl. Herstellung einer Gemeinschaftsproduktion mit Kinovorabspiel, bei der die Sendeanstalt einen Koproduktionsanteil von ca. 25% leistet:
   es besteht Einvernehmen darüber, daß die Pay-TV-Rechte zu den der Sendeanstalt eingeräumten Rechten gehören. Sollte der Vertragspartner diese Rechte nutzen wollen, wird er mit der Sendeanstalt über die Einräumung und den Erwerb dieser Rechte Verhandlungen aufnehmen.
   Der Vertragspartner überträgt der Sendeanstalt mit dem Abschluß dieses Vertrages das ausschließliche Recht, beginnend mit dem Tag des Ablaufs der Frist für das Kinovorabspiel, beliebig oft für Fernsehzwecke in der Bundesrepublik Deutschland sowie im eropäischen Kulturkanal (d.h. in Frankreich und in der Bundesrepublik Deutschland) zu verwerten oder verwerten zu lassen und alle hierzu erforderlichen Einzelrechte der Beteiligten.
   Nach Ablauf von 6 Jahren ab Ende des Kinovorabspiels (Auswertungsphase 1) kann der Vertragspartner die Fernsehrechte für die Dauer von 5 Jahren (Auswertungsphase 2) an einen Dritten vergeben, es sei denn, die Sendeanstalt hat bis 6 Monate vor Ablauf der Auswertungsphase 1 gegenüber dem Vertragspartner erklärt, daß er den Film auch weiterhin nutzen will. In diesem Fall zahlt die Sendeanstalt dem Vertragspartner für beliebig häufige Nutzungen ein einmaliges Entgelt von (150.000) DM brutto.
   Gibt die Sendeanstalt eine derartige Erklärung nicht ab, enthält sie sich während der Auswertungsphase 2 jeder Nutzung ihrer Rechte, es sei denn, der Vertragspartner nutzt das ihm nach Abs.2 zustehende Recht nicht. In diesem Fall ist die Sendeanstalt zur fernsehmäßigen Nutzung gegen Zahlung von (50.000) DM brutto je Ausstrahlung im ARD-Gemeinschaftsprogramm befugt. Für Wiederholungen in den übrigen Programmen gelten die Prozentsätze des § (siehe unten) entsprechend.
   Nach Ablauf von Auswertungsphase 2 kann der Vertragspartner nach vorheriger Abstimmung mit der Sendeanstalt erneut die Senderechte an Dritte vergeben, es sei denn, die

* Zitiert aus unterschiedlichen Produktions- und Tarifverträgen.

Sendeanstalt erklärt, daß sie den Film selbst nutzen will. In diesem Fall zahlt die Sendeanstalt je Ausstrahlung im Gemeinschaftsprogramm der ARD (50.000) DM brutto.

§ Wiederholungshonorare

1) Bei Wiederholungen im Fernsehgemeinschaftsprogramm der ARD-Anstalten zahlt die Sendeanstalt eine Wiederholungsvergütung von
Autor (100%), Regie (40%), VP (100%)

2) Bei Wiederholungen im bundesweiten Fernsehtagesprogramm bis 18.00 Uhr zahlt die Sendeanstalt eine Wiederholungsvergütung von
Autor (30%), Regie (20%), VP (15%)

3) Bei Wiederholungen im gesamten Sendebereich der Sendeanstalt oder einer anderen ARD-Anstalt erhält der Vertragspartner eine Wiederholungsvergütung von
Autor (15%), Regie (8%), VP (15%)
Bei Wiederholungen im Fernsehanstaltsprogramm des SR und RB erhält der Vertragspartner eine Wiederholungsvergütung von je
Autor (7,5%), Regie (4%), VP (7,5%)
Wird die Sendung in mehreren Fernsehanstaltsprogrammen der ARD-Anstalten wiederholt, so erhält der Vertragspartner eine Wiederholungsvergütung von maximal
Autor (100%), Regie (40%), VP (100%)

4) Bei Wiederholungen in einem der 3. Fernsehprogramme der in der ARD zusammengeschlossenen Rundfunkanstalten erhält der Vertragspartner eine Wiederholungsvergütung von
Autor (20%), Regie (8%), VP (20%)
Wird die Sendung in mehreren 3. Fernsehprogrammen der ARD-Anstalten wiederholt, so erhält der Vertragspartner maximal
Autor (100%), Regie (40%), VP (100%)

5) Bei Wiederholungen oder „Vorabpremieren“ in Satellitenprogrammen der Sendeanstalt zur Einspeisung in Kabelanlagen angebotenen Satelittenprogrammen erhält der Vertragspartner eine Wiederholungsvergütung von
Autor (34%), Regie (34%), VP (34%)
es sei denn, zum Zeitpunkt der Ausstrahlung sind bei der Sendeanstalt höhere Entgeltsätze üblich. In diesem Fall gelten die dann üblichen höheren Sätze. Hierunter fällt der „Europäische Kulturkanal“.

2) Z.B. die folgende Wiederholungs-Vergütungsregelung des ZDF im Rahmen einer Auftragsproduktion:

§ a) Bei Wiederholungssendungen im ZDF-Programm wird ein Wiederholungshonorar in Höhe des vereinbarten wiederholungshonorarfähigen Honorars gezahlt.

b) Bei Wiederholungssendungen im Regionalprogramm eines Landesstudios des ZDF erhält der Vertragspartner 10% des wiederholungshonorarfähigen Honorars. Bei einer gemeinsamen Wiederholungssendung im Bereich mehrerer Landesstudios des ZDF beträgt das zu zahlende Wiederholungshonorar ein entsprechend Vielfaches, jedoch höchstens 100% des wiederholungshonorarfähigen Honorars.

c) Bei Wiederholungssendungen im Fernsehgemeinschaftsprogramm der in der ARD zusammengeschlossenen Rundfunkanstalten erhält der Vertragspartner ein Wiederholungshonorar in der Höhe des mit dem ZDF vereinbarten wiederholungshonorarfähigen Honorars.

d) Bei Wiederholungssendungen im Regionalprogramm oder im 3. Fernsehprogramm einer ARD-Anstalt erhält der Vertragspartner 10% des mit dem ZDF vereinbarten wiederholungshonorarfähigen Honorars. Bei Wiederholungssendungen in einem gemeinsam durch mehrere ARD-Anstalten betriebenen Regionalprogramm oder 3. Fernsehprogramm oder in mehreren Regionalprogrammen oder 3. Fernsehprogrammen beträgt das Wiederholungshonorar ein entspechend Vielfaches, höchstens jedoch 100% des wiederholungshonorarfähigen Honorars.
e) Bei Wiederholungssendung im Vormittagsprogramm der deutschen Rundfunkanstalten erhält der Vertragspartner 33 1/3% des mit dem ZDF vereinbarten wiederholungshonorarfähigen Honorars.
f) Bei Erwerb der Produktion im Rahmen des Programmvertriebs des ZDF für Rundfunkzwecke durch ein ausländisches Sendeunternehmen oder durch einen inländischen privaten Programmveranstalter oder bei Verwendung der Produktion im Transkriptionsdienst erhält der Vertragspartner 25% des Nettoerlöses, jedoch nicht mehr als 25% des mit diesem Vertrag vereinbarten wiederholungshonorarfähigen Honorars.
g) Stellt das ZDF die Produktion in Zusammenarbeit mit einem oder mehreren ausländischen Sendeunternehmen her, erhält der Vertragspartner, soweit im Einzelfall nicht anderes vereinbart wurde, für jede Sendung im Bereich eines dieser ausländischen Sendeunternehmen 25% des vereinbarten wiederholungshonorarfähigen Honorars.

3) Allgemeiner: Im Falle der Beschäftigung von „arbeitnehmerähnlichen Personen" in öffentlich-rechtlichen Sendeanstalten ergeben sich für eine Reihe von Berufsgruppen (1. Autoren-, Bearbeiter-, Übersetzungsleistungen bei Bearbeitung von literarischen Stoffen für szenische Produktionen; bei Berichten mit Feature-Charakter, Glosse, Kritik; Feature, Dokumentation; Interview, Gesprächsleitung – 2. Kostümbildner, Kamera, Schnitt in der Urheberrechtsabgeltung und in der Mitwirkungsabgeltung bei 3. Regie Film und Fernsehspiel) unterschiedliche Wiederholungsprozentsätze für folgende Situationen:
   1. Wiederholungen im Fernsehgemeinschaftsprogramm der ARD
   2. Wiederholungen im Fernsehvormittagsprogramm
   3. Wiederholungen im gesamten Sendebereich der produzierenden oder einer anderen ARD-Anstalt
   4. Wiederholungen in einem der III. Fernsehprogramme
   5. Gleichzeitige Sendung eines III. Fernsehprogramms in Kabelfernsehanlagen
   6. Sendung in spezifischen Ausbildungsprogrammen
   7. Wiederholungen in Kabel- und Satellitenprogrammen der ARD im Inland
   8. Wiederholungen in zukünftigen Sendungen der Sendeanstalt über direktstrahlende Satelliten
   9. Entgeltliche Abgabe der Produktion an ein nicht der ARD angehörendes Sendeunternehmen
   10. Entgeltliche Kabelverbreitung im Ausland
   11. Entgeltliche Verwertung der Produktion im Ausland
   12. Entgeltliche Verwertung in anderen Auswertungsarten außer der Fernsehausstrahlung 1-11

Wiederholungsvergütung bei privaten Sendern

Dagegen: Üblicherweise läßt sich ein privater Sender alle Urheber- und Verwertungsrechte (wie in Anlage Nr. 3, S. 206 aufgeführt) ausschließlich, zeitlich und räumlich uneingeschränkt übertragen. Für Wiederholungshonorare gilt:

4) Aus den allgemeinen Bedingungen zum Auftragsproduktionsvertrag zwischen einer privaten Sendeanstalt und Produzent:

§ Eventuelle Ansprüche der Mitwirkenden als Urheber am Film und als Urheber am genutzten Werk oder als sonstige Urheber aus § 25 Urheberrechtsgesetz werden abbedungen.

Ein Paragraph betreffs Wiederholungsvergütungen ist nicht Bestandteil des Vertrages, womit auf Senderseite die Bindung von Kosten wie auch der nicht unerhebliche Verwaltungsaufwand entfällt.

Produzieren für die öffentlich-rechtlichen Anstalten

ZDF Zweites Deutsches Fernsehen

„Das Kleine Fernsehspiel“
„Der Kamerafilm“
„Quantum“

Für beginnende bzw. „kleinere“ Produzenten – also diejenigen, die aufgrund ihrer Infrastruktur und finanziellen Möglichkeiten nicht in der Lage sind, große Fernsehfilme, Mehrteiler oder Serien zu produzieren – bieten sich als Ansprechpartner beim ZDF die Redaktionen „Das Kleine Fernsehspiel“, „Titelabende arte“ und „Quantum“ an.

Die Redaktion „Das Kleine Fernsehspiel“ besteht seit über 20 Jahren und ist dafür bekannt, dem Nachwuchs mit ungewöhnlichen Stoffen und Umsetzungen eine Plattform zu bieten. Zugleich versteht sich die Redaktion als Vorbereitung dafür, daß Filmemacher, die hier bis zu drei Produktionen machen konnten, dann für das „große“ Fernsehspiel reif sein sollten. Immerhin hat fast jeder bekannte Filmemacher einmal beim „Kleinen Fernsehspiel“ produziert, unter vielen anderen: Herbert Achternbusch, Chantal Akerman, Theo Angelopoulos, Walter Bockmeyer, Hark Bohm, Rainer Werner Fassbinder, Jean-Luc Godard, Jim Jarmusch, Erwin Keusch, Dr. Alexander Kluge, Peter Lilienthal, Thomas Mauch, Elfi Mikesch, Rosa von Praunheim, Edgar Reitz, Helke Sander, Helma Sanders-Brahms, Hans-Jürgen Syberberg, Werner Schroeter, Jan Schütte, Krzysztof Zanussi – Produzenten u.a.: Bernd Eichinger, Jürgen Karg, Frankfurter Filmproduktion, Opal-Film, Pandora Filmproduktion, Regina Ziegler, Daniel Zuta.

Die Redaktion bietet Freiheiten, die sonst im Fernsehen – auch im öffentlich-rechtlichen – kaum noch zu finden sind: Die Länge der Produktionen kann zwischen 35 und 100 Minuten liegen, da der Redaktionsphilosophie entsprechend jedes Sujet seine „eigene“ Zeit braucht.

Z.Zt. hat die Redaktion 26 Sendeplätze pro Jahr (meistens nach 22.30 Uhr), die alle mit Auftragsproduktionen und ohne Kaufproduktionen belegt werden. Hierbei unterscheiden sich die Produktionen in

a) „Das Kleine Fernsehspiel“ und
b) den „Kamerafilm“

„Das Kleine Fernsehspiel“ – die Normalproduktion – wird immer von einem externen Produzenten geführt, der für die, auch für das ZDF übliche Vorgehensweise: Kalkulati-

on, Drehplan, Kalkulationsgespräch, Bankbürgschaft usw. Verantwortung trägt. Die Budgets bewegen sich zwischen 400.000 DM und 600.000 DM. Im Falle einer finanziellen Koproduktion durch den Produzenten verbleiben die Kinorechte beim Produzenten, sonst gehören sie dem ZDF. Die Kinoauswertung, wenn überhaupt, findet in der Regel erst nach der Ausstrahlung statt, die allerdings relativ schnell nach Ablieferung der Sendekopie vor sich geht. Die Beteiligung von Filmfördergeldern bei diesen Produktionen wird generell nicht gefordert und auch eigentlich nicht gewünscht, da die daraus resultierende TV-Sperrfrist mit den Bedürfnissen der Redaktion kaum vereinbar ist. Die Konstellation jeder einzelnen Produktion sollte jedoch im Vorfeld offen mit den Redakteuren besprochen werden.
Beim „Kamerafilm“ geht es unbürokratisch zu: Der Produktions-Vertrag wird direkt mit dem Filmemacher oder Projektverantwortlichen gemacht – ohne daß eine Bankbürgschaft notwendig wäre, wird die erste Rate vor Drehbeginn ausgezahlt. Die zweite und letzte Rate erfolgt nach Ablieferung der Sendekopie. Das Budget liegt zwischen 120.000 DM und 170.000 DM. Die Kinorechte verbleiben bei dem Vertragspartner, wobei allerdings etwaige Erlöse – auch aus anderen Verwertungen – zu gleichen Teilen gesplittet werden. In beiden Fällen erwirbt das ZDF allerdings auch die Ausstrahlungsmöglichkeit über 3sat und die nicht-gewerblichen Rechte.
Die Redaktion spricht man mit möglichst professionell gestalteten Treatments oder Projektbeschreibungen an; hat das Vorhaben innerhalb der Redaktion einen Fürsprecher gefunden, geht es in den Redaktionspool, in dem alle sechs Wochen in einer dreitägigen Sitzung die zu realisierenden Projekte unter allen beteiligten Redakteuren herausdiskutiert werden – hier übrigens fällt erst die letztendliche Entscheidung, was eine Normalproduktion und was ein „Kamerafilm“ werden wird. Ähnlich ist der Prozeß für eine Stoffentwicklung, die mit bis zu 20.000 DM in Auftrag gegeben werden kann. Nach Einigung über den Etat beantragt der Redakteur eine Stoffzulassung bei der Programmdirektion, die zu einer Produktionsnummer führt. Mit der Zuteilung einer Produktionsnummer ist der Filmemacher oder Produzent mit dem ZDF „im Geschäft“.
In der gleichen Redaktion angesiedelt und z.T. mit den gleichen Personen besetzt, existiert die Redaktion „Quantum“. Die 1987 ins Leben gerufene Redaktion ist die „Fernsehwerkstatt“ in 3sat; ihre Zielsetzung ist die Weiterentwicklung, Vermischung und Neukonzeption fernsehspezifischer Formen wie Magazine, Show, Nachrichten, Essay, Dokumentation, Reihe und Serie. „Quantum“ realisiert als Entwicklungsabteilung für und mit den Redaktionen der jeweiligen Sparten neue Konzepte und Ideen, die dann zuerst in 3sat vorgestellt und erprobt werden, um dann möglichst in den jeweiligen Bereichen übernommen zu werden. Während in der Redaktion selbst viele Ideen geboren und umgesetzt werden, ist dieses Forum auch Auftragsproduzenten offen. Die Budgets sind von unterschiedlicher und dem jeweiligen Projekt angemessener Höhe – wobei von einem eher bescheidenen Budget ausgegangen werden sollte. Allerdings bietet diese Redaktion Neueinsteigern in diese Branche die Gelegenheit, z.B. einen Piloten zu verwirklichen, der dann wiederum ganz andere Türen öffnen kann. Zugleich sollte die Möglichkeit innovativen Arbeitens applaudiert werden.

Zu den seit ihrem Bestehen produzierten Sendungen gehören z.B.: 1989-1992 TITELTAGE (z.B. „Es geht um's Geld", „Liebe, Laster, Leidenschaft", „Echt falsch", „Alle Wetter", „Fremde Heimat", „Geschmackssache"). Das Konzept der TITELTAGE findet sich heute in komprimierter Form in den arte-Themenabenden wieder. In ihrer ursprünglichen Form bestanden die TITELTAGE aus bis zu 14 Stunden Programm, in dem ein Thema aus den unterschiedlichsten Perspektiven anhand von Neubeiträgen und Kaufproduktionen verschiedenster Machart und Laufzeit zu einer Gesamtdramaturgie verbunden wurden.
NOVA wurde in „Quantum" entwickelt, Ästhetik und Präsentationsart färbte auf andere Magazinsendungen, z.B. MONA LISA, ab.
Der erste HDTV-Spielfilm, „Unter dem Berg", entstand bei „Quantum".
Die Musikmagazin-Reihe LOST IN MUSIC wird inzwischen für arte produziert.

Fernsehspiel und Fernsehfilm im ZDF

Mit seinen ca. 45 Fernsehspielen pro Jahr, die sich im allgemeinen im Budgetrahmen zwischen je 1,3-1,8 Mio DM (in Ausnahmefällen auch bis über 2,2 Mio DM) bewegen, ist das Fernsehspiel sowohl für beginnende, aber bereits erfahrene Produktionsfirmen interessant wie auch für große Hersteller, an die die große Masse dieser Auftragsproduktionen geht.
Zu den 1994 ausgestrahlten Fernsehfilmen und -spielen gehörten u.a.: „Süße Emma, liebe Böbe" (Regie: Istvan Szabo), „Das Babylon Komplott" (Peter Patzak), „Max Ernst – Mein Vagabundieren, meine Unruhe" (Peter Schamoni), „Schrei aus Stein" (Werner Herzog), „Bella Block – Die Kommissarin" (Max Färberböck), „In dieser Stadt daheim" (Eberhard Itzenplitz), „Angst" (Bernd Schadewald), „Kinderspiele" (Wolfgang Becker), „Fünf Millionen und ein paar Zerquetschte" (Andy Bausch), „Rosa Roth – in Liebe und Tod" (Carlo Rola) und „Malina" (Werner Schroeter).
Zu den zusätzlichen Serien gehörten u.a.: „Diese Drombuschs", „Schicksal der Woche", „Der Alte", „Derrick", „Ein Fall für Zwei", „Faust" sowie Kaufproduktionen im Rahmen des „Montagskinos", des „Mittwochsfilms", der „Langen Filmnächte" wie besonderer, anderer Reihen, z.B. Regisseurs-Portraits.
Insgesamt 10,5% des Gesamtprogramms des ZDF wurden von Reihen und Serien (Vorabend), 16,9% von Spielfilmen und 7% von Fernsehfilmen bestritten.

Wie funktioniert das Fernsehspiel?

Aufgrund des Programmleistungsplans der ZDF-Abteilung Planungsredaktion, der von dieser jeweils zum Jahresende erstellt wird und der das Programmschema des kommenden Jahres nach Wochentag und Sendezeit definiert, werden die ca. 20 Redakteure der Redaktion Fernsehspiel in den Stand versetzt, mehr oder weniger konkrete Projektplanung und -koordinierung betreiben zu können. Zu diesem Zeitpunkt steht

im wesentlichen auch schon ein Gutteil der Produktionen und somit der jeweils zu erwartenden Budgets fest.
In vierteljährlichen Redaktionssitzungen werden die konkreten Vorschläge und Projekte diskutiert, abgestimmt und entschieden. Dabei handelt es sich um Projekte in allen Entwicklungsphasen: z.T. nach Stoffideen der Redakteure selbst, (ca. 30% aller Vorhaben) oder von Autoreneinsendungen oder durch Vorschläge von Produktionsfirmen. Auch bislang unbekannte Autoren werden gelesen und – wenn Talent sichtbar wird – aufgesucht: Hier gibt es eine Trefferquote von vielleicht 1 : 20. Auch dies ein Kommentar zur Drehbuchsituation in Deutschland.
Die Projekte können in Stufen in Auftrag gegeben werden: vom Exposéauftrag über den Treatmentauftrag bis hin zum fertigen Drehbuch. Nur beim fertigen Drehbuch hat das ZDF die Rechte erworben, die vorherigen Phasen verbleiben rechtemäßig beim Autor, und auch das Drehbuch kann der Autor oder die Produktionsfirma im Falle einer Nicht-Produktion über eine Teilrückzahlung wiedererwerben. In jedem Fall allerdings werden die Entwicklungskosten dem jeweiligen späteren Produktionsbudget zugeschlagen. Auch eine Produktionsfirma – statt des ZDF selbst – kann im Sinn einer frühzeitigen Einbindung die erste Projektentwicklungsphase mit dem Autor durchführen – unter den ZDF-Vertragsbedingungen. Vor dem Treatmentauftrag ist der Stoff bereits inhaltlich genehmigt und mit einer Produktionsnummer versehen.
Generell werden ca. doppelt so viele Projekte entwickelt als später zur Produktion kommen, wobei ca. 60% aller Entwicklungen bereits an eine Produktionsfirma gebunden sind; die verbleibenden 40% werden später bei einer Produktionsfirma in Auftrag gegeben.
Die Produktionsfirma wird aufgefordert, die Herstellung zu kalkulieren; diese Kalkulation wird vor dem Kalkulationsgespräch vom ZDF geprüft; im Kalkulationsgespräch, an dem der Erste Produktionsleiter, der zuständige Redakteur und Redaktionsleiter von Senderseite und der Herstellungsleiter und Produzent von seiten der Produktionsfirma teilnehmen, kann es zu Diskussionen über jeden Budgetpunkt kommen oder man einigt sich sehr schnell und unkompliziert auf einen Fix-Preis. Während die Kalkulation sich an den tarifvertraglichen Sätzen orientiert, sind Abweichungen, besonders im Bereich Ausstattung und Besetzung, durchaus üblich. Gerade in der Besetzung sind seit einigen Jahren die Honorare überdurchschnittlich in die Höhe gegangen.
So wie hier – in den Künstlergagen – Flexibilität gezeigt wird, kann auch innerhalb der Gesamtpalette der Jahresproduktion große Flexibilität auftreten: Besondere Projekte können eine überdurchschnittliche Ausstattung erfahren und somit den o.g. Budgetrahmen überschreiten, andere Projekte können dafür beschnitten oder ganz aufgegeben werden.
Sicherlich sind langjährige, gute Erfahrungen und erprobte Beziehungen zwischen Redaktion und Produktionsfirma sowohl bei der Projektentwicklung als auch bei der Auftragsvergabe von wesentlicher Bedeutung.
Bei einer Bankgarantie stellt das ZDF dem Produzenten den Etat in Raten zur Verfügung; es ist ratsam, bereits während der Drehabeiten mit dem Anlegen und Rohschnitt

zu beginnen, um so möglichst früh an die mit der Rohschnittabnahme verbundene Rate zu kommen – und um so einen negativen Kapitalmittelfluß möglichst zu vermeiden bzw. zu verringern.
In seltenen Fällen („Männer" oder „Allein unter Frauen" [SWF]) erwägt ein Produzent in Abstimmung mit dem Sender, entweder den Film auf eigene Kosten in 35mm statt 16mm zu drehen, um eine eventuelle Kinoauswertung anzustreben, oder später den Film auf 35mm umkopieren zu lassen. In jedem Fall tritt dann die 24monatige TV-Sperrfrist in Kraft, und aus diesem Grund ist das ZDF nur noch gegen eine Verleihgarantie zu einer Kinoauswertung bereit. Den Verlusten, die eine zweijährige Sperrfrist bedeutet, ist entgegenzustellen, daß der Film in der Fernsehausstrahlung eine höhere Einschaltquote erreichen wird, falls er im Kino vorher erfolgreich gelaufen sein sollte.
Zu internationalen Koproduktionen kommt es nur noch in seltenen Fällen, und dann noch am ehesten mit französischer Beteiligung. Ebenso gering fallen Produktionen aus, bei denen der Produzent als echter Koproduzent mit Eigenkapital auftritt. Gelegentlich kommt es – auch in Deutschland – zu frei finanzierten Filmen, die dann später der Redaktion zum Kauf angeboten werden – aber auch hier hat es kostspielige „Flops" gegeben, die sich als unverkäuflich herausgestellt haben.

Arbeitsgemeinschaft der öffentlich-rechtlichen Rundfunkanstalten der Bundesrepublik Deutschland ARD

Um den Fokus dieses Buches zu wahren, im folgenden nur eine sehr kurze Betrachtung zu den Sendern der ARD; im Detail genauer geschildert werden sollen schwergewichtig die Möglichkeiten für Auftrags- und Koproduktionen mit den baden-württembergischen Sendern SWF und SDR.
Für den Rechteeinkauf und -handel der ARD agiert die Degeto, die aufgrund des zunehmenden Kostendrucks für amerikanische Spielfilmpakete plant, verstärkt auf dem nationalen und internationalen Markt über eine Vielzahl von Partnern und Produktionsfirmen bereits in der Stoffentwicklung und vor der Fertigstellung der Produktionen sich Sende- und weitergehende Rechte zu sichern. In diese mit einem Jahresbudget von 160 Mio DM ausgestatteten Aktivitäten fallen auch Fernsehproduktion, TV-Serien und Mini-Serien. Für die zukünftige Entwicklung ist absehbar, daß es – wie bei Erwerb der Übertragungsrechte der Bundesligaspiele – ein Konsortium aus ARD, ZDF und RTL – zu Kooperationsformen zwischen öffentlich-rechtlichen und privaten Sendern kommen könnte.
Da in der Bundesrepublik Deutschland die Kompetenzhoheit für Hörfunk und Fernsehen bei jedem einzelnen Bundesland liegt, sind die jeweiligen Landesrundfunkanstalten selbständig und voneinander unabhängig. Eine ihrer wichtigsten Aufgaben besteht in der Planung und Koordinierung des Gemeinschaftsprogramms im Rahmen der Ständigen Programmkonferenz, an der jede Landesanstalt mit einer Stimme vertreten ist.

Entsprechend dem Gebührenaufkommen ihres jeweiligen Gebietes stellt sich der Programmanteil (1995) folgendermaßen dar:

BR Bayerischer Rundfunk	14,50%
hr Hessischer Rundfunk	7,00%
mdr Mitteldeutscher Rundfunk	10,50%
NDR Norddeutscher Rundfunk	16,25%
Ostdeutscher Rundfunk Brandenburg	2,50%
rb Radio Bremen	2,50%
SR Saarländscher Rundfunk	2,50%
SFB Sender Freies Berlin	5,50%
SDR Süddeutscher Rundfunk	7,50%
SWF Südwestfunk	9,25%
WDR Westdeutscher Rundfunk	22,00%

Die beiden Landessender SDR und SWF gehören also eher zu den kleineren in diesem Verbund.

Vorabendserien und Serien

Vorabendserienvorschläge werden von Produktionsfirmen an die entsprechenden Redaktionen des NDR, RB, WDR oder BR gegeben, da diese vier Sender den Gesamtbedarf in der ARD bestimmen und koordinieren. Serien im Abendbereich können jedem ARD-Sender angeboten werden und werden dann mit dem jeweiligen Sender verhandelt und für ihn produziert.
Ein genereller Preisrahmen sowohl für die ARD als für das ZDF ähnelt im groben dem der privaten Sender, obwohl diese aufgrund ihrer Werbestruktur hier größere Flexibilität zeigen können: Wenn ein besonderes Stück produziert werden soll, das besonders hohe Werbeeinnahmen erwarten läßt, dann sind herkömmliche Kostenvorstellungen auch korrigierbar.
Im Bereich der Soap wird von einem Minutenpreis von 4.000-7.000 DM ausgegangen, im Fiction-Serienbereich liegen die allermeisten Produktionen bei 15.000-25.000 DM pro Minute; bei Mini-Serien kann dieser Preis bis auf einen Minutenpreis von 30.000 DM steigen.
Während die Preisrahmen ähnlich sind, haben die verschiedenen Sender unterschiedliche Images: SAT.1 ähnelt in der Verfahrensweise dem ZDF, RTL wird als chaotisch empfunden: häufiger Personalwechsel wie auch sich schnell ändernde Einkaufspolitik bereiten Produzenten Schwierigkeiten; in jedem Fall kann nicht von einem einheitlichen System der Produktionsabwicklung ausgegangen werden: Die jeweiligen Honorar- und Lizenzabteilungen der ARD-Sender wie auch des ZDF und der Privatsender pflegen unterschiedliche Zahlungsmodi und Abwicklungen, bei denen die Verhandlungsspielräume auch gering sind.

Spielfilme

Das Jahresbudget für Filmeinkäufe für 1996 beziffert die Degeto mit ca. 150 Mio DM; hiervon bestückt werden sowohl das Spielfilmangebot der ARD (ca. 560 Termine – davon ca. 25% Erstsendungen bei 60% US-amerikanischen Filmen) wie auch das der Dritten Programme (ca. 1200 Termine), von 3sat (ca. 100 Termine) und arte (ca. 36 Filme). Der eigene Filmstock beläuft sich z.Zt. auf ca. 3000 Titel. Diese Zahlen sind vor dem Hintergrund zu sehen, daß pro Jahr nicht mehr als 500 neue, fürs Fernsehen geeignete Kinofilme weltweit dazukommen – in allen deutschen Sendern wurden 1994 ca. 16.000 Spielfilme gezeigt. – Die Degeto verhandelt mit über 40 Partnern den Ankauf neuer Titel, wegen des zunehmenden Kostendrucks werden auch vermehrt TV-Movies in Betracht gezogen – inwieweit diese doch andere und geringere Qualität in Form von Einschaltquoten honoriert werden wird, bleibt abzuwarten.

SWF

Am 8. Mai 1954 strahlte der SWF seine erste Fernsehregionalsendung aus; am 26. November 1954 sein erstes Abendprogramm im Rahmen der ARD. Insgesamt bestreitet der SWF 9,25% des Ersten Fernsehprogramms der ARD. Das waren 1993 (unter Einschluß des gemeinsamen Vormittagsprogramms von ARD und ZDF sowie der Vorabend- und Regionalprogramme) 48.340 Minuten oder 806 Stunden. Darunter befinden sich u.a. „Report Baden-Baden“, „Tatort“, „Plusminus“, „Flitterabend“, Fernsehspiele ebenso wie mehrteilige Unterhaltungs- und Kinderprogramme. Im Vorabendprogramm sind z.B. zu sehen: „Die Wahrheit und nichts als die Wahrheit“, „Air Albatros“, „Zoff und Zärtlichkeit“, im 3. Programm z.B. die Serie „Die Fallers“.
Die Durchschnittskosten einer Sendeminute (1. Programm) für Fernsehspiel liegen bei ca. 10.500 DM, im 3. Programm bei ca. 1.400 DM.
Zugleich ist der SWF, im Gegensatz zum SDR, noch ein voller Produktionsbetrieb mit eigenen Studios und einem Kopierwerk (und eigenem Sinfonie- und Rundfunkorchester), mit über 2440 festangestellten und über 600 freien Mitarbeitern aus allen Berufsgruppen, von Autoren zu Reportern zu Regisseuren, inkl. in der Technik 343 und im Fernsehen 982 festen Mitarbeitern.
Unter diesen Bedingungen ist es einsichtig, daß im wesentlichen der eigene Programmbedarf über vollkommene Eigenproduktionen bestritten wird; Auftrags- oder Koproduktionen sind – besonders im Bereich Fernsehspiel und -film, eher rar. In den Jahren 1992-1994 ergibt sich folgendes Bild (bzgl. des gesamten Programmangebotes):

	Auftragsproduktion	Koproduktion
1992	9,5%	10,7%
1993	13,2 %	10,4%
1994	9,1%	9,9%

Bei den Koproduktionen handelt es sich zudem um solche mit anderen Sendern. Aus dieser Konstellation heraus wird deutlich, daß der SWF für „freie" Produzenten als Ansprechpartner relativ uninteressant und unergiebig ist. Allenfalls im Rahmen des Film-Fernseh-Abkommens und in der Kooperation mit arte wird ein freier Produzent einen Platz beim SWF finden können. Inwieweit die Aktivitäten des SWF im Rahmen der Medien- und Filmgesellschaft (der sie sowohl im Beirat, Vorstand als auch im Auswahlgremium beisitzt, und zu der sie zusammen mit dem SDR 50% des Etats über den Kabelgroschen beisteuert) für Produzenten interessant wird, wird abzuwarten sein. Offenbar geht man davon aus, daß auch SWF-Vorhaben gefördert werden sollen und können.

SDR

In noch stärkerem Umfang als der SWF ist der SDR für freie Produzenten ein „undankbares" Feld: Auftragsproduktionen im Bereich Spiel, Serien und Film gibt es so gut wie nicht, auch wenn es gelegentlich zu Koproduktionen im Rahmen des Film-Fernsehabkommens kommt (z.B. „Leni" – zusammen mit WDR und arte, oder „Justiz" von Hans. W. Geissendörfer).

Der Anteil der Gesamtaufwendungen des Senders an Programmgemeinschaftsaufgaben und Koproduktionen lag 1993 bei 9,5% oder 68,2 Mio DM. Diese Gemeinschaftsaufgaben sind allerdings eher im ARD-Rahmen der Vorabendserien („Lindenstraße", „Feuer und Flamme") zu suchen, die im wesentlichen von den Bavaria-Studios, an denen der SDR mit 20% Gesellschafter ist, hergestellt werden, weniger an Produktionen mit der freien Produktionswirtschaft, und noch weniger im Bereich Spiel. Zugleich stieg der Rückgriff auf vorhandenes Bild- und Tonmaterial im eigenen Archiv wie aus externen Quellen überproportional an. Thematisch setzt man ohnehin einen Produktions- und Programmschwerpunkt auf die Sport-Berichterstattung. Auf der anderen Seite steuert der SDR seine lokal gefärbten, eigenproduzierten „Tatort"-Krimis dem Gemeinschaftsprogramm bei.

Entsprechend unterentwickelt gestaltet sich auch die Produktionslandschaft in Baden-Württemberg und Stuttgart. Ob bzw. wann und in welchem Maße die Einrichtung der Filmakademie Baden-Württemberg und der Medien- und Filmgesellschaft hier Veränderungen bewirken werden, bleibt abzuwarten. Es scheint einsichtig, daß auch von der Senderseite hier ein größeres Engagement gefordert werden muß. Vorerst allerdings sieht es so aus: „Mit dem in den letzten Jahren und verstärkt 1993 zwangsweise eingeleiteten Abbau von Eigenproduktionen und Arbeitsplätzen und mit der Reduzierung von Aufträgen an freie Mitarbeiter gehen auch Beschäftigungsmöglichkeiten auf dem kulturellen Gebiet in Baden-Württemberg verloren" (aus: Jahres- und Geschäftsbericht 1993). Mit ähnlicher Skepsis wartet man das Interaktive und das Ballungsraum-Fernsehen ab.

Die Rolle der Maran-Film GmbH

Bei der Maran-Film handelt es sich um eine 100%ige Tochter des SDR, die als echter Koproduktionspartner bei Spielfilmen für den SDR auftritt. Neben Koproduktionen bestehen die Aktivitäten im Rechteerwerb und -handel. Im Rahmen dieser Konstellation und den Maßgaben des Film-Fernseh-Abkommens hatte sich die Maran an über 80 Produktionen beteiligt, u.a. auch an „Leise Schatten“ und „Frauen sind was Wunderbares“. Die Hauptaktivitäten der Maran allerdings lagen in den 80er Jahren („Der Mädchenkrieg“, „Christiane F.“, „Die Sehnsucht der Veronika Voß“, „Magic Sticks“ u.a.). Im Wesentlichen handelt es sich um Restfinanzierungen, durch die die Maran allerdings auch in den Genuß von Preisgeldern und Referenzfilmmitteln kommt. Damit erreicht die Maran (und durch sie der SDR) , was den öffentlich-rechtlichen und privaten Sendern sonst nicht möglich ist: eine Nutzung der Film- und Fernseh-Fördersysteme. In jedem Fall kommen die Stoffe an die Maran über die jeweiligen Redaktionen und Redakteure des ARD, vornehmlich des SDR – womit die Maran als alternativer, möglicher Koproduktionspartner für Produzenten wenig relevant ist.

Ballungsraumfernsehen Stuttgart

Aus einer Pressemitteilung der Landesanstalt für Kommunikation LfK, Stuttgart (12. Juli 95):

Als Ergebnis der bisherigen Gespräche mit den Bewerbern auf die Stuttgarter TV-Frequenz K37 hat der Vorstand der LfK in seiner Sitzung am 12.7.95 sechs Grundsätze für das weitere Lizenzierungsverfahren aufgestellt:

1. Veranstalter, deren Programmkonzeption eine rein lokale Ausrichtung erkennen lassen, werden bevorzugt. Entsprechend § 21 Abs.4 Landesmediengesetz haben Antragsteller Vorrang, deren Sendungen sich nach ihrem Inhalt auf das Land und bei nur regionaler Verbreitung auch auf Teilgebiete des Landes beziehen.
2. Bei der Veranstaltergesellschaft sollen regionale Gesellschafter dominieren. Die Verwurzelung des Veranstalters in der Region läßt erwarten, daß die oben geforderte „Lokalität“ des Programmes am ehesten auch tatsächlich erfüllt wird.
3. Dies soll darüber hinaus auch gewährleistet werden durch Erfahrungen in lokaler und/ oder regionaler Produktion im Bereich Fernsehen oder AV-Medien.
4. Die wirtschaftliche Leistungsfähigkeit muß plausibel nachgewiesen werden. Entsprechend den Erfahrungen in anderen Städten mit lokalem Fernsehen geht der Vorstand davon aus, daß bei einem eigengestalteten Programm von ca. 4 Stunden jährliche Kosten nicht unter 10 Mio DM anfallen.
5. Eine Kooperation mit dem SDR muß möglich sein. Dies kann zum einen durch die Einräumung der Option einer Beteiligung des SDR an einer Veranstaltergemeinschaft mit bis zu 33% erfolgen, nach dem der Landesgesetzgeber diese Möglichkeit im vergangenen Jahr eröffnet hat; zum anderen kann dies in Form einer Kooperationsbeziehung unterhalb der Schwelle einer gesellschaftlichen Beteiligung gewährleistet werden.

6. Vor dem Hintergrund der gegenwärtigen Diskussion um interaktives Fernsehen erwartet der Vorstand von möglichen Programmveranstaltern eine Öffnung ihrer Programmkonzeption in Richtung neuer, interaktiver Programmelemente (sog. „Innovationsklausel").

Derweil hat der SDR seine Beteiligung am Ballungsraumfernsehen angekündigt – allerdings ist die genaue Form noch unklar, wird aber den Richtlinien entsprechen, die man sich selbst gesetzt hat: 1. Sie muß vereinbar sein mit dem gesetzlichen Programmauftrag, 2. wirtschaftlich sinnvoll sein und 3. nicht den Aufgaben des SDR widersprechen.

Unter welchen Umständen kann Ballungsraumfernsehen erfolgreich sein?

Eine für Nordrhein-Westfalen erarbeitete Studie der Rinke Treuhand GmbH geht davon aus, daß die Einwohnerzahl von 1,5 Mio ausreicht, um wirtschaftlich erfolgreich zu operieren. Diese Aussage ist allerdings stark regional zu werten: Köln und Umfeld werden als rentabel eingeschätzt, Aachen, Bielefeld und Düsseldorf dagegen nicht. Grundlage der Berechnungen sind lokale Werbeausgaben und die jeweils zu erzielenden Marktanteile. Hier wird von geschätzten Werbeeinnahmen von 13 Mio DM (1995) bis 22 Mio DM (2000) ausgegangen sowie von einem 5%igen Marktanteil und einem bundesweiten Vermarktungsverbund in der Produktion von Beiträgen, dem sog. Mantelprogramm. – Soweit freilich ist es noch nicht. – Bislang laufende Lokal-TV-Projekte in Berlin, Hamburg, München und Nürnberg-Erlangen beziffern ihre Programm- und Betreiberkosten auf ca. 15-25 Mio DM jährlich. Noch schreiben diese Sender keine schwarzen Zahlen. Es zeichnet sich ab, daß Werbegelder, die in diesen TV-Bereich fließen, z. T. auf Kosten der Print-Medien gehen, so zumindest war es bei Einführung von Lokal-Radio-Sendern durchweg zu beobachten.
Vergleichbar wäre das zu erwartende Ballungsraumfernsehen mit den jeweiligen, zeitlich jedoch erheblich kürzer sendenden Lokalfenstern, das z.B. in Stuttgart von SAT.1 betrieben wird. SAT.1 beendete zum Jahresende 1995 sein Lokalfenster*, die hohen Verluste von ca. 5 Mio DM jährlich standen in keinem Verhältnis zu den 100.000 erreichten Zuschauern. Als Grund für diesen Zustand wird auch die schlechte terrestrische Frequenzsituation in Baden-Württemberg gegeben, die eine Kostendeckung durch Werbung nicht ermöglicht. Auch die von RTL betriebenen landesweiten Fenster arbei-

* Marktanteile der landesweiten Fenster bei RTL und SAT.1 (August 1994, in %)

RTL Nord Live Schleswig-Holstein	12,7	SAT.1 Regionalreport Niedersachsen/Bemen	8,1
RTL Nord Live Hamburg	20,2	SAT.1 Regionalreport NRW	10,2
RTL Nord Live Niedersachsen	12,9	SAT.1 Regionalreport Rheinland Pfalz/Hessen	6,1
RTL West Live	8,4	SAT.1 Regionalreport Baden-Württemberg	Fallzahlen zu gering, keine Angaben
RTL Hessen Live	7,0		
SAT.1 Regionalreport Schleswig-Holstein	15,8	SAT.1 Regionalreport Bayern aktuell	10,0
SAT.1 Regionalreport Hamburg	17,7	SAT.1 Regionaleport Berlin/Brandenburg	12,9

ten nicht kostendeckend. SAT.1 will sich an dem neuen Regionalsender allerdings beteiligen.
Vielleicht richtungsweisend ist TV München: Der Marktanteil stieg 1995 von 2,4% auf 3,7%, man hofft, Ende 1995 4% überschritten zu haben und Ende 1996 jenseits der 6% Marke zu sein. Das Programmkonzept besteht schwergewichtig aus Münchner News und Information, eigenproduzierten (Live-)Shows, Talkshows und Magazinen (insgesamt ca. 55% über Eigenproduktionen) sowie Spielfilmen und Serienfolgen (insgesamt ca. 45% über Ankäufe), mit denen der tägliche, 21stündige Sendebedarf gedeckt wird. Z.Zt. beläuft sich das Jahresbudget auf 38 Mio DM, dem Werbeeinnahmen von 6-7 Mio DM gegenüberstehen. Vor 1998 wird nicht mit schwarzen Zahlen gerechnet.
Diese positive Einschätzung wird nicht allerorten geteilt: Hessens Regierung z.B. ist mit folgenden Argumenten gegen ein Ballungsraumfernsehen: a) Bestehende Ballungsraumsender arbeiteten hoch defizitär, b) die Regionalberichterstattung werde immer weiter zugunsten eines bundesweiten Mantelprogramms zurückgedrängt, c) durch die Beteiligung von Medienkonzernen bahne sich ein erheblicher Konzentrationsprozeß an, d) es stehe zu befürchten, daß die Einschaltquoten der hr 3-Programme leiden würden und e) hessische Zeitungsverleger äußern wenig Interesse, bzw. fürchten um Einbußen ihres Werbemarktes.

arte

Aus einem Vorwort von Dietrich Schwarzkopf und Jérôme Clément: „...arte stellt sich vor allem der Herausforderung an ein europäisches Fernsehen, nationale, aber auch internationale Barrieren zu überwinden. Um dieser Aufgabe gewachsen zu sein, schöpft arte aus dem kulturellen Reichtum Europas, diesem einzigartigen Fundus, der alle Europäer über ihre Unterschiede hinweg vereint. arte ist innovatives und damit kreatives Fernsehen: Indem es den europäischen Künstlern, Autoren, Regisseuren und Filmemachern ein Forum bietet, eine Stätte, die sie zur Arbeit einlädt, schafft es die Voraussetzungen für eine neue grenzüberschreitende audiovisuelle Sprache und eine gemeinsame Vorstellungswelt. arte, das ist der erste öffentlich-rechtliche Fernsehsender, der ausschließlich einer neuen und spezifisch europäischen Fernsehkultur gewidmet ist."
arte wurde am 30. April 1991 von Frankreich und Deutschland ins Leben gerufen – seit März 1993 um die Französische Gemeinschaft Belgien erweitert und nun um einen Kooperationsvertrag mit TVE, dem öffentlich-rechtlichen Fernsehen in Spanien und SRG, dem Schweizer Fernsehen, bereichert – und sendet seit dem 31. Mai 1992. Seit Anfang 1995 sendet arte über den Satelliten ASTRA D1 und ist damit europaweit zu empfangen (von 17.00-3.00 Uhr in Deutschland und 19.00-3.00 Uhr in Frankreich). Die Zentrale in Straßburg ist u.a. für die Programmgestaltung verantwortlich – alle Gremien sind zu gleichen Teilen deutsch/französisch besetzt, und alle Entscheidungen werden gemeinsam getroffen.

Die Gesellschafter von arte sind z.Zt. die Landesanstalten der ARD und das ZDF, sowie auf französischer Seite LA SEPT, Radio France, France3, INA und R.T.B.F.
Das Budget von 512 Mio DM (1995) setzt sich aus Fernsehgebühren und staatlichen Zuschüssen zusammen, ca. 310 Mio DM (1995) wurden für die Programmproduktion verwendet.
Im Zusammenhang dieses Buches sind die Bereiche Fernsehfilm, Spielfilm und Themenabende* interessant; für 1994 ergaben sich folgende Anteile in der Programmverteilung:

Fernsehfilm	277 Stunden
Spielfilm	260 Stunden
Themenabende	550 Stunden.

Die deutsch-französische Hitliste 1994/II 1995 sieht folgendermaßen aus:

1. Reise zum Mittelpunkt der Erde (Thema)
2. Im Reich der Sinne (Spielfilm)
3. Allein unter Frauen (Fernsehfilm)
4. Die Party (Spielfilm)
5. Die Hochzeit der Maria Braun (Spielfilm)
6. Umarmung des Wolfes (Fernsehfilm)
7. Cyrano de Bérgérac (Spielfilm)
8. Der Zug (Thema)
9. Oktoberfest (Thema)
10. Land der Affen (Thema)

Die erfolgreichsten Sendungen in Deutschland und Frankreich waren 1995:

1. Ein Herz aus Gold (Spielfilm)
2. Im Reich der Sinne (Spielfilm)
3. Hitler, eine Bilanz (Dokumentation)
4. Mein unbekannter Ehemann (Fernsehfilm)

Auch aus diesen Erfahrungen heraus will man in Zukunft verstärkt – es sind ca. sechs deutsch-französische Koproduktionen jährlich angedacht – bei Spielfilmen Koproduktionen eingehen (bislang wird das Spielfilmprogramm über Ankäufe gestaltet, hier auch 12 cineastische Kino-Koproduktionen) – und erwartet im Gegenzug dafür ein einjähriges Vorab-Ausstrahlungsrecht nach den vorlaufenden anderen Verwertungsformen Kino, Video, Pay-TV, die im französischen Ausstrahlungsgebiet gesetzlich so vorgeschrieben sind.
Im Bereich Fernsehfilm kommen die deutschen Projekte gewöhnlich über die entsprechenden Redaktionen des WDR, SWF und weniger auch NDR, MDR und ZDF an die mit fünf Personen besetzte Straßburger Redaktion. Eigene Projekte werden hier

* Das Programmschema von arte siehe als **Anlage Nr. 5a**, S. 212.

nicht entwickelt. In monatlichen Redaktionssitzungen fallen die Entscheidungen über die insgesamt 52 Sendeplätze – oftmals innerhalb von 14 Tagen –, die zu gleichen Teilen französisch und deutsch belegt werden. Die Lizenzgebühr von ca. 300.000-350.000 DM bzw. ca. 25% der Produktionskosten, kommt direkt den produzierenden Redaktionen, also nicht den Produzenten selbst, zu. Inwieweit dieser Betrag immer in vollem Umfang an die jeweilige Produktion weitergeleitet wird, ist weder arte noch den Produzenten einsichtig. Diese Regelung hat sowohl bei den Produzenten als auch bei arte gelegentlich Anlaß zu Verstimmung gegeben, da der Verdacht, die Sender könnten diese Lizenzgelder auch zweckentfremdet verwenden, nicht fern liegt. Im Gegenzug erhält arte das Erstsenderecht für sechs Monate exklusiv, wonach der beteiligte ARD- oder ZDF-Sender ausstrahlt; des weiteren einigt man sich auf eine weitere, gemeinsame Ausstrahlung. Daraus ergibt sich, daß es sich bei fast allen Fernsehfilmen um Uraufführungen und/oder Fernseh-Erstausstrahlungen handelt.
Es hat sich gezeigt, daß Fernsehfilme, die sich mit spezifisch deutschen oder französischen, realitätsbezogenen und aktuellen Inhalten auseinandersetzen – statt eines „Europuddings" – am besten ankommen. Zwar ist es theoretisch möglich, sich mit einem Stoff als Produzent direkt an diese arte-Redaktion zu wenden, faktisch jedoch haben Projekte, die nicht bereits eine Senderunterstützung haben, keine Chancen.

Die Themenabende

153 mal im Jahr kommt es zu den Themenabenden, die sonntags, dienstags und donnerstags ausgestrahlt werden und gewöhnlich in den Bereichen Literatur, Musik, Bildende Kunst, Kino und Zeitgeschehen von Redakteuren (auch auf Anregung bzw. in Entwicklung mit freien Produzenten – ca. 25% aller deutschen Abende) der ARD, des ZDF, von LA SEPT und der Redaktion selbst entwickelt werden. Die Themenabende sind in ihrer Sendezeit wie auch in ihrer Gestaltung flexibel: sowohl Ankäufe bzw. Archivverwendungen als auch Aufträge und Eigenproduktionen können in derartige Abende einfließen; der Grundgedanke ist, ein Thema aus möglichst vielen Gesichtpunkten und Perspektiven heraus interessant zu beleuchten und darzustellen.
Thematischer Schwerpunkt an Sonntagen sind Themen für ein großes Publikum, z.B. „Jacques Brel" oder „Fernandel", an Dienstagen fokussiert man auf eher Essayistisches, Literatur, Kultur und Kunst; für die Donnerstage werden politische, gesellschaftliche und internationale Themen geplant. Die Programmplanung findet auf der Programmkonferenz in Straßburg statt und berücksichtig deutsche wie auch französische Interessen.
Von den 65 (nach Abzug der zwölf Theaterabende, der acht, die von der Zentrale in Straßburg produziert werden und der vier extra, die der französischen Seite zufallen) auf Deutschland entfallenden Themenabenden bestreitet das ZDF 50% und die Redaktionen der ARD-Landessender entsprechend ihrem Programmanteil die übrigen 50%. Vorschläge können aber auch direkt an arte Deutschland gerichtet werden, die diese dann ggf. an die „richtigen" Redaktionen leitet. Bei Programmvorschlägen sollten im-

mer vollständige Konzepte für komplette Themenabende geliefert werden, also für die Gesamtlänge von 240 Minuten; der Anteil an Neuproduktionen liegt jeweils bei mindestens 100 Minuten.
Themenabende operieren mit einem Budget zwischen 460.000 und 500.000 DM, also mit einem Minutenpreis von ca. 2.000 DM. Besonderer Wert wird gelegt auf die Zusammenarbeit mit kleineren Produzenten und mit Experimentierfreudigem, Kühnem – ohne daß dies Unprofessionalität bedeuten könnte. Dieser Betrag umfaßt alle Kosten, also auch senderinternen Overhead, Ankauf von Rechten und Herstellungskosten. Diese Pauschalbeträge werden der jeweiligen Landesanstalt bzw. dem ZDF direkt überwiesen, die dann diesen Betrag entweder ganz oder teilweise an die produzierende Redaktion weitergibt. Für diesen Betrag muß die komplette Ablieferung in einer Sprachfassung inkl. des Rechteerwerbs für Deutschland und Frankreich erfolgen; arte erhält die einmalige Ausstrahlung sowie eine kostenfreie Wiederholung innerhalb von sieben Tagen sowie nach Möglichkeit eine kostenpflichtige Wiederholung innerhalb von zwei Jahren.

Produzieren für die privaten Sender

Wie gesagt, das Vorbild der deutschen privaten Rundfunkbetreiber ist das US-amerikanische Fernsehen, und dort die großen Networks NBC, ABC, CBS und auch Fox. Insofern gelten die amerikanischen Methoden der Stoffentwicklung, Herstellung und Plazierung als vorbildlich, und es wird angestrebt, die dortigen Modelle hier ebenso einzuführen und zu praktizieren.
Die folgende Übersicht stellt die Produktion von Network-Fernsehserien in den USA exemplarisch dar:
Das „Development Department" hat die folgenden Entscheidungsprozesse zu durchlaufen:

1. Die Durchsicht und Beurteilung von Ideen (treatments, plots, pitches)
2. Das Entwickeln von Konzepten aus diesen Ideen und Vorschlägen
3. Das Inauftraggeben von „scripts", Drehbüchern der verheißungsvollsten Vorschläge
4. Das Inauftraggeben von Piloten („pilots") aufgrund eines Scripts
5. Weitergabe der fertigen Pilotsendung an die Programmentscheider

Der Begriff „pilot" bezeichnet die Vorstellungsepisode einer geplanten Reihe. Die Elemente – Charaktere, Grundidee, Situation und Atmosphäre, Besetzung – werden vor der Produktion mit dem Development Department des Networks diskutiert.
Die Autoren und Produzenten – oftmals bei Sitcoms und Crime-Shows ein und dieselbe Person – abgesehen vom notwendigen Autorenteam, treffen sich mit den Development/Network Executiven und stellen (pitchen) Ideen für neue Serien vor. Diese Treffen finden auf hohem Level und nur mit anerkannten und erfolgreichen Serienautoren und Produzenten statt; unbekannte Autoren haben bestenfalls Zugang zu einzelnen Produktionsfirmen, aber kaum zu den Networks selber. Das Network tut dies auch zum Schutz davor, daß spätere Plagiatsklagen unbekannter Autoren weitestgehend ausgeschlossen bleiben.
Auf der Grundlage der gepitchten Projekte und der Stärke bzw. der Basis vergangener Erfolge der Produktionsfirmen beschließt der „Vice-President" oder Programmdirektor des Networks, einen Piloten bei dieser Firma in Auftrag zu geben.
Zuerst entsteht ein „pilot script", das dann vom Network auf bestimmte Kriterien neu beurteilt wird: Charakterisierung, Standort/Setting, Atmosphäre, demographische Attraktrivität, Frische, Originalität, Konkurrenzsituation, langfristiges Potential (spin-offs, merchandising, theatrical).

Nach dieser Phase werden ca. 20-25% der pilot scripts tatsächlich zur Produktion des Filmes in Auftrag gegeben.
Je nach Konstellation und Genre kann die Anzahl oder das Format der Piloten variieren: im Bereich „talk show" oder „show/infotainment" können auch mehrere Folgen hergestellt werden; ist ein namhafter (Film-)Star mit dem Vorhaben gekoppelt, kann es ebenfalls zu mehreren Pilotsendungen kommen – oder im Falle eines einstündigen Piloten wird ein zweistündiger Film konzipiert, der als TV-Movie oder sogar als Kinofilm verwertet werden kann. Oft wird eine normalerweise einstündige (inkl. der Bruchstellen für die Werbung) Serie mit einem zweistündigen Piloten gestartet.
Vorher allerdings begutachtet das Development Department die fertiggestellten Piloten und leitet die für die Programmierung geeigneten an die Programmplanung und Programmverantwortlichen weiter.
Ein gleichbleibendes, jährliches Schema, aus dem hervorgeht, wieviele Piloten in die Produktion und wieviele davon ins Programm gelangen, gibt es nicht – die Situation ist von „season" zu „season" andersartig, da immer mit bereits bestehenden erfolgreichen oder nicht erfolgreichen Sendungen im eigenen oder in den Konkurrenz-Networks kalkuliert werden muß. Es gibt auch keine Garantie dafür, daß bereits produzierte Folgen überhaupt oder ganz zur Ausstrahlung kommen; zeigt sich nach ein oder zwei Ausstrahlungen, daß Sendungen die in sie gesetzten Erwartungen (ratings/ Einschaltquoten) nicht erfüllen werden, werden sie oftmals sofort aus dem Programm genommen (cancelled) oder auf einen anderen Sendeplatz verschoben. Diese Praxis ist in Deutschland nicht nur bei den privaten, sondern auch bei den öffentlich-rechtlichen Sendern zunehmend zu beobachten.
Diese eng und zentral an den Programminteressen der Sender orientierte Praxis führt dazu, daß a) die Sender nur Stoffe in Auftrag geben, die die gesamte Programmstruktur verbessern sollen als auch b) das gewünschte Image oder Senderprofil mithelfen zu definieren als auch c) eine relativ hohe Flexibilität gewährleisten.
Vor allen Dingen auch ermöglicht diese Praxis (die zu einem relativ hohen Verschleiß und Ausschuß führt, der allerdings oft von den konkurrierenden Produktionsfirmen mitbezahlt wird. Dieser Schaden ist freilich immer noch geringer, als wenn eine nichterfolgreiche Sendung in großer Stückzahl und mit langfristigen Zusagen gekoppelt, hergestellt wird) eine variable Programmstruktur, die Erfolge und Mißerfolge anderer Sender kurzfristig entweder „ausnutzen" oder „bekämpfen" kann. Auf der anderen Seite erlauben die kurzen „ratings-seasons" (die Monate, in denen neue Programme vorgestellt werden und deren ratings die Werbespotgebühren bestimmen) den Produzenten und Mitarbeitern (above-the-line) von erfolgreichen Serien, den Networks gegenüber mit großem Selbstbewußtsein verbesserte Vertragsbedingungen abzutrotzen. Auf erfolgreiche Serien – in den USA liegt diese Schwelle bei ca. 100 Einzelepisoden – wartet allerdings der berühmte „Topf aus Gold am Ende des Regenbogens": die Serie eignet sich für „re-runs", also Wiederholungen und für Syndikatisierung, d.h. sie können im günstigsten Falle über Jahrzehnte in aller Welt ausgestrahlt werden und kontinuierlich für Produzenten, Autoren, Haupt- und allen anderen Darstellern sowie für Networks Geld verdienen. Daß Fernsehprogramme we-

sentlich von derartigen „re-runs“ leben, verdeutlicht ein Blick in jede Programmzeitschrift.
In diesem Zusammenhang ist auch die Rolle des Executive Producers des Networks gegenüber der des Producers der Serie der Auftragsfirma relativ klar abgestimmt – und dies wird auch in Deutschland so verstanden:
Das Format muß inhaltlich, atmosphärisch wie optisch im Vorfeld und über den oben beschriebenen Prozeß so klar definiert sein, daß kein oder kaum Bedarf besteht, daß der Sender während der Produktion selbst häufige Änderungswünsche anmeldet. In der Kooperation und durch Feedback mit dem Producer ist der Sender-Executive-Producer verantwortlich für die Supervision/Steuerung der Produktion; Abnahme der Bücher der einzelnen Episoden; Abnahme von Teilsegmenten oder fertigen Folgen; Weiterleitung von Korrekturen an den Producer (der für den Ablauf der Produktion/Herstellung der Sendungen selber verantwortlich zeichnet); Vermarktungsstrategie; Konzeption/Realisierung der begleitenden PR-Maßnahmen – interne und externe Promotion; Vorbereitung Info für IPA-plus, Verkaufsargumentation, Rating-Commitment/Preise; produktbegleitende Marktforschung, Abfrage der Zuschauerreaktion; Budgetüberwachung und Production Value; Ergebnisüberwachung und -steuerung. Im Gegensatz zu einzelnen Fernsehfilmen ist dieser Herstellungsprozeß mit einem fließbandmäßigen Ablauf zu vergleichen, der auf kontinuierlichen, gleichbleibenden Ausstoß von Produkt abzielt.

PRO7

Erfolgreich etabliert in den acht Jahren seit seiner Gründung als der Spielfilmsender hat sich PRO7; Filme wie „Bodyguard“, „Cliffhanger“, „Falling Down“, „Sommersby“, „Forest Gump“, „Vier Hochzeiten und ein Todesfall“ oder „Hot Shots“ haben dafür gesorgt, daß kinoorientierte Zuschauer relativ rasch – zumindest in Deutschland führend früh nach premiere – aktuelle und hochwertige Hollywood-Produktionen zu Gesicht bekommen. Entsprechend orientiert sich auch das Serienangebot mit u.a. „NYPD Blue“, „Emergency Room“, „Akte X“ oder „Renegade“ an den amerikanischen TV-Hits.
Im Gesamtjahr 1995 wird die PRO7-Gruppe voraussichtlich Umsatzerlöse von 1,4 Mrd DM erzielen; der Jahresüberschuß dürfte bis 150 Mio DM liegen. Zwischen 1993 und 1994 steigerte PRO7 seinen Marktanteil am gesamten Fernsehwerbemarkt um 6% auf 20% und hält damit Platz 3. Im Publikumssegment der unter 30jährigen wurde im ersten Halbjahr ein Marktanteil von 18,4% erreicht: 2,3% weniger als der Marktführer RTL. PRO7 ist Marktführer in der Altersgruppe bis 13 Jahre.
Eine zusätzliche, interessante Beobachtung: 44% der Zuschauer von PRO7 haben eine weiterführende Schule besucht oder das Abitur (im Vergleich: RTL 35,5%, SAT.1 31,4%, ARD 37,7% und ZDF 34,5%). Dementsprechend zeichnet sich das Publikum durch überdurchschnittliche Kaufkraft aus: Nettoeinkommen ab 3500 DM 41,2% (im Vergleich: RTL 39,2%, SAT.1 36,3%, ARD 39% und ZDF 36,4%).

1994 wurde das Label PRO SIEBEN PRODUCTIONS (Leitung: Michael Bütow und Jan Köberling) gegründet, um die 90-minütigen, eigenproduzierten (also Auftragsproduk-tionen) TV-Movies zu etablieren. Hier handelt es sich um Fernsehfilme, die in ihrer Machart zugleich auf guter Hollywood-B-Film-Qualität (hier positiv gemeint) kinogerecht aussehen sollen – und übrigens auf 35mm produziert werden. Neben TV-Movies wie „Die einzige Zeugin", „Stirb für mich" „Fesseln", „Schrecklicher Verdacht" oder „Die Straßen von Berlin", die durchaus auch Genres wie Thriller bedienen wollen, sind das auch TV-Serien wie „Alles außer Mord" oder „Die Straßen von Berlin" oder auch Mißerfolge wie „Der Gletscherklan". Wie bei anderen Sendern auch verschwinden Folgen, die nicht sofort den gewünschten Ratings-Erfolg aufweisen können, entweder in einer Ecke spät-abends oder vollkommen. Um die amerikanische Qualität – unterhaltende Geschichten mit Niveau für ein breites Publikum – zu garantieren, werden auch Autoren oder Regisseure aus Hollywood verpflichtet.
Zugleich beteiligt sich PRO7 als Koproduzent an deutschen Kinofilmproduktionen: „Japaner sind die besseren Liebhaber", „Honigmond", „Der kalte Finger" oder „Irren ist männlich". Auch hier gilt das Prinzip der anteiligen Rechteteilung entsprechend der Beteiligung der Partner – je größer der Anteil von PRO7 an der Finanzierung – Durchschnittsbudget 1,5-2,5 Mio DM – umso umfassender sind die Rechte. Mit dieser Philosophie der Publikumsakzeptanz – wie bei allen privaten Sendern – geht eine Kritik an der bestehenden Förderlandschaft einher – insofern erfährt diese auch keine direkte Unterstützung. Man sieht seinen positiven Einfluß auf die Produktionslandschaft eher darin, professionelle und publikumswirksame Stoffe mit entsprechend flotter Inszenierung zu fordern und kozuproduzieren. Auch hier begreift man die Rolle des Produzenten als die des zentralen Motors.
Insgesamt plante PRO7 für 1995 30 Produktionen mit einem Volumen von über 100 Mio DM – bei einem Eigen- und Auftrags-Produktionsanteil von insgesamt 350-400 Mio DM jährlich. Junge, aber erfahrene Produktionsunternehmen qualifizieren sich durchaus als Ansprechpartner, trotzdem wird ein Großteil der Auftragsproduktionen so etablierten Firmen wie Frankfurter Filmproduktion, NDF, Novafilm Berlin, Hager Moss München, Luggi Waldleitner u.a. anvertraut.
Ansonsten gilt für PRO7, was generell für die privaten Sender gilt: die Art und Weise, wie produziert wird – Projektvorschläge, Kalkulationsverhandlungen, Bürgschaften kleiner und mittelgroßer Produktionsfirmen, HU (6-7,5%) und Gewinn (7,5%), Kino-Koproduktionsmodelle, IG-Medien Tarifvereinbarungen als Kalkulationsgrundlage – ist ähnlich wie bei öffentlich-rechtlichen Sendern. PRO7 allerdings produziert aus Qualitätsgründen (und im Hinblick auf eine internationale Verwertung) wie gesagt auf 35mm, die Budgets zeigen eine gewisse Flexibilität, und Buy-Outs sind der Standard. Wie bei allen Auftragsproduktionen trägt der Produzent das Risiko von Budgetüberschreitungen, profitiert allerdings auch ohne Nachweise von Produktionsunterschreitungen.
PRO7 teilt sich in fünf Geschäftsfelder auf (Fernsehen – mit Beteiligungen an KABEL 1 und KABEL PLUS [noch ohne Sendelizenz], Vermarktung, Dienstleistungen und Be-

teiligungen, neue Vertriebswege und strategische Planung und Multimedia), die die umfassende und zukunftsorientierte Perspektive widerspiegeln; im Bereich Multimedia ist PRO7 wohl mit an der Front der Entwicklungen. Dazu gehört die Entwicklung des Teleshopping H.O.T. über die Firma P7, wie auch die Präsenz im CD-ROM Markt über die Firma Navigo, die plante, bis Ende 1995 mit 30 CD-ROM-Titeln auf dem Markt zu sein.
Im Sommer 1997 will PRO7 übrigens als erstes Fernsehunternehmen in Deutschland an die Börse gehen und dann die folgende Struktur haben: 35,5% Streubesitz an der Börse, 24,5% Thomas Kirch, 40% institutionelle Anleger; die Beteiligungen der PRO7 Television AG:

Vermarktung:	MGM Media Gruppe München,
Dienstleistungen:	SZM Sendezentrum München, Teledirekt, Teledata, Media Research, 50% Selco Pay TV, Merchandising München
Medien:	Kabel 1, 50%, Starwatch Navigation (elektr. Programmzeitschrift), 50% Navigo CD-ROM
Unternehmungen außerhalb der AG:	Thomas Kirch Communication GmbH P7 Film- und TV-Produktion H.O.T. Teleshopping

RTL

Am 2. Januar 1984 startete RTL mit einer Kapazität, mit der sich von Luxemburg aus nur 200.000 Haushalte in Deutschland erreichen ließen. Im März 96 hatte RTL einen Marktanteil von 18,2% (bei Zuschauern ab 3 Jahren) gegenüber ARD 14,4%, SAT.1 13,9%, ZDF 13,6 und PRO7 mit 9,8%, und ist damit marktführend. In der (für die Werbewirtschaft) entscheidenden Zielgruppe der 14-49jährigen Zuschauer erreichte RTL im ersten Halbjahr 1995 20,0% vor SAT.1 14,8%, ARD 11%, ZDF 9%, PRO7 13,6% und RTL2 mit 5,9%.
RTL verfolgt wahrscheinlich am konsequentesten Erkenntnisse, wie sie in Amerika in der Produktion, Programmplanung – feste Sendeleisten, das Fernsehen reiht sich in den Tagesrhythmus seines Publikums ein: vormittags Gameshows, nachmittags Talkshows, Vorabend für junge Zuschauer, abends Sport, Krimi, Serie – und im Marketing/Präsentation jahrzehntelang vorgemacht wurden; zu der „ewigen RTL-Hitliste" gehören:

1. Boxen Extra: Schulz-Botha, 18,3 Mio Zuschauer (1995)
2. Boxen Extra: Maske-Rocchigiani II, 17,59 Mio Zuschauer (1995)
3. Boxen Extra: Maske-Williams, 15,03 Mio Zuschauer (1995)
4. Boxen Extra: Maske-Rocchigiani I, 12,93 Mio Zuschauer (1995)
5. Kindergarten Cop, 12,36 Mio Zuschauer (1994)
6. Boxen Extra: Maske-Marcus, 11,75 Mio Zuschauer (1995)

7. Manta Manta, 11,48 Mio Zuschauer (1993)*
8. Koelle Alaaf 1995, 11,29 Mio Zuschauer (1995)
9. Anpfiff Extra: Deutschland-Argentinien, 10,76 Mio Zuschauer (1993)
10. Tierärztin Christine, 10,66 Mio Zuschauer (1993)

Spielfilme bei RTL sind überwiegend amerikanischer Herkunft. Die Hitliste 1995 der 14-49jährigen sieht folgendermaßen aus:

1. Hook
2. Robin Hood – König der Diebe
3. Ein Hund namens Beethoven
4. Boxen Extra: Maske-Marcus
5. Otto – die Serie
6. In einem fernen Land
7. Werner Beinhart
8. Stop – oder meine Mami schießt
9. Medicine Man
10. Copperfield – 15 Years of Magic

Wobei sich die Kinohitliste des deutschen Fernsehens 1994 folgendermaßen darstellt:

1. Kindergarten Cop, RTL, 12,36 Mio Zuschauer
2. Robin Hood, RTL, 10,45 Mio Zuschauer
3. Werner Beinhart, RTL, 8,85 Mio Zuschauer
4. Heinz Rühmann – Er kann's nicht lassen, ARD, 8,83 Mio Zuschauer
5. Mein Partner mit der kalten Schnauze, RTL, 8,72 Mio Zuschauer
6. Pretty Woman, ARD, 8,65 Mio Zuschauer
7. Kevin – Allein zu Haus, SAT.1, 8,43 Mio Zuschauer
8. Mein Partner mit der kalten Schnauze, RTL, 8,19 Mio Zuschauer
9. Das Schweigen der Lämmer, RTL, 8,11 Mio Zuschauer
10. Der mit dem Wolf tanzt, SAT.1, 8,11 Mio Zuschauer

RTL als größter Auftraggeber von über 40 verschiedenen Produktionsfirmen versteht sich als Motor der deutschen TV-Produktion: Die über 4300 Eigenprogramme (darunter sowohl die im Haus erstellten als auch die Auftragsproduktionen externer Dienstleister) haben das Volumen von 200 Mio DM (1990) über 590 Mio DM (1992) auf über 990 Mio DM (1995) erhöht. Besonders der Kontakt zu kleineren Produktionsfirmen gehört zur Firmenphilosophie.
Das Gewicht hat sich von 59,8% zu 40,2% (Kauf-/Fremdproduktion zu Eigen-/Auftragsproduktion) im Jahre 1990 verlagert auf 40,6% zu 59,4% (Kauf-/Fremdproduktion zu Eigen-/Auftragsproduktion); 1996: 39,2% zu 60,8%, allerdings liegt die Zunahme

* „Manta Manta" gehört zu den wenigen Kino-Koproduktionen von RTL, die anderen sind „Der Räuber mit der sanften Hand", „Salz auf unserer Haut", „Leo", „Eine Frau namens Harry" und „Werner Beinhart".

im Bereich Unterhaltung (von 7,6% 1991 zu 14,3% 1994) und die Abnahme bei Fiction (Spielfilme, Kaufserien) (57% 1991 zu 43,4% 1994). Der Sender steigerte 1995 seine Auftragsproduktionen um 60 Mio DM, während die Eigenproduktionen um 20 Mio DM zurückgingen; im Bereich Auftragsproduktionen Show & Game wurde der Etat um 30 Mio DM auf 210 Mio DM verringert (u.a. „Jeopardy", „Der Preis ist heiß", „Hans Meiser", „Ilona Christen"), der Bereich Serien & TV-Movies um 50 Mio DM auf 220 Mio DM erhöht (u.a. „Stadtklinik", „Dr. Stefan Frank", „Doppelter Einsatz – Tödliches Leben", „Mörderische Zwillinge", „Adrenalin", „Der Mann ohne Schatten", „Alarm für Cobra 11", „SK Babies").
RTL ist an folgenden Gesellschaften beteiligt:

Produktionsgesellschaften:	Cologne Broadcasting Center (26%),
	Magic Media Company (26%, RTL Samstag Nacht, Ilona Christen)
Redaktionsgesellschaften u.a.:	crea tv Hürth (48%, Hans Meiser),
	Medienfabrik Hürth (90%),

In der Mehrzahl jedoch werden Produktionsfirmen wie ARG, Bavaria, NDF, Objectiv Film, Phoenix, Polyphon, R.Productions, Studio Hamburg, Tele München oder Westdeutsche Universum Film mit Serienaufträgen bedacht.
Zum „amerikanischen" Selbstverständnis von RTL gehört auch die Rolle, in der man Produzenten sieht: es wird erwartet, daß Produzenten – nicht Redakteure - Stoffe entwickeln und anbieten, daß Produktionsfirmen ein finanzielles Risiko mittragen und Risikokapital suchen, daß sie konkret auf die Bedürfnisse und Strukturen des Senders eingehen und in diesem Rahmen entwickeln – dementsprechend besteht auch wenig Verständnis für Förderungen jeglicher Art, zumindest in der jetzigen Form.

RTL2

RTL2 ist (noch) in erster Linie ein Abspielsender (Gesellschafter: FAZ, Bauer, Tele München, CLT, UFA, Burda) bestehender Archive amerikanischer Serienware.
Dennoch besteht eine ambitionierte Absicht, sich auch durch deutsche Eigen- bzw. Auftragsproduktionen im TV-Movie-Bereich zu profilieren. Dies geschah 1993 in der Serie „Die Jungen Wilden" mit der ersten Produktion „Tödliche Lage" (2,2 Mio DM Budget) mit Barbara Auer und wurde 1995 mit den folgenden vier Filmen unter dem Titel „Die jungen Wilden" fortgesetzt: „Patricias Geheimnis" von Hans Liechti, „Der Sandmann" mit Götz George von Nico Hofmann (der bei der Ausstrahlung mit 11% Marktanteil 3,2 Mio Zuschauer erreichte und damit hinter „James Bond" und „Rain Man" der meistgesehene RTL2-Film wurde. Ein 30-Sekunden-Spot kostete hier knapp 17.000 DM – es wird also deutlich, daß RTL2 diese Produktionen auch als Investment in die Zukunft sieht), „Unter Druck" von Peter Pistor (Prod.: Bavaria) und „Rohe Ostern" von Michael Gutmann (Prod. Hofmann und Voges). Die letzten beiden Titel erhielten zudem Förderung im Rahmen der Bayerischen Film- und Fernsehförderung.
Nach eigenen Angaben investierte RTL2 bisher 820 Mio DM in Spielfilme, Serien und

Zeichentrickfilme (Ankäufe), für 1996 waren weitere 160 Mio DM geplant sowie 20 Mio DM in Eigen-/Auftragsproduktionen von acht bis zehn Filmen. Man rechnete aufgrund von erwarteten Netto-Werbeeinnahmen und Sendeerlösen in Höhe von 470 Mio DM (1996), den Break-even-Punkt im 3. Quartal 96 zu erreichen.

SAT.1

SAT.1 startete am 1. Januar 1984 den Sendebetrieb, und 1995 sagte Hans Grimm, Vorsitzender der Geschäftsführung: „Das operationale Betriebsergebnis 1994 beträgt 58,4 Mio DM, und die Aussichten für 1995 sind vergleichbar gut.“ Bei den Netto-Werbeumsätzen verzeichnete der Sender 1994 eine 21,5%ige Steigerung auf 1,56 Mrd DM (brutto 2,4 Mrd DM, für 1995 lag die Erwartung über 1,6 Mrd DM (netto). SAT.1 plant, RTL als Marktführer abzulösen. SAT.1 war 1996 auf Platz vier hinter RTL, ZDF und ARD gefallen. Man rechnete damit, 1996 mit 600 Mitarbeitern (früher ca. 730) zu arbeiten, dazu kommen zwischen 3500 und 4500 Mitarbeiter außerhalb des Senders. Die Programmstruktur hat sich von 3.582 Programminuten im Bereich Eigenproduktion (1988) auf 91.445 Minuten (1992) gesteigert, ebenso ist der Umfang der Auftragsproduktionen von 11.224 Minuten (1988) auf 91.445 Minuten (1992) angestiegen. Währenddessen hat sich der Umfang der Lizenzprogramme von 237.855 Minuten (1988) auf 203.638 Minuten (1992) reduziert. Für 1995 werden die Eigenproduktionen (TV-Filme, Serien, Regionalreporte) mit 51.976 Minuten, die Lizenzprogramme mit 254.822 Minuten ausgewiesen.

Zu den Top 10 (der Zuschauer ab 6 Jahren) gehören:

1. live-ran SAT.1 Fußball, Bayern München – Girondins de Bordeaux, 13,1 Mio Zuschauer (1996)
2. Kevin allein zu Haus, 12,26 Mio Zuschauer (1993)
3. live-ran SAT.1 Fußball Bayern München - Borussia Dortmund, 12,66 Mio Zuschauer (1996)
4. live-ran SAT.1 Fußball Niederlande – Deutschland, 12,05 Mio Zuschauer (1996)
5. live-ran SAT.1 Fußball Bayern München – FC Nürnberg, 11,94 Mio Zuschauer (1996)
6. Anna Maria – Eine Frau geht ihren Weg, 10,93 Mio Zuschauer (1994)
7. live-ran SAT.1 Fußball Borussioa Dortmund – Juventus Turin, 10,9 Mio Zuschauer (1993)
8. Anna Maria – Eine Frau geht ihren Weg, 10,81 Mio Zuschauer (1994)
9. Anna Maria – Eine Frau geht ihren Weg, 10,8 Mio Zuschauer (1994)
10. Scarlett (4), 10,61 Mio Zuschauer (1994)

In der Reihe „Der große TV-Film“ zeigt SAT.1 internationale – überwiegend amerikanische – TV-Movies sowie deutsch eigenproduzierte (d.h. Auftragsproduktionen) Fernsehfilme in Reihen wie „Liebe und Leidenschaft“, „Wahre Geschichten“ und „German Classics“.

Im Serienbereich ist selbstverständlich Amerikanisches wie „Love Boat“, „Baywatch“, „Catwalk“ oder „Raumschiff Enterprise“ vertreten, aber auch bzw. gerade deutsch eigenproduzierte Serien bringen die größten Ratings: „Der Bergdoktor“, „Ein Bayer auf Rügen“, „Eine Frau geht ihren Weg“ oder „Wolffs Revier“ gehören zur deutschen Standard-Fernsehhausmannskost.
Es sind – im Rahmen dieser Veröffentlichung – diese beiden Bereiche, die unabhängigen Produzenten offenstehen, wobei, ähnlich wie bei RTL auch hier bereits etablierte Produktionsfirmen wie Objectiv Film, IFAGE, Nostro Film, CBM Filmproduktion oder Bavaria den Hauptteil dieser Produktionen verwirklichen. Der Ablauf von Stoffvorschlägen, -entwicklung, Auftragsvergabe und Abnahme ist dem der öffentlich-rechtlichen Sender ähnlich, wobei die Budgets teilweise um 10-20% höher liegen können.

premiere

premiere ist der einzige Pay-TV-Kanal in Deutschland. Er hatte am 28. Februar 1991 seinen Sendestart und sendet rund um die Uhr. Die Abonnentenzahl ist von 1991/92 mit 370.000 auf 909.000 im 4. Geschäftsjahr 1994/95 gestiegen. Man rechnete damit, im Dezember 95 den Break-Even-Punkt von 1 Mio Abonnenten erreicht zu haben. Dies ist in der Tat eingetreten. Zum Jahresende 1996 hatte Premiere nach eigenen Angaben die Marke von 1,4 Mio Abonnenten überschritten. Der prozentuale Anteil der Programme ist folgendermaßen:

Spielfilme	ca. 70%
Sport	ca. 5-15%
Dokumentation	ca. 5%
Live-Konzerte/Musik	in unregelmäßigem Abstand
Sonstiges	ca. 10%
Fiction	ca 70%
Non-Fiction	ca. 30%
Lizenzware	ca. 90%
Eigenproduktion	ca. 10%

Zu Auftragsproduktionen oder Koproduktionen kommt es im Bereich Spielfilm, Fernsehfilm oder Serien so gut wie nicht; es ist auch nicht geplant, hier aktiv zu werden. Premiere hat angekündigt, 1997 10-12 Koproduktionen zu realisieren, wobei der jeweilige Beitrag zwischen 100.000 und 500.000 DM sein kann. Vorrangig sei zu beachten, daß die jeweilige Produktion den ganzen Sendeabend zu einem „Event“ machen soll.

Der deutsche Kinofilmmarkt*

Um die Finanzierungspraktiken deutscher Kinofilme betrachten zu können, erscheint es sinnvoll, vorab einen kurzen Blick auf die Situation in Deutschland zu werfen; daraus wird ersichtlich, warum es sich bei hiesigen Film-Finanzierungsmodellen um andere handelt als um diejenigen, die ein funktionierender Markt herausbilden würde.

Die Produktion

Die folgenden Angaben gelten für 1995 und sind teilweise dem Filmstatistischen Jahrbuch 1996 entnommen.
Einige Zahlen: Die Filmförderungsanstalt FFA in Berlin kommt für das Jahr 1995 zu folgender Feststellung: Von den 64 deutschen Erstaufführungen (die Zahl aller deutscher Produktionen lag jedoch höher, nicht alle allerdings wurden überhaupt ins Kino gebracht bzw. waren dem Verleiher trotz Subventionshilfen das finanzielle Engagement und Risiko eines Kinostarts wert) waren 40 Spielfilme und 24 Dokumentarfilme. Von den Spielfilmen waren 37 ausschließlich von deutschen Firmen und 26 als deutsch-ausländische Koproduktionen (meistens mit der Schweiz und mit Frankreich) hergestellt worden. Für 1993 gilt: 71 der 93 Produktionen, also 76,3%, hatten schließlich weniger als 20.000 Zuschauer, 86% der deutschen Erstaufführungen hatten weniger als 50.000 Zuschauer erreicht. Die Einnahmen an der Kinokasse lagen damit zwischen ca. 200.000 DM und 500.000 DM. Auch ein deutscher „Low-Budget-Film" kommt heutzutage nicht ohne ein Budget von mindestens 1,5-2 Mio DM** aus.
Interessant und bezeichnend ist, wie bereits früher angemerkt, die Tatsache, daß nur wenige Firmen in der Lage sind, mehr als einen Kinofilm pro Jahr ins Kino zu bringen bzw. zu produzieren. Das reflektiert den Zustand, daß es u.a. an Produktions- und Investitionskapital fehlt – was wiederum eine direkte Folge der erwähnten Fördermechanismen ist: Wenn der Produzent oder Macher von der Produktion, also von der Herstellung des Films selbst, ausreichend komfortabel leben kann, und wenn sich auch deswegen der Film nicht auf dem Markt zu behaupten hat, dann sind große Kassener-

* Auszüge dieses Kapitels sind entnommen aus dem „Handbuch KulturManagement: die Kunst, Kultur zu ermöglichen". Ergänzungslieferung 15. Mai 95, RAABE Fachverlag, Düsseldorf. „Der Filmbetrieb in Deutschland" von Bastian Clevé.

** Zu den Grundsätzen sparsamer Wirtschaftsführung siehe **Anlage Nr. 6,** S. 213.

folge, die die finanzielle Grundlage für eine verstärkte Produktionsaktivität und -kontinuität sein könnten, und die allerdings einen erheblich höheren Kraftaufwand in allen Phasen verlangen, eine Rarität. Andererseits allerdings verhindert das Fördersystem auch aufgrund verlangter Rückflußmodalitäten und Kofinanzierungserfordernissen (z.B. über das Fernsehen), daß selbst ein erfolgreicher Film dem Produzenten Profite einbringt und ihn auf eine breite Kapitalbasis stellt, die zur Risikominimierung die Entwicklung und Produktion einer Palette unterschiedlicher Projekte unterschiedlicher Genres erfordert. Hier ist anzumerken, daß selbst wenn ein Produzent mehrere Projekte gleichzeitig entwickeln könnte, er diese Projekte voraussichtlich nicht gleichzeitig parallel bei unterschiedlichen Förderinstitutionen einreichen und Förderung erhalten würde. Besondere Aktivität also schließt sich selbst aus. Dazu kommt die spezifische Marktsituation der deutschen Realität, die schon aufgrund der Sprachgegebenheiten internationale Erfolge eher unwahrscheinlich macht.

Weiterhin ist in diesem Kontext anzumerken, daß ca. die Hälfte aller Kinofilmproduktionen Koproduktionen mit dem Fernsehen waren, und daß Stoffe fürs Fernsehen eben doch von anderer inhaltlicher und formaler Qualität sind als reine Kinostoffe, von denen man in den USA gerne sagt, sie hätten „bigger than life“ zu sein. Diese geforderte und von den Sendern erwünschte Fernsehtauglichkeit führt eben eher nicht dazu, daß diese Filme Publikum ins Kino ziehen können. Dazu kommt, daß Fernsehkoproduktionen in der Regel keinen Verleiher finden, da ein Verleiher auf den Erwerb aller Rechte, also auch der der Fernsehauswertung besteht, um sein Risiko abzusichern. Aber gerade das Recht der Fernsehauswertung ist durch eine Koproduktion mit dem Fernsehen bereits vergeben und liegt beim Sender selbst. Nach spätestens 2 Jahren sind dann derartige Koproduktionen ohnehin im Fernsehen zu sehen.

Ob es den deutschen Kinofilm ohne Fernsehkoproduktionsmittel überhaupt noch gäbe, ist eine beliebte, aber nutzlose Diskussion. Außer Frage steht, daß es die Erfolge des Jungen Deutschen Films der späten 60er und 70er Jahre ohne die Fernsehmittel nicht so gegeben hätte. Zugleich hat sich gezeigt, daß die Vorteile des sog. damaligen Autorenfilms in der heutigen Marktlandschaft eher zu Nachteilen geworden sind. Fakt allerdings ist, wie zuvor erwähnt, daß eine Fernsehkofinanzierung einen späteren TV-Verkauf unmöglich macht. Die normalerweise über einen späteren Verkauf zu erzielende Lizenzsumme, die ja nach der Herstellung als Einnahme des Produzenten auftreten würde, wird im Koproduktionsmodell bereits als Teil der Herstellungskosten in die Produktion fließend selbst verwandt.

In Zahlen: 1993 waren 86% der Produktionsfirmen in der Lage, einen Kinofilm herzustellen, nur 7% waren jeweils fähig, zwei oder drei Filme zu produzieren. Nur 31,3% haben als Einzelfirma, jedoch 11,9% in Koproduktion mit einer weiteren Firma, und 3% bzw. 4% jeweils in einem Dreier- bzw. Vierer-Koproduktionsengagement jeweils einen Film hergestellt. 47,8% waren Gemeinschaftsproduktionen mit Fernsehanstalten. Es ist offensichtlich auch in der Statistik, daß von einer Film*industrie* in Deutschland nicht gesprochen werden kann. Und damit einhergehend fehlen auch die meisten Attribute, die eine Filmindustrie ausmachen. Statt dessen haben wir (Ausnahmen bestätigen die Regel) kein Starsystem, keine aggressive Agenten- und Managerkultur, subprofessionelle PR und Marketing, permanente Unterfinanzierung, eine schwach ausgeprägte Entertainment-Anwalts-Szene, fehlende Kreativität, keinen inhaltlichen und formalen Wagemut und lahmen Witz: „smaller than life". Der neuerliche Erfolg an der Kinokasse beginnt allerdings all dies zu verändern. Der deutsche Film ist im Aufwind.

Der Filmverleih

Der Gesamt-Verleihumsatz für 1993 in Deutschland belief sich auf 500,3 Mio DM, das bedeutet eine Steigerung um 35,3% oder 130,5 Mio DM gegenüber dem Vorjahr. Der Umsatz der amerikanischen Filme stieg um 132,9 Mio DM im gleichen Zeitraum, d.h. die Umsatzsteigerung ist allein auf US-Filme zurückzuführen.
Auf der anderen Seite fiel der Marktanteil des deutschen Films von 9,5% (1992) auf 7,2% im Jahre 1993. Das sind 36,1 Mio DM. Ebenso in Deutschland fiel der Marktanteil anderer, in Europa produzierter Filme, wobei französische (2,0%) und englische (1,1%) Filme noch am relevantesten waren, wenn man in diesem Zusammenhang diesen Begriff überhaupt verwenden mag.
Die folgende Liste gibt einen Überblick darüber, in welchem Verhältnis die weltweiten Kinoeinnahmen den Einnahmen des heimischen (US)-Marktes im Falle amerikanischer Produktionen gegenüberstehen; damit wird deutlich, wie wichtig der Auslandsmarkt geworden ist (alle Angaben in Mio $, November 95):

Filmtitel	Auslandseinnahmen			US-Inland
	I.Nov.	II.Nov.	IV.Nov.	
Die Hard With a Vengeance	250	251	252	100
Casper	154	157	158	100
Batman Forever	148	184		
Waterworld	139	150	155	87
Dumb and Dumber	117	127		
Apollo 13	113	122	133	171
While You Were Sleeping	80	82	85	81
Braveheart	81	86	90	67
The Bridges of Madison County	73	80	87	71
Pocahontas	65	67	70	140
Judge Dredd	78	79	35	
First Knight	73	37		

Der Marktanteil der Verleihfirmen in Deutschland der Major Companies: Warner Bros., UIP (Zusammenschluß von MGM, Paramount, Universal), Columbia/Tri Star, Buena Vista International, 20th Century Fox verfügten über 82,5% des Umsatzes, während die deutschen Verleihfirmen Tobis/Neue Constantin (Platz 8, „Das Geisterhaus"), Pan-

dora (Platz 22, „Das Piano"), Senator (Platz 28, „Stalingrad"), Concorde, Scotia, Impuls, Jugendfilm, NIL u.a. sich den Anteil von 17,5% teilen.
Auf der anderen Seite stieg die Anzahl der Verleihfirmen von 16 (1992) auf 23 (1993), wobei diese jeweils nur einen Film herausgebracht haben. Je vier Firmen waren fähig, 1993 zwei und drei Filme zu starten; je vier bis acht Filme wurden von 14 Verleihfirmen gestartet, je neun bis zwölf Filme wurden von nur fünf, und je mehr als zwölf Filme wurden von nur sechs Verleihfirmen gestartet. Auch diese Zahlen belegen das „Handgestrickte" der deutschen Filmszene.
Kurz ein Kommentar zum Risiko der Verleiher: Im Erfolgsfall an der Kinokasse erhält der Verleiher einen Prozentsatz zwischen 40-50% der Kinoeinnahmen vom Kinobetreiber; dann allerdings berechnet er dem Produzenten alle Verleihvorkosten*, d.h. bevor der Produzent Einnahmen aus der Kinoverwertung sieht, wird dessen Anteil dazu verwandt, die Kosten des Verleihers im Zusammenhang mit dem Start des Films im Kino zurückzuerstatten. Sollte sich der Kinostart als Mißerfolg herausstellen, verbleiben dem Verleiher, der ja vom Produzenten alle Auswertungsrechte mit der Mindestgarantie für einen Zeitraum von üblicherweise 12-15 Jahren erworben hat, u.a. die Video-, Pay-TV- und free TV-Verwertungsrechte. Durch das System der Gegenverrechnung ist es dem Verleiher möglich, erlittene Ausgaben und Verluste durch Verkäufe und Einnahmen aus Verwertungen in allen anderen Medien auszubilanzieren. Voraussetzung ist natürlich ein Film, der sich überhaupt verkaufen läßt. Der lange Auswertungszeitraum gestattet häufig eine mehrmalige Auswertung im gleichen Medium. Gleichzeitig berechnet der Verleiher dem Produzenten fortlaufende Kosten z.B. im Zusammenhang mit den Verkaufsbemühungen, so daß der Punkt, an dem der Produzent Rückflüsse erhält, in weite Ferne gelegt werden kann – erstaunlicherweise übrigens auch bei offensichtlich erfolgreichen Filmen.** In diesem Zusammenhang ist eine gedankliche Initiative vom Dezember 95 der Filmstiftung NRW und Filmförderungs-GmbH Hamburg von Interesse: um den Kapitalrückfluß an Produzenten zu erhöhen, sollten in Zukunft noch vor Abzug der Vorkosten des Verleihs 30% der Erlöse an den Produzenten weitergeleitet werden, d.h. 30% gingen demnach an den Verleiher, 40% könnten zur Deckung der Vorkosten verwendet werden. Daß dieser Vorschlag bei den Verleihern auf keine Gegenliebe stößt, ist offenbar; es bleibt abzuwarten.

Die Filmtheater

Aufgrund der Neu- und Wiedereröffnungen von Kinos in den neuen Bundesländern ist die Anzahl der Kinos seit langem wieder gestiegen. 71,8% aller Kinos in den neuen Bundesländern allerdings sind die traditionellen mit nur einer Leinwand, während in den alten Bundesländern nur noch 28,3% dieser Art vorherrschen. Besonders in der

* Siehe Definition der Verleihvorkosten in der **Anlage Nr. 5**, S. 210.
** Siehe Auszüge aus Verleih-Lizenzverträgen als **Anlage Nr. 7**, S. 216.

Kategorie der Kinos mit vier bis fünf Leinwänden sind Anstiege zu verzeichnen. Insgesamt gibt es heute in den alten Bundesländern 3291 Kinos (610.362 Sitzplätze), in den neuen Bundesländern 523 (119.553 Sitzplätze).

Der Filmbesuch

1993 wurden 130,5 Mio Eintrittskarten verkauft (1995: 124,5), das ist eine Zunahme von 24,4 Mio (23,2%). Mit 35,5% allein stieg der Kinobesuch in den neuen Bundesländern an, obwohl sich der durchschnittliche Preis der Kinokarte um fast 20% verteuerte – im Gegensatz zu einer Preissteigerung von ca. 6% in den alten Bundesländern. Nordrhein-Westfalen ist übrigens das Bundesland mit den meisten Kinobesuchern, das Saarland das mit den wenigsten. Wenig überraschend stellen übrigens die Monate September bis Januar die besucherintensivsten Monate dar. Ganz klar: Man geht gerne ins Kino. Den Zuschauer trifft also keine Schuld an der deutschen Misere!

Der Filmbesuch nach sozio-demographischen Merkmalen:

81% des Gesamtbesuchs (d.h. aller verkauften Eintrittskarten) entfiel 1993 auf den Besuch von Personen über 10 Jahren, insgesamt 106,2 Mio Eintrittskarten. Dabei war der Besuchszuwachs bei männlichen und weiblichen Kinogängern nahezu gleich hoch, wobei der Besuch der Altersgruppen der 20-29jährigen und der der 30-39jährigen überdurchschnittlich (jeweils +37% und +35%) zunahm. Die zweitwichtigste Besuchergruppe, die der 10-19jährigen sank dagegen von 30% auf 24%. Der Kinobesuch der 40-49jährigen stagnierte.
82% der Kinobesucher kommen aus Orten unter 500.000 Einwohnern, 60% aus Klein- und Mittelstädten unter 100.000 Einwohnern. Nur 20% der Gesamtbesucher kommen aus Großstädten; angesichts der Bedeutung, der von den Verleihfirmen dieser letzten Gruppe zukommt, ist dies bemerkenswert.
Haushalte mit einem Nettoeinkommen von mindestens 4500 DM stiegen im Besuch von 22% auf 29%, während der Besuch der Einkommensgruppen von weniger als 3500 DM und von 1500 bis 3000 DM zurückgegangen ist.
Bei der Analyse nach Berufsgruppen erklärt sich das gute Ergebnis (1993) aus dem folgenden Nettoeffekt: Die Rückgänge aus 1992 bei einzelnen Berufsgruppen (Schüler, Studenten, Beamte, Selbständige) wurden nicht ganz ausgeglichen, die Gruppe der Rentner hielt sich, die der Lehrlinge und Angestellten steigerte sich.
Ein Drittel aller Kinokarten wird an Besucher verkauft, die öfters als elf mal im Jahr ins Kino gehen (die „heavy users"), jeweils knapp ein Viertel an häufige (6-10 Besuche) und an mäßige (3-5 Besuche pro Jahr), gut ein Fünftel an die seltenen Kinogänger (1-2 Besuche). Dabei sind unter den „heavy usern" Männer zu 34% und Frauen mit 27% vertreten, jeweils in der Altersgruppe der 20-29jährigen.

Zur Besucherstruktur der TOP-30-Filme (1993):

„Jurassic Park“: Die Besucherstruktur entspricht den obigen Zahlen, wobei das Dino-Interesse der Teenies sowie der seltenen Kinogänger und der Besucher aus kleinen Orten mit unter 20.000 Einwohnern überdurchschnittlich hoch war.
„Bodyguard“: Überdurchschnittliches Interesse bei Frauen, Teenies und seltenen Kinogängern.
Ansonsten gelten die schon fast klischeehaften Beobachtungen:
Männer ziehen das Plakative vor, schauen sich mehr Actionfilme bzw. „härtere“ Komödien an; Frauen sind dagegen mehr fürs Gefühlskino.
Jüngere Menschen bevorzugen Spaß und eher einfach gestrickte Unterhaltung („Hot Shots“), während Ältere „gute“ Unterhaltung („Geisterhaus“, „Das Piano“) und familienbedingt (als Begleitpersonen) Kinderfilme sehen.
„Dschungelbuch“, „Die Schöne und das Biest“ und „Aladdin“ wurden besonders stark auch von den 20-29jährigen besucht.
Das Interesse des Publikums aus kleinen Städten konzentriert sich stärker auf die Spitzentitel als beim Publikum aus großen Städten; nur vier Titel („Das Piano“, „Und täglich grüßt das Murmeltier“, „Sneakers“, „Das Dschungelbuch“) fanden ihr Publikum in überdurchschnittlichem Maße in Städten mit mindestens 100.000 Einwohnern.
Schüler, Studenten, Lehrlinge und Arbeiter bevorzugten die gleichen Filme („Cliffhanger“, „Demolition Man“, „Last Action Hero“, „Sliver“).

Die erfolgreichsten erstaufgeführten Filme im Jahre 1994 waren:

1. Während Du schliefst ...	3.971 Mio Zuschauer
2. Casper	3.405 Mio
3. Stirb langsam: jetzt erst recht	3.201 Mio
4. Stargate	3.001 Mio
5. Waterworld	2.989 Mio
6. Enthüllung	2.899 Mio
7. Apollo 13	2.762 Mio
8. Pocahontas	2.532 Mio
9. Outbreak – Lautlose Killer	2.526 Mio
10. Dumm und Dümmer	2.259 Mio

Für 1996 sieht die Top Ten Liste deutscher Kinos folgendermaßen aus:

1. Independence Day	9.116 Mio Zuschauer
2. Werner – das muß kesseln!!!	4.923 Mio
3. James Bond-Goldeneye	4.164 Mio (5.495 Mio gesamt 95/96)
4. Schweinchen namens Babe	4.065 Mio (6.001 Mio gesamt 95/96)
5. Twister	3.655 Mio
6. Dangerous Minds	3.461 Mio
7. The Rock	3.413 Mio
8. Mission: Impossible	3.304 Mio

9.	Männerpension	3.295 Mio
10.	Der verrückte Professor	2.872 Mio

Fazit

Der starke Zuwachs des Besuchs 1993 liegt sozio-demographisch darin begründet, daß die Kerngruppe der Kinogänger (die 20-29jährigen, Schüler, Studenten bzw. Intensiv-Kinogänger) den starken Einbruch des Jahres 1992 ausgeglichen haben und daß andere Gruppen, nämlich die der über 50jährigen, die Rentner und Hausfrauen sowie seltenen Kinogänger, die hohen Zuwächse von 1992 gehalten haben. Allgemein sind die 30-39jährigen sowie die Besucher aus Haushalten mit einem Nettoeinkommen von mindestens 4500/Monat DM, aber auch Rentner und Hausfrauen diejenigen Besuchergruppen, deren Bedeutung für den Gesamtbesuch über mehrere Jahre hinweg steigt, während die Gruppe der 10-19jährigen an Bedeutung verliert.
Die erfolgreichsten uraufgeführten deutschen Kino-Langfilme 1993 sind übrigens „Das Geisterhaus" mit 3.09 Mio Besuchern, „Stalingrad" (1.32 Mio), „Texas – Doc Snyder" (831.000), „Wir können auch anders" (622.320) und der 54minütige „Abgeschminkt" mit knapp 1 Mio Besuchern. (1995: „Stadtgespräch" (1,5 Mio), „Keiner liebt mich" (1.304 Mio), „Rennschwein Rudi Rüssel" (869.485), „Schlafes Bruder" (845.407) und „Nur über meine Leiche" (280.345).
Die erfolgreichsten – und selbstverständlich amerikanischen – Filme überhaupt in Deutschland 1993: „Jurassic Park" (9.12 Mio), „Bodyguard" (6.29 Mio), „Aladdin" (4.66 Mio), und „Hot Shots – Der 2. Versuch" (4.36 Mio)! „Das Geisterhaus" rangiert auf dieser Liste immerhin auf Platz 7 – dieser Erfolg in Deutschland war dem Film leider international nicht beschieden.
Traditionell ist der Sommer (1. Juni – 20. August) die Zeit, in der im Kinobesuch die stärksten Umsätze erzielt werden und in der die Kinobesitzer ihren Jahresumsatz prognostizieren – wobei allerdings Herbst- oder Weihnachtshits wie „Der König der Löwen" ins Kalkül miteinbezogen werden; und insgesamt haben die Sommer kontinuierlich über die vergangenen Jahre einen Zuschauerschwund von 22,2 Mio Besuchern (1993) auf 17,8 Mio (1995) verzeichnet.
Eine Listung der erfolgreichsten Sommerfilme:

1993:
1. Dennis (3.03 Mio)
2. Ein unmoralisches Angebot
3. Made in America
4. Falling Down
5. Cliffhanger

1994:
1. Flintstones – Familie Feuerstein (4.75 Mio)
2. Die nackte Kanone 33 1/3
3. When a Man Loves a Woman
4. Maverick
5. The Crow – die Krähe

1995: 1. Stirb langsam – jetzt erst recht (2.91 Mio)
2. Casper
3. Während Du schliefst
4. Harte Jungs
5. Batman Forever

Top Ten der ersten drei Quartale 1995 im Videobereich:
1. Speed
2. True Lies
3. The Specialist
4. Schindlers Liste
5. Beverly Hills Cop 3
6. Cool Runnings
7. Flucht aus Absalom
8. Die nackte Kanone 33 1/3
9. Der bewegte Mann
10. Die Maske

Diese Listen stellen erneut die Frage, ob und inwieweit handwerkliche und künstlerische Qualität, die ja immer etwas mit Produktionsaufwand, also Zeit und Mehrkosten und höherem Budget zu tun hat, mit dem Erfolg eines Films zu tun hat, bzw. sich diese bedingen. Daß zwischen „Doc Snyder" und einer Hollywood-Produktion Welten von Qualitätsstandards liegen, ist offensichtlich. Klar ist, daß der deutsche Kinozuschauer nicht automatisch ein negatives Vorurteil speziell gegen den deutschen Film hat; er will einfach nur gute oder interessante, spannende oder unterhaltsame Filme sehen. Irgendetwas muß ihn – wie übrigens Zuschauer gleich in welchem Land und welcher Nationalität – ansprechen und dazu bringen, das Wohnzimmer und das Fernsehgerät zu verlassen und ins Kino zu gehen. Die Zeiten sind seit Etablierung des Fernsehens – des „Pantoffelkinos" – lange vorbei, in denen man regelmäßig fast rituell ins Kino ging, oft ohne zu wissen, welcher Film denn nun gerade gezeigt wurde. Wenn ein deutscher Film diese Unterhaltung, dieses „gewisse Etwas" verspricht, dann ist die Herkunft genauso irrelevant wie wenn ein englischer oder amerikanischer Film diese Unterhaltung verspricht. Es ist leider nur so, daß eben sehr wenige deutsche Filme dieses Erlebnis versprechen und noch weniger es halten.

Film-Finanzierung durch Subvention

Deutsche Film- und Fernsehförderung

Bei der Finanzierung von Kinofilmen – Fernsehproduktionsförderung gibt es wie gesagt nur in vergleichsweise geringem Umfang, nämlich in den traditionellen bzw. finanzstarken Förderinstitutionen Berlin-Brandenburg, Bayern, Hamburg und Nordrheinwestfalen – sollte man trennen zwischen Filmen, die a) allein in Deutschland und solchen, die b) als europäische Koproduktionen hergestellt werden. Während die ersten normalerweise aus rein deutschen Förderinstitutionen und Abkommen finanziert werden, werden die Koproduktionen zusätzlich aus europäischen Filmförderprogrammen im Rahmen von EURIMAGES und MEDIA kofinanziert.

Deutsche Filmförderungen

Der deutsche (und europäische) Film ist ohne staatliche Förderungen z.Zt. (und in absehbarer Zukunft) nicht lebensfähig.
Durch die Kulturhoheit der Länder existiert in fast jedem Bundesland (außer Bremen und Rheinland-Pfalz) eine eigene, regionale Filmförderung. Entsprechend dem Gewicht, das die jeweiligen Regierungen auf den Medienbereich legen, bzw. in welchem Umfang Mittel zur Verfügung gestellt werden, werden die nachfolgend aufgelisteten Förderarten mehr oder weniger selektiv und intensiv betrieben. Eine Förderinstitution, die ausnahmslos alle Förderarten betreibt, gibt es nicht.
Insgesamt gibt es z.Zt. 31 unterschiedliche Kategorien von Förderungen, die auf die Bereiche Stoff- und Projektentwicklung, Drehbuch, Produktion, Kurz- und Langfilme, Avantgarde-, Spiel- und Dokumentarfilme, Film und Video, Kino und Fernsehen, Vertrieb und Verleih, Kopien, technische Ausrüstungen und Fort- und Weiterbildung verteilt sind:
In der Produktion:

1. Projektentwicklung/produktionsvorbereitende Maßnahmen
2. Projektentwicklung Kurzfilm
3. Drehbücher
4. Kurzfilme
5. Erster programmfüllender Film
6. Low-budget-Film
7. Produktionen bis 3 Mio DM
8. Produktionen ab 3 Mio DM

9. Programmfüllende Filme
10. Kinder-, Jugend,- Dokumentarfilme
11. Video
12. Fernsehproduktionen
13. Post-Produktion
14. Aktuelles
15. Nachwuchs

Und im Abspiel:

16. Vorverleih/Vertrieb
17. Verleih
18. Auslandsvertrieb
19. Abspiel
20. Präsentationen
21. Festivals
22. Untertitel
23. Zusatzkopien
24. Repertoire-, Archivkopien
25. Ergänzende und Sondermaßnahmen
26. Kinotechnik
27. Filmtechnische Struktur
28. Videotheken
29. Forschung, Innovation und Rationalisierung
30. Studio- und Synchronausbau
31. Fort- und Weiterbildung

Aus dieser Vielfalt wird einerseits deutlich, welches Gewicht diesem Medien- und Kulturbereich allgemein beigemessen wird (einerseits ein großes, da so gut wie alle Phasen gefördert werden, andererseits meist eher das einer Fußnote im Vergleich zur Theater- und Opernsubvention), und ebenso deutlich wird, daß in allen Phasen und Bereichen offensichtlich staatliche Unterstützung notwendig ist, da der freie Markt von Angebot und Nachfrage nicht funktioniert (wenn er denn in den letzten 30 Jahren je funktioniert haben sollte bzw. konnte).
Die meisten Bundesländer betrachten Film als eine eher kulturelle Angelegenheit, und damit verbunden wird eine Wirtschaftlichkeit im Sinne einer Profitabilität durch den Markt im Rahmen einer Verwertungskette garnicht erst angestrebt oder erwartet. Durchwegs wird allerdings ein „Ländereffekt“ an die Vergabe verknüpft, d.h. daß entweder das Thema einen Regionalbezug aufweisen oder der Filmemacher seinen Wohnsitz im Antragsbundesland haben oder die Produktion im fördernden Bundesland durchgeführt werden soll.

Die jeweiligen DM-Fördersummen für das Jahr 1996:

Baden-Württemberg	10 Mio
Bayern	ca. 48 Mio
Berlin-Brandenburg	ca. 17 Mio
Hamburg	15 Mio
Hessen	4 Mio
Mecklenburg-Vorpommern	1 Mio
Niedersachsen	9,2 Mio
Nordrhein-Westfalen	ca. 45-55 Mio
Saarland	750.000 Tsd
Sachsen-Anhalt	400.000 Tsd
Sachsen	2 Mio
Schleswig-Holstein	1,5 Mio
Thüringen	850.000 Tsd

Darüber hinaus gibt es folgende drei Filmförderungen, die länderübergreifend arbeiten und für die der oben beschriebene „Ländereffekt“ nicht gilt:

Die Filmförderungsanstalt FFA in Berlin	ca. 60 Mio
Das Bundesministerium des Inneren BMI, Bonn	ca. 14 Mio
Das Kuratorium Junger Deutscher Film in Wiesbaden	ca. 2.2 Mio

Im übrigen ist es möglich, daß bis zu drei Filme pro Jahr aus anderen Mitgliedstaaten der Europäischen Gemeinschaft Referenzfilmförderung erhalten bzw. Filmprojekte in den Genuß von Projektfilmförderung kommen – vorausgesetzt, daß auch deutsche Filme im europäischen Ausland wie Angehörige des jeweiligen Mitgliedstaates behandelt werden.

Die wachsende Tendenz der Filmförderungen, verstärkt, über eine Betonung der Produzentenfunktion, kino- und publikumstaugliche Produktionen zu fordern – Berlin-Brandenburg geht hier wohl führend voran – ist nun auch in der jüngsten Novelle (II 1995) der Förderrichtlinien des BMI festzustellen: Es werden Autoren wie auch Regisseure nur noch zusammen mit Produzenten antragsberechtigt sein; bei Gemeinschaftsproduktionen soll zukünftig der geförderte Partner mit über mehr als 50% beteiligt sein; statt wie bisher zehn sollen nur noch acht Filme mit dem Deutschen Filmpreis ausgezeichnet werden – diese erhalten dafür je 100.000 DM mehr. Zugleich werden nur noch Filme nominiert – mit Ausnahme von Dokumentarfilmen – die eine Kinoauswertung erfahren haben bzw. für die eine solche gesichert ist. Zudem können Filme (generell also die Hersteller, in Ausnahmefällen auch die Regisseure), die mit dem Filmband in Silber ausgezeichnet wurden, eine zusätzliche Prämie von 200.000 DM erhalten, wenn der Film oder Regisseur im offiziellen Wettbewerb der Filmfestivals von Berlin, Cannes, Locarno, Montreal, San Sebastian, Tokio oder Venedig ausgezeichnet wurde oder innerhalb eines Jahres ab Start mehr als 500.000 Zuschauer hatte.

Die Mittel dieser o.g. Filmförderungen kommen, abgesehen von den TV-Geldern, normalerweise aus den Etats der Bundesländer, sind also Steuergelder, gelegentlich auch

aus dem sog. Kabelgroschen und bei der FFA auch aus einer Abgabe auf jede verkaufte Kinokarte, d.h. in diesem Fall mehr oder weniger aus den Umsätzen, die der amerikanische Film im deutschen Kino erzielt.
Zumindest bei der FFA, in Bayern, Nordrhein-Westfalen, Berlin-Brandenburg wird eine Wirtschaftlichkeit auf dem Markt in der Verwertung angestrebt oder direkt zum Ziel erklärt. In geringerem Umfang gilt dies auch für Hamburg und das BMI.
Zu dieser „Wirtschaftlichkeit" gehört die Erscheinung der Referenzfilmförderung, die – im Gegensatz zur Projektförderung – bereits „wirtschaftlich erfolgreiche" Produktionen und Produzenten damit „belohnt", daß ihnen automatisch neue Mittel für zukünftige Projekte zur Verfügung gestellt werden, sobald Mindestplateaus an Zuschauerzahlen (siehe unten) erreicht worden sind. Ähnliches gilt für Rückzahlungen von Darlehen – die obigen Förderungen werden teils als Zuschüsse, teils als bedingt rückzahlbare Darlehen vergeben, die zur Herstellung neuer Produktionen zur Verfügung gestellt werden können. Daß die Definition von „wirtschaftlich erfolgreich" in diesem Zusammenhang generell ganz erheblich unter der von „profitabel" bleibt, nimmt auf die deutschen Realitäten Rücksicht.

Anmerkungen zur Referenzfilmförderung der FFA Filmförderungsanstalt, Berlin

Die Referenzfilmförderungsmöglichkeiten erstrecken sich sowohl auf Kurz- wie auch auf abendfüllende Filme.
Das Verfahren für Kurzfilme ist relativ einfach: Ein Kurzfilm (maximale Länge 15 Minuten), der von der FBW das Prädikat „Besonders wertvoll" erhalten hat, ist berechtigt, auf Antrag im folgenden Kalenderjahr Referenzfilmförderung bewilligt zu bekommen. Diese Summe, abhängig vom sich jährlich ändernden Gesamtetat der Mittel der FFA und demnach vom Jahresumsatz der Kinos als auch von der Anzahl der Filme mit „Besonders wertvoll", ist von Jahr zu Jahr unterschiedlich und schwankt meistens zwischen 25.000 und 35.000 DM. Die Auszahlung ist an gewisse Kriterien gebunden, z.B. Nachweis eines neuen Projektes, dessen geschlossener Finanzierung u.ä. Aber auch Kurzfilme, die ohne Prädikat geblieben sind, können Referenzfilmförderung erhalten, wenn sie auf den folgenden Filmfestivals von der Hauptjury Auszeichungen (erste Preise) erhalten haben (dies gilt auch für nichtprogrammfüllende Kinder- oder Jugendfilme):
Internationales Trickfilmfestival Annecy
Internationale Farbfilmwoche Barcelona
Internationaler Autorenfilmwettbewerb Bergamo
Internationaler Agrarfilmwettbewerb Berlin
Internationale Filmfestspiele Berlin
Internationales Dokumentar- und Kurzfilmfestival Bilbao
Internationale Filmfestspiele Cannes

Internationale Filmfestspiele Cork
Internationales Sportfilmfestival Cortina d'Ampezzo
Festspiel der Völker – Internationale Schau des gesellschaftskundlichen Kulturfilms Florenz
Internationales Kurzfilmfestival San Francisco
Internationale Kurzfilmtage Grenoble
Internationale Filmfestspiele Karlsbad
Internationaler Experimentalfilmwettbewerb Knokke-le-Zoute
Internationales Kurzfilmfestival Krakau
Internationale Filmfestspiele Locarno
Internationales Trickfilmfestival Mamaia
Internationale Filmwoche Mannheim
Internationale Filmfestspiele Melbourne
Internationale Filmfestspiele Moskau
Internationales Filmfestival Nyon
Internationales Film- u. Fernseh-Festival Oberhausen (Sportfilmtage)
Westdeutsche Kurzfilmtage Oberhausen
Internationale Filmfestspiele San Sebastian
Internationale Filmfestspiele Teheran
Internationales Kurzfilmfestival Thessaloniki
Internationale Festwoche für Berg- und Forschungsfilme Trient
Internationale Woche des religiösen Films und der menschlichen Werte Valladolid
Internationale Dokumentarfilmschau Venedig
Internatioales Trickfilmfestival Zagreb
Internationales Filmfestival für Verkehrssicherheit Zagreb

Des weiteren qualifizieren die folgenden Auszeichnungen für diese Regelung:

Der Bundesminister des Innern:	Deutscher Filmpreis und weitere Filmpreise, soweit sie für Kurzfilme im Sinne des FFG verliehen werden
Der Bundesminister für Wirtschaft:	Deutscher Industriefilmpreis
Der Bundesminister für Jugend, Famile und Gesundheit:	Deutscher Jugendfilmpreis für Kurzfilme Deutscher Kinderfilmpreis für Kurzfilme
Der Kultusminister des Landes NRW:	Preis für den besten Kurzfilm mit bildungspolitischem Thema
The Academy of Motion Pictures, Arts and Sciences, Hollywood:	Oscar, Kurzfilmpreis
Die Katholische Filmarbeit in Deutschland:	Preis im Rahmen der Westdeutschen Kurzfilmtage Oberhausen und der Internationalen Filmwoche Mannheim

Das Internationale Evangelische Filmzentrum:	Preis im Rahmen der Westdeutschen Kurzfilmtage Oberhausen und der Internationalen Filmwoche Mannheim
Deutscher Volkshochschulverband:	Preis im Rahmen der Westdeutschen Kurzfilmtage Oberhausen und der Internationalen Filmwoche Mannheim
Die Fédération Internationale de la Presse Cinématographique Fipresci:	Preis der internationalen Filmkritik im Rahmen der Westdeutschen Kurzfilmtage Oberhausen und der Internationalen Filmwoche Mannheim
Die AG der Filmjournalisten e.V.:	Preis der Deutschen Filmkritik (Curt-Ortel-Medaille)
Der Hauptverband Deutscher Filmtheater e.V.:	Kurzfilmpreise

Die Referenzfilmförderung für programmfüllende Filme sieht folgende Regelungen vor: Abhängig vom und im Verhältnis zum Besucheraufkommen (mindestens 100.000, höchstens 1 Mio Besucher) werden die zur Verfügung stehenden Mittel gleichmäßig auf die berechtigten Filme verteilt. Filme mit Prädikat oder einem Hauptpreis auf einem A-Festival müssen mindestens 50.000 Besucher innerhalb von 2 Jahren erreichen; Kinder- und Jugendfilme ebenfalls 50.000 Besucher innerhalb einer Frist von 5 Jahren. Die Höchstfördersumme beträgt in jedem Fall 4 Mio DM. Allerdings werden die Höchstfördersummen auf 100.000 Besucher und auf die Höhe der Bruttoverleiheinnahmen im Falle prädikatisierter und Kinder- und Jugendfilme begrenzt.
20% der zuerkannten Referenzmittel, die normalerweise in neue Produktionen einfließen müssen (mindestens 50% der Mittel müssen in *ein* Projekt fließen), können in die Eigenkapitalausstattung von Produktionsunternehmen fließen; dies ist als Maßnahme zu verstehen, die Produktionsstrukturen zu verbessern und längerfristige Projekt- und Stoffentwicklung zu ermöglichen.

Geschäftsführung und Gremien

Mit der Ausnahme von Berlin-Brandenburg (siehe Ausführungen dazu später), das erstmalig das Intendanten-Modell erprobt (d.h. eine einzige Person entscheidet über Vergabe oder Nichtvergabe von Fördermitteln), werden bei allen anderen Förderinstitutionen die Mittel durch Gremiumsentscheide vergeben. Diese Gremien, oftmals für eine Dauer von 1-2 Jahren berufen und häufig auf 2-5 Vergabesitzungen pro Jahr tätig, setzen sich aus den unterschiedlichsten Personen und Interessenvertretern zusammen.
Mustergültig ist vielleicht die Besetzung der Organe der Filmförderungsanstalt FFA.

Vertreter kommen vom:
Deutschen Bundestag, Bundesrat, Bundesregierung, Hauptverband Deutscher Filmtheater e.V. und Gilde Deutscher Filmkunsttheater e.V., Arbeitsgemeinschaft Kino e.V. und Arbeitsgruppe Kommunale Filmarbeit, Verband Deutscher Spielfilmproduzenten e.V., Arbeitsgemeinschaft Neuer Deutscher Spielfilm-Produzenten e.V., Verband der Filmverleiher e.V., Verband Technischer Betriebe für Film und Fernsehen e.V., Fachgruppe Rundfunk, Film, Audiovisuelle Medien in der IG Medien (RFFU), Deutscher Journalistenverband e.V. und Fachgruppe Journalismus in der IG Medien, Evangelische Kirche und Katholische Kirche, Arbeitsgemeinschaft der öffentlich-rechtlichen Rundfunkanstalten der Bundesrepublik Deutschland ARD und Anstalt des öffentlichen Rechts „Zweites Deutsches Fernsehen" ZDF, Verband Deutscher Filmexporteure e.V., Bundesverband Video und Interessengemeinschaft der Videothekare Deutschlands.
Kooptierte Mitglieder sind der Verband Privater Rundfunk und Telekommunikation e.V., Verband der Filmverleiher e.V. und Hauptverband Deutscher Filmtheater e.V.
Des weiteren sind folgende Kommissionen der FFA tätig:
Bewertungskommission, Vergabekommission (Unterkommission Filmabspiel- und Filmabsatz-Förderung, Drehbuchförderung, Deutsch/Französisches Abkommen, Kopienförderung), Kommission betr. internationale Zusammenarbeit und EG-Filmfragen, Richtlinien-Kommission, Kommission für Werbung für den deutschen Film im In- und Ausland, Gemeinsame Kommission Film-Fernsehen und die Verhandlungsgruppe Film/Fernsehen.
Die Vergabegremien der Landesförderinstitutionen werden üblicherweise mit 3-6 Praktikern, Filmemachern und Journalisten aus der Branche besetzt, die allerdings durchaus auch nur aus der kulturellen und nicht rein wirtschaftlich orientierten Filmszene zu kommen brauchen – eventuelle Fach- und Aufsichtsräte sind allerdings oftmals gesellschaftlich weiter gestreut und den FFA-Gremien nicht unähnlich.
Es bleibt das Dilemma, daß sich unterschiedlichste Interessenvertreter meist auf der Grundlage von mehr oder weniger professionellen oder aussagekräftigen Projektbeschreibungen und Drehbüchern auf eine Auswahl aus zu vielen Anträgen einigen müssen und daß keines der Gremiumsmitglieder in irgendeiner Art und Weise für seine Entscheidung verantwortlich gemacht werden kann. Ob ein Film künstlerisch und/oder finanziell erfolgreich ist, hat keinen Niederschlag auf eine – häufig ehrenamtliche – Neuberufung oder in sonst einer Form.
Es läßt sich klar erkennen, daß die Finanzierung eines Films in Deutschland einem bürokratisch abgesteckten Hürdenmarathonlauf ähnelt: Praktisch kann oder will keine einzelne Förderinstitution eine Vollfinanzierung übernehmen. Das bedeutet, daß das Projekt über mehrere Institutionen mit teils unterschiedlichen Antragsunterlagen bei unterschiedlichen Gremien zu unterschiedlichen Terminen in unterschiedlichen Aufbereitungen nach unterschiedlichen Regularien wie Eigenanteilsanforderungen an den Produzenten und „Ländereffekten" berechnet, versuchen muß, seine Finanzierung zusammenzustückeln. Da durch die geforderten Ländereffekte zudem sich widersprechende Auszahlungsmodalitäten in Kraft treten, kommt es häufig zu unsinnigen und

kostensteigernden Produktionen, die über mehrere Bundesländer verteilt stattfinden müssen. Auf diese Erfordernisse wissen sich Autoren/-Regisseure/Produzenten derweil allerdings einzurichten und verfassen Stoffe, die z.B. in Nordrhein-Westfalen beginnen, sich in Hamburg fortsetzen und in Berlin ihren dramaturgischen Abschluß finden. Daß derartige Drehbücher nach anderen Regeln als rein publikumswirksamen verfaßt werden bzw. werden müssen, ist offensichtlich.

Um diesem, inzwischen auch von den Förderinstitutionen erkannten Dilemma entgegenzuwirken, gestattet z.B. die Filmstiftung in Nordrhein-Westfalen eine Förderung eines Berliner Projektes, ohne daß die Dreharbeiten in NRW stattfinden müssen, für die Zusage, daß entsprechend im Gegenzug eine nordrhein-westfälische Produktion Förderung in Berlin-Brandenburg erhalten kann, ohne dort drehen zu müssen. Z. Zt. entsteht eine „Nord-Schiene", in der die Förderungen NRW, HH und Berlin-Brandenburg nach diesem Austauschprinzip funktionieren sollen. – Auf der anderen Seite muß gesehen werden, daß jede Förderinstitution bestrebt ist, erfolgreiche Filme durch sie selbst gefördert zu haben; der Konkurrenzdruck, prestigeträchtige Produktionen ins eigene Bundesland zu holen, wird also wohl erhalten bleiben.

Diese Hindernisse sind natürlich auch von den Förderern selbst erkannt: Seit knapp zwei Jahren gibt es Bestrebungen, hier eine Standardisierung zu erreichen. Ein Anliegen der entsprechenden, informellen Kommission der öffentlichen Filmförderer ist die Vereinheitlichung von Richtlinien (Einreich- und Sitzungstermine), Antragsformularen und Vertragsmustern (damit einhergehend die Angleichung der formalen und inhaltlichen Voraussetzungen); ein weiteres, den Verwaltungsaufwand der Förderer zu minimieren – auch über eine entsprechende Datenschutzklausel den Austausch von Informationen untereinander zu vereinfachen und Mehrfachprüfungen zu vermeiden. Diverse Begriffe gilt es allerdings noch zu klären, z.B. „Eigenanteil", „Rückstellungen", „Garantien und Lizenzen", „Tilgungskonkurrenz" und „Tilgungsquoten". Innerhalb des nächsten Jahres ist m.E. keine grundsätzliche Veränderung der deutschen Regionalförderungen zu erwarten.

Da die Fernseh-Kofinanzierung in den meisten Fällen erforderlich ist, ist ein ähnlicher Hürdenlauf durch eine Handvoll Redaktionen mindestens in München, Baden-Baden, Mainz, Köln, Leipzig und Hamburg parallel zu veranstalten. Dieser gesamte Prozeß kann an die zwei Jahre und länger dauern. Des weiteren ist zu bedenken, daß die Interessen und Vorlieben einer Fernsehredaktion z.B. alleine in Fragen der Besetzung usw. durchaus andere sein können als die, die einem Kinostoff zuträglich sein können. Dazu kommt das Dilemma, daß ein vom Fernsehen koproduzierter Kinofilm für einen Verleiher nahezu ohne Interesse ist, da dieses besondere Verwertungsrecht – zum Ausgleich des finanziellen Risikos – nicht mehr erworben werden kann.

Zu all diesen Schwierigkeiten kommt, daß nicht genug Zeit bleibt, Drehbücher wirklich bis zur Perfektion zu entwickeln. Das liegt daran, daß die Förderzusagen gewöhnlich immer nur für zwei Jahre gelten (und ggf. um ein weiteres Jahr verlängert werden können), aber angesichts des Antrags- und Redaktionsmarathons wird deutlich, daß, wenn die Finanzierung endlich steht (was gut zwei Jahre in Anspruch nehmen kann), die dann kreativ Beteiligten, die ja zu einem früheren Zeitpunkt nicht verpflichtet wer-

den konnten (Schauspieler und Regisseur) aus Zeitgründen praktisch keinen Feinschliff mehr einbringen können. Folge: Die Stoffe bleiben in ihrer vorübergehenden, unausgereiften Fassung, und um den Wegfall von Fördermitteln zu vermeiden, muß mit den Dreharbeiten begonnen werden.
Daß darüber oft die Qualität des Drehbuchs oder des Packaging zu kurz kommt, liegt auf der Hand, insbesondere, da Deutschland noch nicht über eine starke Produzenten-Szene verfügt, wie das z.B. in den USA der Fall ist. Zu oft ist der Autor hierzulande zugleich Regisseur und Produzent. Und daß die in diesen Berufen erforderlichen, unterschiedlichen Anforderungen in einer Person gleich gut vereint selten anzutreffen sind, ist ebenfalls einsichtig. Solange das so bleibt, ist eine entscheidende Verbesserung der allgemeinen Situation nicht wahrscheinlich. Allerdings sind Anzeichen einer Verbesserung vorhanden; diese manifestieren sich allerdings eher im Fernseh-Bereich: Dort wird immer häufiger und fast ausschließlich nach dem Produzentenmodell verfahren: Der Produzent ist der Motor eines Projekts und zugleich kreativer Partner der Autoren und Regisseure.
Anzumerken ist noch der inhärente Widerspruch zwischen Vermarktbarkeit eines Produkts und Vorlieben bzw. natürlichen Interessen der Förderinstitutionen. Diese müssen Wert darauf legen, daß die von ihnen gewährten Darlehen aus Einnahmen der geförderten Filme getilgt werden; d.h. also, daß aus der Sicht der Institution derjenige Film am ehesten Rückflüsse erwarten läßt, der nicht schon über Vorverkäufe einen Teil seiner Herstellungskosten gesichert hat. Diese Vorverkäufe fließen natürlich in die Produktion/Herstellung des Films und treten somit nicht als Einnahmen auf – aus der ein Förderdarlehen zurückzuzahlen wäre. Aber gerade Vorverkäufe signalisieren dem Produzenten, daß er eine Produktion betreibt und entwickelt, an der der Markt interessiert ist, d.h. vom Produzentenstandpunkt aus gesehen sind weitgehende Vorverkäufe in unterschiedlichen Medien und Territorien das Ideal. Dieser Widerspruch ist in der Praxis, solange ohnehin überwiegend Filme produziert werden, die auf dem Markt wenig erfolgreich sind, eher theoretisch, signalisiert aber ein zusätzliches Dilemma von Förderungen und ein zusätzliches Hindernis auf dem Weg zu einer starken Produzentenkultur. Die damit einhergehende „Kapitalbildungsmöglichkeit" der Filmförderungen, die vorsieht, daß rückgezahlte Darlehen auf Sonderkonten zukünftigen Produktionen des vormals erfolgreichen Produzenten zur Verfügung belassen werden, hat in der Praxis noch so gut wie keine Bedeutung.
Faktisch hat sich also ein neuer Markt herausgebildet, nämlich nicht mehr der, auf dem Käufer oder Nichtkäufer über das Wohl oder Wehe von Filmen und damit von Produktionsfirmen und Produkten entscheiden, sondern der der Gremien. Wichtig ist nicht die Akzeptanz durch ein zahlendes Publikum, wichtig ist die Akzeptanz durch die diversen Fördergremien und Fernsehredakteure. Daß auf dieser Grundlage Projekte entwickelt werden, die sich eher an Gremien denn an ein Publikum wenden, ist offenkundige Realität. Und da ein Produzent, besonders wenn er auch Autor und/oder Regisseur ist, von den Produktionen, d.h. der eigentlichen Herstellung des Produkts und den darin bereits automatisch genehmigten Gewinnmargen und Unkostenpauschalen, selbst relativ gut leben kann, umso mehr nämlich dann, wenn seine eige-

nen Honoraransätze realisiert werden und er in der Lage ist, den Film günstiger als veranschlagt herzustellen, und wenn er denn in der Lage ist, hier eine Kontinuität zu erreichen, besteht in der Tat wenig Notwendigkeit und Anreiz, darüber hinaus am Markt erfolgreich sein zu müssen.

Vielleicht beginnen sich die Zeiten zu ändern: Zum ersten Mal seit geraumer Zeit versucht ein großes Hollywood-Studio, Sony Pictures Entertainment, zusammen mit Studio Canal Plus europäisches Stoffpotential zu entwickeln. Die Erwartungen nach dem Studio-Canal-Plus-Fiasko mit der Beteiligung an Carolco sind bescheiden: Man hofft, drei bis sechs Spielfilme innerhalb der nächsten drei Jahre herzustellen, die jeweils ein Budget von $ 10-15 Mio haben sollen. Besonders im Bereich der Stoffentwicklung und des Packaging plant man, das amerikanische Know-How zum Nutzen der in Englisch zu drehenden Filme, einzusetzen. Der Sitz der Firma wird in London sein.

Das Filmboard Berlin-Brandenburg*

Da sich mit der 1994 eingerichteten Filmförderung des Filmboards Berlin-Brandenburg erstmalig das Konzept der Intendanten-, statt der Gremienentscheidung etabliert hat, kurz ein Blick auf diese Institution.
Angetreten war Intendant und Geschäftsführer Prof. Klaus Keil (zuvor Professor und Leiter der Abt. V Medienwirtschaft und Produktion der Hochschule für Fernsehen und Film in München) mit dem Credo: „Wir fördern Filme für das Publikum; wir wollen erfolgreiche Filme; wir fördern nicht ins Blaue." Das hatte folgende Konsequenzen: Keine Drehbuchförderung ohne Produzent, keine Produktionsförderung ohne Verleihvertrag und schlüssiges Marketingkonzept; jeder Film, jedes Projekt muß so angelegt sein, daß es eine Chance bekommt, zumindest seine Kosten einzuspielen. In diesem Zusammenhang ist die „Incentive"-Förderung, also die allgemeine Stoffentwicklung interessant, wie auch das Prinzip der Rückflüsse auf ein zweckgebundenes Produzentenkonto.** Nichtsdestotrotz wurden sowohl Kurzfilme und Dokumentarfilme als auch Filme fürs große Publikum gefördert. Dazu kommt, daß sich das Filmboard als eine Institution versteht, die einem geförderten Projekt „hands-on" durch alle Phasen der Entwicklung bis zur Premiere mit Rat und Tat zur Seite stehen will. Offenbar wird dieses Konzept von Produzenten angenommen, die ja damit ihre eigene Hilfsbedürftigkeit akzeptieren und demonstrieren. Bereits oben ausführlich erwähnte und beschriebene Konzepte wie Development und Packaging gehören hier ebenso zum Standardinstrumentarium wie Marketingberatung oder Vertragssichtung.
Zugleich betreibt das Filmboard natürlich Standortpolitik und berücksichtigt:

a) die Sicherung, Stärkung und Weiterentwicklung der medienwirtschaftlichen Infrastruktur unter künstlerischen, technischen und wirtschaftlichen Gesichtspunkten
b) die Unterstützung der qualitativen und quantitativen Weiterentwicklung der Filmwirtschaft und Filmkultur der Region
c) in Produktionen, Verleih und Abspiel ein vielfältiges und qualitativ profiliertes Film- und Fernsehschaffen in Berlin und Brandenburg zu ermöglichen
d) und die Region im In- und Ausland zu repräsentieren und für sie zu akquirieren.

Einen strukturellen Schwerpunkt wird man langfristig auf die Entwicklung einer internationalen Maßstäben gerecht werdenden Animations- und High-Tech-Special-Effects-

* Teilweise zitiert aus der Veröffentlichung des Filmboards „94/95".
** Hierzu siehe auch **Anlage Nr. 8**, S. 220. (Filmförderdarlehensvertrag)

Szene legen, der andere, langfristige Schwerpunkt wird in Training und Fortbildung bestehen. Kurzfristig und langfristig wird selbstverständlich Erfolg an der Kinokasse und/oder mit Preisen an wichtigen Filmfestivals angestrebt. Nebenbei wird angestrebt, regionale Filmförderungen (mit NRW und HH zu harmonisieren und aufeinander abzustimmen) wie auch Einzelprobleme zu lösen (z.B. „Producer's Fee"), die teilweise in diesem Buch ebenfalls zur Sprache kommen.
Ob dieses schlüssige Gesamtkonzept angesichts der finanziellen Beschneidungen effektiv umgesetzt werden kann, muß abgewartet werden; eine derartige Rundumkonzeption von Filmförderungen mit einem Budgetrahmen bis 10 Mio DM zu erwarten, scheint mir unrealistisch und kommt ja auch nicht vor.
Zukünfitg werden die oben erwähnten Anforderungen noch strenger angelegt werden, es wird erwartet, daß demnach Drehbücher entstehen, die auch gerade durch Genrebedienung – noch ist das Wort Genre ein Un-Wort in deutschen Gremien – die Erwartungen von Verleihern erfüllen können.
Die bisherigen Förderungen teilen sich antragsmäßig folgendermaßen auf:

43 in die Stoffentwicklung/Projektentwicklung
(103 Anträge, davon 43 mit insgesamt 5.470.595 DM gefördert)

57 in die Produktionsförderung
(156 Anträge, davon 57 mit 38.255.415 DM gefördert)

38 in Verleih-, Vertriebs- und Abspielförderung
(57 Anträge, davon 38 mit 4.932.562 DM gefördert)

52 in Veranstaltungen und sonstige Vorhaben
(77 Anträge, davon 52 mit 5.015.072 DM gefördert).

Zu den geförderten Projekten gehören u.a.:
5 Plays from Potsdam/Projektentwicklung/ATV Filmproduktion
Mosaik Digedag/Projektentw./Ostfilm, Hoffmann & Loeser
Out of Darkness/Projektentwicklung/Medias Res Film-Fernsehproduktion
Rififi in New York/Projektentwicklung/Cinevox
Seed Money/Projektentwicklung/Th. Wilkening Filmgesellschaft
Sin/Projektentwicklung/Metropolis Filmproduktion
Das Brecht-Projekt/Projektentwicklung/von Vietinghoff Filmproduktion
Game Over/Projektentwicklung/Hermes Film
Star of the Unborn/Projektentwicklung/Vega Film
Projektpaket Rommel Productions
Die Träume des Prinzen Jussuf/Projektentwicklung/Integral Film GmbH
Projektpaket Tele Potsdam / dokfilme
Projektpaket Um-Welt-Film / dokfilme
Dead Man / Pandora Film GmbH
Flirt / Pandora Film GmbH
Der Gefesselte / Trans-Film
Helden in Tirol / Th. Wilkening Filmgesellschaft
Hollywood Boulevard / Kick Film

Nur über meine Leiche / Engram Pictures
Das Schwein / Nostro Film GmbH
Snakes & Ladders / Sievernich Film
Star Command / UFA Babelsberg
Stille Nacht / X Filme Creative Pool GmbH
Street Scene / Camera Film GmbH
Die unendliche Geschichte (Animation) / CineVox
Victory / Studio Babelsberg
Werner – der Metülisator (Animation) / Senator Film
A Couch in New York / Babelsberg Filmprod.
Die Meistersinger von Nürnberg / EuroArts Ent.
Agnes / Jirnal Film Kl. Volkenborn
Die Putzfraueninsel / Putzfraueninsel GbR
Gefährliche Mitgift / ena Film GmbH
Wer zu spät kommt / Dokumentarfilm / Werner Morgenrath
Klang der Stille / Caroline Link
Kleines Arschloch / Animation / Senator Film
Laughter in the Dark / UFA Filmproduktion
Still Movin / F&B Entertainm.
Taina / Ottokar Runze Filmproduktion
Edgar Wallace Serie / Rialto Film
Es sollte rote Rosen regnen / Dokumentarfilm / Diwa Film
Cemile oder das Märchen von der Hoffnung / Thomas Wilkening
Central Building / Philippe Bertrand Quartier Latin Film

M.E. reflektiert die Zielsetzung und Arbeitsweise des Filmboards Berlin-Brandenburg die zunehmende und notwendige Professionalisierung der Filmförderung. Die Stellung des Intendanten in diesem Fall ist durchaus vergleichbar mit der eines US-amerikanischen Studiobosses, wobei der hiesige „Chefsessel“ nicht ganz dem „Schleudersitz“ des amerikanischen Pendants gleicht.
Als fortschrittliches Modell auch für „kleinere“ Filmförderungen, die über Gremienentscheidungen funktionieren (also alle anderen deutschen Filmförderungen), kann ich mir vorstellen, die entsprechenden Geschäftsführer mit einer „Teil-Intendanz“ auszustatten (das hat wahrscheinlich nur Sinn bei Gesamtetats über 10 Mio DM): D.h. die Geschäftsführer verfügen über einen Teil (ca. 3 Mio DM) der zu vergebenden Mittel eigenverantwortlich und unabhängig vom Gremienplazet. Dieses Recht wird allerdings dann widerrufen, wenn Erfolge ausbleiben.
Dieser Erfolg ließe sich wie folgt definieren: Die vom Geschäftsführer entschiedenen Projekte müßten entweder

a) A-Preise auf bestimmten Festivals gewinnen
b) bestimmte Zuschauerplateaus, z.B. mindestens 100.000, erreichen
c) oder sonst irgendwie in der Kritik besonders positiv auffallen.

Diese Regelung könnte dazu führen, daß einzelne Projekte ebenso professionell fürsorglich begleitet werden, wie das in Berlin-Brandenburg beabsichtigt ist. Bei Nichterfolg wird dem Geschäftsführer diese „Teil-Intendanz" wieder entzogen. Vielleicht kommt es so zu einer Verbesserung des deutschen Films?

Die Filmförderung in Baden-Württemberg

Die Medien- und Filmgesellschaft, Stuttgart

Im August 1995 wurde Gabriele Röthemeyer zur Geschäftsführerin der neuen Medien- und Filmgesellschaft MFG, Stuttgart, für die Dauer von 5 Jahren berufen. Die Film- und Mediengesellschaft ersetzte die bisherige Filmförderung in Baden-Württemberg und erfuhr zugleich eine Etataufstockung auf ca. 10 Mio DM pro Jahr.
Die später folgende, auszugsweise zitierte Vergabeordnung stellt dar, daß sowohl der Low-budget-Bereich wie auch der Spielfilmbereich gefördert werden (und zwar in allen Arten und Genres), der letztere mit bis zu 2 Mio DM und max. 30% des Gesamtbudgets. Besondere Rücksicht wird auf Nachwuchsförderung genommen. Auch Produktionen in Video werden berücksichtigt. Im übrigen kann der Etat übertragen werden, d.h. es besteht nicht der Zwang wie bei einigen anderen Förderinstitutionen, in *einem* Geschäftsjahr alles Geld ausgeben zu müssen, selbst wenn es nicht genügend förderungswürdige Projekte gibt.
Das Auswahlgremium, für zwei Jahre vom Ministerium und ohne Einflußmöglichkeit durch die Geschäftsführerin berufen, das *alle* Förderungen vergibt, besteht aus sechs Mitgliedern, wobei von der Senderseite Rieke Müller-Kaldenberg (SDR), Susan Schulte (SWF) und Prof. Dr. Thomas Koebner und von der „Film"-Seite Adrian Kutter (Gilde Kinos), Claus Huebner (Kommunales Kino Stuttgart) und Ruprecht Skasa-Weiß (Stuttgarter Zeitung) kommen. Die Geschäftsführerin hat bei Projekten Vorschlags- und Vetorecht; eine Position, die zu Kompromissen zwingt bzw. einem Intendantenmodell ähneln könnte. Das Vorschlagsrecht bewirkt, daß dem Gremium nur die Förderanträge vorgelegt werden, die quasi durch die Geschäftsführung vorbewertet worden sind. Die Tendenz ist allerdings eher so, von diesen Rechten möglichst wenig oder keinen Gebrauch zu machen. Die Geschäftsführerin verfügt zusätzlich über eine Stimme.
Als eine Lösung, der deutschen Filmmisere zu begegnen, wird auch hier gesehen, daß die Produzentenkultur entwickelt und gepflegt werden muß. Der Produzent als Motor aller unternehmerischen wie auch künstlerischen Aktivitäten hat in dieser Konzeption – wie auch in Berlin-Brandenburg und zunehmend auch anderen Förderinstitutionen – eine zentrale Stellung.
Eine vorläufige Orientierung kann mehr auf eine Kooperation mit Bayern, Frankreich und der Schweiz bauen, eher als auf Kooperationen mit Nordrhein-Westfalen, Hamburg oder Berlin-Brandenburg; man würde sich also auf die „natürlichen, regionalen" Partner konzentrieren und damit durchaus auch zu einer eigenen „Farbe" kommen können. Inwieweit hier eine Kooperation mit dem anderen Geschäftsbereich der MFG

– dem der Medienentwicklung unter der Geschäftsführung von Klaus Haasis – hergestellt werden kann, bleibt abzuwarten.
Die ersten Vergabetermine hatten im November und Dezember 1995 mit folgenden Ergebnissen stattgefunden: Bei 150 eingereichten Anträgen entfielen Fördermittel in knapp 5,7 Mio DM Höhe auf 34 Projekte (4,8 Mio DM in Produktion, 530.000 DM für Drehbuchförderung und Projektvorbereitung, 330.000 DM in Vertrieb- und Verleihmaßnahmen und 40.000 DM für Archivierungsmittel. Im Detail:

Drehbuchförderungen
Hirnbein / Leo Hiemer (50.000)
Detroit Thrillogy / Dieter Marcello, Loren Estleman (50.000)
Das Kiesbett / Jochen Ehrmann (5.000)
Das Kinderschiff / Gerhard Kipf, Julian Spandig, C. Wagner Filmproduktion (25.000)
Fisimatenten / Jochen Kuhn, NEXT Film (40.000)
Die Sirene / Norbert Beilharz (18.500)
Advent in Blau / Silvana Abrescia-Rath (25.000)
David im Wunderland / Moritz Seibert, Zweite Hauskunst Filmproduktion (50.000)

Projekte mit Herstellungskosten bis zu DM 500.000
Produktiosvorbereitende Maßnahmen
Romeo und Julia auf dem Dorfe / Fred Breinersdorfer, Euroarts Entertainment (150.000)
Zamm / Volker Kappen, Claudia Krebs, Martina Elbert (10.000)
Brief an Vati / SVARCOVA Filmprod. (39.982)
Black Mountain / Karen Rudolph, Claudius Gehr, Michael Jungfleisch (16.000)

Produktionsförderung
The Perlwig Maker / Steffen Schäffler, Ideal Standart Film (53.000)
Riddle East / Gil Aklabetz, Studio Film Bilder (85.000)
TABU, die letzte Reise / Broadcast AV, Solera Films (307.302)
Unvermutetes Hindernis / Sven Christensen, CFP Media Service, (55.483)
Boy Meets Girl / Alexander Buresch, Kevin Lee Filmgesellschaft (150.000)
Living Dead / Dennis Gansel, Stefan Holtz Filmproduktion (47.194)
Frauenleben 1933-1945 / Sibylle Tiedemann, Kanguruh Film (230.000)

Verleih- und Vertriebsförderung
Halbmond / MFA Filmdistrib. (50.000)
Secret Island / Columbia Tri Star (50.000)
Leni / Leo Hiemer Filmverleih (109.700)
Fritz lebt / CON Film (57.366)
Bohel Bohau / Didi Danquart Filmprod. (25.000)
Videoedition – Deutsche Reihe / 451 Video-Filmgalerie (35.000)

Projekte mit Herstellungskosten über DM 500.000
Produktionsvorbereitende Maßnahmen
Feuer und Flamme / Leo Hiemer, Douglas Wolfsperger (50.000)

Produktionsförderung
Der verzauberte Einbrecher / Antaeus Film, Tele Media (450.000)
Devils Island / Peter Rommel Prods., Filmhuset Norway, Zentropa Entertainment (320.000)
The Tango Lesson / Sally Potter, CineMa Projects GmbH (450.000)
Neues Leben / Andreas Voigt, A Jour Filmproduktion (80.000)
Diamond Dance / Ulrike Ottinger, ZDF, Fama Film, Miran Film (750.000)
Harald / Jürgen Egger, Kinowelt Filmproduktion (800.000)
Yara / Yilmaz Arsian Filmprod. (800.000)
Offenbachs Geheimnis / Istvan Szabo, EuroArts Entertainment (236.456)

Ausschußmitglieder: Gabriele Röthemeyer, Susan Schulte, Rieke Müller-Kaldenberg, Ruprecht Skasa-Weiß, Thomas Koebner, Claus Huebner, Adrian Kutter

Auszug aus: „Die Vergabeordnung des Geschäftsbereichs der Medien- und Filmgesellschaft Baden-Württemberg mbH (MFG)", September 1995
(Anmerkungen des Autors kursiv)

Abschnitt I – Allgemeines

1.0 Ziel der Förderung

Die MFG fördert in ihrem Geschäftsbereich Filmförderung die Vorbereitung, Herstellung undVerbreitung von auf Film oder elektronischen Bild-/Tonträgern hergestellten Werken, die kulturellen Wert besitzen und geeignet erscheinen, in Kinotheatern, im Fernsehen, im Videovertrieb, bei Festivals oder bei sonstigen Veranstaltungen ein breiteres Publikum anzusprechen; dabei sollen auch Filme mit geringen Herstellungskosten und Filme junger Autoren berücksichtigt werden.

(Nach Aussage der Geschäftsführerin stellen Genre durchaus auch Kultur dar, d.h. dieser Begriff wird hier großzügig ausgelegt. Inwieweit das Gremium dem folgt, bleibt abzuwarten)

2.0 Gegenstand der Förderung

Gefördert werden können nach Maßgabe dieser Vergabeordnung
- produktionsvorbereitende Maßnahmen, insbesondere die Herstellung von Drehbüchern
- die Herstellung von kinogeeigneten Filmen sowie von Videoproduktionen
- der Verleih und Vertrieb
- das Abspiel

(...)

3.0 Begriffsbestimmungen

Als Filme mit niedrigen Herstellungskosten gelten Filme dann, wenn diese Kosten 1.000.000 DM nicht übersteigen.

Zum Eigenanteil gehören: Eigenmittel, Verleih- und Vertriebsgarantien, Ansprüche aus Vorablizenzverkäufen und Eigenleistungen des Antragstellers, im Falle von Fernsehkoproduktionen der Wert der marktüblichen Sendelizenzen.

Der Eigenanteil kann finanziert werden durch Eigenmittel oder durch Fremdmittel, die dem Hersteller darlehensweise mit unbedingter Verpflichtung zur Rückzahlung überlassen worden sind. Eigenleistungen stehen Eigenmitteln geich.

Eigenleistungen sind Leistungen, die zur Herstellung, Ausstattung, für Recherchen, Darsteller, Kamera, Ton, Licht, Schnitt oder in Form anderer technischer Leistungen erbracht werden. Als Eigenleistung gelten auch Verwertungsrechte aus eigenen Werken, wie Roman, Drehbuch oder Filmmusik, die zur Herstellung des Films benutzt werden.
(Diese großzügige Anrechnung der unterschiedlichsten Eigenanteilberechnung trägt der besonderen Situation Baden-Württembergs Rechnung, nämlich die der geringen Strukturen und geringen bisherigen Produktionstätigkeit, d.h. besonders Nachwuchs wird es ermöglicht, hier Filme zu realisieren)
(...)

Abschnitt II – Voraussetzungen, Art und Umfang der Förderung

1.0 Allgemeine Voraussetzungen
Voraussetzung der Förderung sind
– die kulturelle Qualität des Projektes und
– ein wirtschaftliches Interesse in Baden-Württemberg an dem Projekt oder
– ein sonstiger Bezug zu Baden-Württemberg.
Ein wirtschaftliches Interesse ist insbesondere dann gegeben, wenn Kosten des Projekts zumindest in der Höhe der Fördermittel in Baden-Württemberg ausgegeben werden. Ein sonstiger Bezug zu Baden-Württemberg ist insbesondere dann gegeben, wenn
– das Projekt in Baden-Württemberg handelt oder
– der Produzent bzw. Projektträger in Baden-Württemberg ansässig ist oder
– das Projekt von einer anderen deutschen Filmförderungseinrichtung unterstützt wird und der SDR oder SWF als Koproduzent Inhaber der deutschen Fernsehrechte sind.
Gefördert werden nur Maßnahmen, die diesem Förderungsziel entsprechen.
(Diese Regelung dient ebenso dazu, die Infrastruktur zu stärken und heimisches, regionales Potential, das insbesondere von der Filmakademie Baden-Württemberg kommt, im Land zu halten. Inwiefern es zu Förderkooperation wie der von NRW-HH-Berlin Brandenburg kommen wird, ist noch nicht entschieden, einiges deutet jedoch darauf hin, daß hier eher Fragen der Harmonisierung des Antragsverfahrens im Vordergrund stehen werden.)
(...)

2.0 Produktionsvorbereitende Maßnahmen
Für die Produktionsvorbereitung eines Kino- oder Fernsehfilms, insbesondere für die Erstellung eines Drehbuchs, kann eine Förderung als bedingt rückzahlbares zinsloses Darlehen gewährt werden. Sie soll im Einzelfall 50.000 DM nicht überschreiten.
Antragsberechtigt sind Drehbuchautoren, Produzenten und Regisseure.
(...)
Die Rückzahlung wird bei der Veräußerung von Rechten an der geförderten Maßnahme oder sechs Monate nach Drehbeginn fällig.
Wird das Projekt auch im Rahmen der Produktionsförderung gefördert, kann anstelle einer Rückzahlung die Umwandlung der Vorbereitungsförderung in einen Teil der Produktionsförderung vereinbart werden.
Wird das Projekt innerhalb von drei Jahren nach Auszahlung der Fördermittel nicht realisiert, so fallen die mit den Mitteln dieser Förderung erworbenen Rechte an die MFG.
(Faktisch gesehen ist diese Regelung problematisch, da weder die Kapazität besteht, mit derartigen Rechten etwas anzufangen, noch die juristische Seite des Rechteumfangs bzw. der prozen-

tualen Beteiligung ohne weiteres zu klären ist.)
Gegen Rückzahlung des auf die Autorenleistung entfallenden Anteils am Förderbetrag kann der Geförderte die Rückübertragung der Rechte am Drehbuch verlangen.

3.0 Förderung der Produktion von Filmen
3.1 Filme mit niedrigen Herstellungskosten
Gefördert werden kann die Herstellung von Filmen mit Herstellungskosten bis 1.000.000 DM.
Antragsberechtigt sind Produzenten und Regisseure.
Die Förderung wird als Zuschuß bis höchstens 250.000 DM gewährt.
Bevorzugt gefördert werden Produktionen junger Autoren, die in Baden-Württemberg ansässig sind oder Absolventen baden-württembergischer Studienrichtungen im Film- und Medienbereich sind.
3.2 Kinofilme
Gefördert werden kann die Herstellung von Kinofilmen einschließlich Dokumentar- und Kurzfilmen. Die Förderung soll zum Entstehen anspruchsvoller Filme beitragen, die auch eine qualitätvolle Programmgestaltung im Fernsehen unterstützen.
Antragsberechtigt sind Produzenten.
Die Förderung wird als bedingt rückzahlbares zinsloses Darlehen bis zur Höhe von 30% der Herstellungskosten, höchstens jedoch bis zu 2 Mio DM gewährt.
(Diese Regelung kann in der Praxis bedeuten, daß überwiegend Projekte zur Förderung vorgelegt werden, die bereits einen Gutteil der Gesamtfinanzierung haben – und das ist, wenn nicht durch BMI, FFA oder Kuratorium, ja nur bei anderen Landesförderungen möglich. Wie diese Widersprüche bzgl. des regionalen Wirtschaftsinteresses gelöst werden, muß sich in der Praxis zeigen.)
(...)
Voraussetzung der Förderung ist, daß die Gesamtfinanzierung des Projekts spätestens innerhalb 18 Monate nach dem Zeitpunkt der Bewilligung nachgewiesen wird. (...)
Der Antragsteller hat zur Finanzierung des Projekts eigene Mittel in Höhe von mindestens 10% der Gesamtherstellungskosten einzusetzen. Als eigene Mittel gelten auch Eigenleistungen, die nach branchenüblichen Sätzen zu bewerten sind.
Nach Refinanzierung seines anerkannten Eigenanteils hat der Produzent von den ihm zustehenden Erlösen aus der Verwertung der Produktion einen Teil an die MFG zurückzuzahlen, und zwar entsprechend dem prozentualen Anteil des Darlehens an der Gesamtfinanzierung. Die Rückzahlungen sind vorrangig für weitere Projekte des rückzahlenden Produzenten zu verwenden, die im Rahmen dieser Vergabeordnung gefördert werden können (Referenzprinzip). Die Mittel stehen dem rückzahlenden Produzenten längstens drei Jahre nach Tilgung des Darlehens zur Verfügung.
(Wie auch bei anderen Förderungen ist dieser Fall praktisch noch nicht eingetreten – besonders das starke Gewicht der Sender in den Gremien – und damit möglicherweise bevorzugter Förderung von entsprechend verwertbaren Vorhaben – machen Film-Fernseh-Koproduktionen für Verleiher unattraktiv.)
Die bewilligten Fördermittel werden in der Regel in folgenden Raten ausgezahlt:
- 20% bei Beginn der Projektvorbereitung, frühestens jedoch nach dem Nachweis der Gesamtfinanzierung
- 50% bei Drehbeginn
- 20% nach Fertigstellung des Rohschnitts
- 10% nach Ablieferung der Belegkopie.

(Diese Regelung kann zur Folge haben, daß negativer Cashflow entsteht und somit der Bedarf an Bankenzwischenfinanzierung. Inwieweit baden-württembergische Banken hier zu willigen Partnern werden, muß abgewartet werden. Z.B. die vorletzte Rate von 20% zu Beginn statt bei Fertigstellung des Rohschnitts zu zahlen, würde helfen, dieses Problem zu lösen.)

(...)

Ein geförderter Kinofilm darf frühestens 6 Monate nach der Kino-Erstaufführung zur Auswertung auf Bildträger freigegeben werden.

Eine Fernsehausstrahlung darf frühestens 2 Jahre nach der Kino-Erstaufführung erfolgen. Über Ausnahmen entscheidet der Geschäftsführer auf Antrag des Produzenten entsprechend den jeweils geltenden Regelungen der Filmförderungsanstalt.

(...)

Die Rechte an dem Filmwerk, dessen Produktion von der MFG gefördert wird, stehen grundsätzlich den Produzenten zu.

Coproduktionen der Sender sind möglich; das finanzielle Engagement der coproduzierenden Sender muß aber – neben der Förderung durch die MFG – den Betrag der Sendelizenz übersteigen. Nur der die Sendelizenz übersteigende Betrag gilt als Coproduktionsanteil.

Der Erwerb von Sendelizenzen (Recht einmaliger Ausstrahlung) oder von befristeten Lizenzen durch die Sender zu Entgelten unterhalb der Coproduktion soll möglich sein.

(Der Begriff „Sender" wird nicht genauer definiert – insofern könnte dies sowohl öffentlich-rechtliche wie auch private und ausländische Sendeunternehmen bedeuten. Auf alle Fälle scheint es so zu sein, daß Sendeanstalten nicht antragsberechtigt sind. – Diese Regelung scheint überdies zu besagen, daß die Senderechte grundsätzlich beim Produzenten verbleiben – inwieweit das in der Realität praktikabel bzw. durchsetzbar wird, bleibt abzuwarten. Der Vertragsschluß zwischen Produzenten und Ko-Finanziers jedenfalls wird hiervon nicht berührt.)

3.3 Videoproduktionen

Gefördert werden kann auch die Herstellung von Videoproduktionen.

Antragsberechtigt sind Produzenten.

Die Förderung wird als bedingt rückzahlbares zinsloses Darlehen bis zur Höhe von 30% der Herstellungskosten, höchstens jedoch bis 500.000 DM gewährt.

(...)

(Der Begriff „Videoproduktion" bleibt undefiniert.)

4.0 Förderung von Verleih und Vertrieb

Gefördert werden können Verleih- und Vertriebsmaßnahmen für kinogeeignete Filme.

Antragsberechtigt sind Verleih- und Vertriebsgesellschaften sowie Produzenten.

Die Förderung wird als bedingt rückzahlbares zinsloses Darlehen bis zur Höhe von 50% der Verleihvorkosten oder Vertriebskosten, höchstens jedoch bis zu 250.000 DM gewährt.

(Diese Regelung kann dazu führen, daß Projekte bereits in der Entwicklungsphase mit einem Blick auf spätere, professionelle Verwertung, d.h. einer Kommerzialität konzipiert werden.)

(...)

Sofern eine angemessene Beteiligung eines Verleihers nachgewiesen wird, kann schon zum Zeitpunkt der Gewährung der Produktionsförderung auf Antrag eine Verleihförderung in Aussicht gestellt werden.

5.0 Abspielförderung
5.1 Institutionelle Förderung von Kommunalen Kinos
(...)
5.2 Institutionelle Förderung gewerblicher Kinos
(...)
5.3 Kopien wichtiger Repertoirefilme
(...)
5.4 Innovationshilfen an gewerbliche Filmkunsttheater
(...)

Abschnitt III – Ausnahmeregelungen

Für Maßnahmen, die für Baden-Württemberg von besonderer kultureller oder wirtschaftlicher Bedeutung sind, können Ausnahmen von dieser Vergabeordnung zugelassen werden.

Europäische Filmförderungen für internationale, europäische Koproduktionen

Diesem oben dargestellten Instrumentarium an Förderungen gesellen sich über EURIMAGES-Förderungen und die diversen Förderprogramme der MEDIA II der Europäischen Union entsprechende auf europäischer Ebene mit der Zielsetzung europäischer Koproduktionen und Ko-Aktionen hinzu. Dies ist auch als Versuch der „Vereinigten Staaten von Europa“ zu werten, dem „Kulturimperialismus“ der „Vereinigten Staaten von Amerika“ zu begegnen, da alle europäischen Länder ähnliche Probleme haben wie Deutschland.

Der wesentliche Unterschied beider Fördersysteme – von der politischen Geschichte und Konstellation abgesehen – ist der, daß die MEDIA-Programme hauptsächlich in den Bereichen

- Ausbildung und Fortbildung (MEDIA „Training“)
- Drehbuch und Projektentwicklung (MEDIA „Development“)
- Marketing/Verkauf und
- Vertrieb/Kinoabspiel/Video/Fernsehausstrahlung (MEDIA „Distribution“)

organisiert und tätig sind und keine Koproduktionsanforderungen stellen – und meistens auch keine direkte, finanzielle Produktionsförderung darstellen – während die EURIMAGES-Programme Koproduktionen* zwischen mindestens drei Mitgliedsländern im

- Dokumentar- und Spielfilmbereich
- Vertrieb und der
- Kinostruktur

unterstützen.

Zu diesen Programmen kommt noch der zeitlich enger begrenzte „16/9 Aktionsplan“ der Europäischen Kommission.

MEDIA II

Das zweite MEDIA-Programm – Untertitel: Das Filmförderprogramm der Europäischen Union – (Mitgliedsländer: Belgien, Dänemark, Deutschland, Finnland, Frankreich,

* Zu den Vertragskonstellationen derartiger Koproduktionen siehe
Anlage Nr. 9, S. 223 und **Anlage Nr. 11**, S. 240

Griechenland, Großbritannien, Irland, Island, Italien, Luxemburg, Liechtenstein, Niederlande, Norwegen, Österreich, Portugal, Schweden, Spanien und Ungarn) hat eine Laufzeit von 1996-2000 und verfügt über ein Budget von ca. 310 Mio ECU (ca. 580 Mio DM) für diesen Zeitraum.

Von den 19 Programmen des Vorläufers MEDIA I
- MEDIA Business School (Ausbildung, Forschung & Entwicklung aller Branchen)
- EAVE (Ausbildung Kino & TV, Neue Medien)
- SOURCES (Autorenausbildung, Kino & TV)
- SCRIPT (Projektentwicklung Kino & TV)
- MEDIA Project for the Creative DOCUMENTARY (Entwicklung, Promotion Kino & TV)
- CARTOON (Entwicklung, Ausbildung, Promotion Kino & TV)
- Club d'Investissement MEDIA (Entwicklung, Ausbildung CD-I, CD-ROM, interaktives TV, digitale Filmbearbeitung)
- SCALE (Overheads, Spachversionen, Marketing Kino & TV)
- efdo (Verleih & Vertrieb, Promotion Kino)
- EVE (Vertrieb, Analyse, Information Video)
- GRECO (Vertrieb, Produktion TV)
- EURO AIM (Märkte, Promotion, Information Kino & TV)
- BABEL (Sprachversionen, Ausbildung TV)
- EMG EURO MEDIA GUARANTIES (Kreditgarantien Kino & TV)
- MEDIA SALES (Werbung, Information Kino)
- Europa Cinemas (Auswertung, Werbung Kino)
- European Film Academy (Promotion, Ausbildung Kino)
- MAP TV (Archive, TV-Programme auf Archiv-Basis)
- LUMIERE (Sicherung & Restaurierung von Filmen, Kino)

sind in ähnlicher Form, z.T. in anderem Kostüm und unter anderem Namen, u.a. erhalten geblieben:
CARTOON, MAP-TV, Club d'Investissement, Europa Cinemas, EAVE, ACE, EVE und MEDIA BUSINESS SCHOOL MBS sowie DOCUMENTARY.
Die Struktur von MEDIA II hat sich allerdings erheblich geändert, indem eine Zentrale in Brüssel geschaffen wurde, die sämtliche Richtlinien veröffentlicht und alle Anträge entgegennimmt. Die Betreuung der jeweiligen Programme findet dann in vier Verwaltungsbüros statt: MEDIA Training, MEDIA Development, MEDIA Distribution sowie MEDIA Assistance, die für die Aus- und Rückzahlung der Fördergelder verantwortlich ist.
Im Rahmen dieses Buches sind für uns von Interesse, da sie direkt mit der Finanzierung von Projektentwicklung oder Produktion zu tun haben können:
- CARTOON
- DOCUMENTARY
- Club d'Investissement MEDIA

- MAP-TV
- EMG

Im folgenden versuche ich, die wesentlichen Merkmale der neuen Struktur zu umreißen:
Im Rahmen des Development/der Projektentwicklung gibt es grundsätzlich zwei Fördermaßnahmen:
1. die Förderung der Projektentwicklung und
2. die Förderung von Produktionsfirmen (früher: Incentive Funding), in deren Bemühen, eine internationale Produktpalette zu entwickeln.

Besonders die Projektentwicklung der Bereiche Animation (früher CARTOON), Neue Technologien/ Multimedia (früher Investissements) und „audiovisuelles Erbe" (Verwendung von Archivmaterial – früher MAP-TV) – wobei neben Kino- und Fernsehprojekten auch Multimedia-Projekte in den Genres Fiction (Kinofilm, Fernsehspiel, TV-Movies und -serien), kreative Dokumentarfilme (wie früher DOCUMENTARY), Animation, CD-ROMs, CD-Is, digital bearbeitete Filme und Verwendung von Archivmaterial berücksichtigt werden, wird gefördert, wobei eine Mindestlänge von 25 Minuten Voraussetzung ist – besondere Bevorzugung sollen für Kinder und Jugendliche gedachte Programme erfahren.
Diese Entwicklungs-Förderung kann von unabhängigen europäischen Produzenten, Autoren und Regisseuren beantragt werden, wobei das bedingt rückzahlbare Darlehen nicht mehr als 50% der Kosten, bzw. 15% bei Projektentwicklung, betragen soll.
Die Fördersummen betragen pro Projekt 35.000 ECU, bzw. 100.000 ECU bei mehreren Projekten. In Einzelfällen können bis zu 75.000 ECU pro Projekt bewilligt werden. Wie früher müssen 100%, also das gesamte Darlehen, am 1. Drehtag zurückgezahlt werden. Gelangt das Vorhaben nicht in die Produktion, müssen 25% des Darlehens nach 24 Monaten zurückgezahlt werden. – Es empfiehlt sich, die entsprechenden Richtlinien und Antragsformulare über die Media Desks und Antennen (Adressen im Anhang) anzufordern. Hier sind auch sehr kompetente, freundliche und individuelle Beratungen möglich.
Sämtliche Anträge werden in Brüssel gestellt, wobei sämtliche Anträge durch die EMDA (European Media Development Agency), London, bewertet werden, so daß anschließend nur noch eine „short list" von ca. 15% der Einreichungen „weiterkommt". Die Förderungszusage selbst wird in Brüssel durch Expertengremien ausgesprochen, wobei die vier Bewertungskriterien sich ungefähr folgendermaßen charakterisieren lassen:
1. Originalität und Qualität des Stoffes
2. Qualifizierung des Antragstellers (track record, Bio-Filmographie)
3. Qualifizierung des Autors (Biographie)
4. Vermarktungschancen

Im Rahmen des früher so genannten „Incentive Funding“ (auch SCALE) – Firmenförderung – können sich Produktionsfirmen bewerben, die bereits eine Koproduktion hauptverantwortlich entwickelt haben, bzw. zwei internationale Koproduktionen in der Entwicklungsphase betreuen; hier beträgt das Darlehen zwischen 50.000 ECU - 150.000 ECU und höchstens 50% der Gesamtkosten. 1996 erhielten z.B. die Lichtblick Filmproduktion, La caméra stylo, C+L Sievernich Film Company, TMO Film, Film-Line und Schlemmer Film in Deutschland eine derartige Förderung. Der Darlehensbetrag kann sowohl für Verbesserung der Infrastruktur und Hardware (Computer etc.) als auch für Arbeitsleistungen und Honorare verwendet werden.
Diese Förderungen können übrigens auch von Dokumentarfilmproduzenten in Anspruch genommen werden.
Insgesamt hat hier also eine klarere Struktur Profil gewonnen, die alle Genres gleichermaßen und nach gleichen Richtlinien bedient.

Die in der ersten Förderrunde geförderten deutschen Projekte sind:

Dokumentationen:
Eine Reise nach Weimar / Amadeus Filmproduktion
Borderline / Cineteam Filmproduktion
The Hermitage Project / Egoli Films
Julias Wahn / Ma.ja.de Filmproduktion

Fiction:
Venus Bound / Ena Films
Der tote Taucher im Wald ; The 13th Disciple / Helkon Media
Südsee, eigene Insel / Kinowelt Filmproduktion
Manor / Schramm Film
Ogopogo / Standard Film
Qwertz / Trans-Film
Lemmes ; In the Spirit of Crazy...; Die Spur / Wüste Filmproduktion

Multimedia:
Note on the Run / Joest & Saunders

Firmenförderung:
Filmline, München
Schlemmer Film, Köln

Da der europäische Garantiefonds EMG nach wie vor in der Debatte steht, und nach wie vor ein überaus nützliches Finanzierungs-Instrument darstellen könnte, wiederhole ich das Entsprechende der ersten Auflage des Buches:

EMG (Euro Media Guarantees)

Weder die Struktur noch die eigentlichen Ziele und Inhalte sind übereinstimmend festgelegt worden, insofern gilt für das folgende nach wie vor nur der Status des „Angedachten".

Programmziel:	EMG garantiert bis zu 70% für die zur Finanzierung von Koproduktionen gewährten Zwischenkredite, um Produzenten den Zugang zu Bankkrediten zu erleichtern. Z. Zt. arbeitet EMG auch an der Gründung einer Luxemburger Investitionsgesellschaft, die im audiovisuellen Bereich aktiv werden soll.
Zielgruppe:	Der Hauptproduzent muß aus einem Staat der Europäischen Union stammen und mit zwei (oder mehreren) Koproduzenten aus Staaten, die dem Europarat angehören, kooperieren. Auch Ko-Produktionen mit nur zwei Produzenten werden akzeptiert, wenn für die Projekte Abkommen über die Ausstrahlung oder den Verleih (Kinosäle bei Spielfilmen, Fernsehsender bei Fernsehfilmen) in drei verschiedenen Staaten vorliegen. Projekte mit europäischem Inhalt werden vorrangig berücksichtigt.

In der Praxis wird EMG von deutschen Produzenten nur gering genutzt, was u.U. auch mit der Entstehung und der derzeitigen Konstellation zu tun hat: EMG verwaltet einen 1991 auf Initiative der EWG MEDIA Programm und EUREKA AUDIOVISUEL gebildeten Garantiefonds in Form einer Aktiengesellschaft nach französischem Recht mit Sitz in Paris. Amtsprache ist Französisch.
Gerade für deutsche Produzenten allerdings sollte, angesichts der Askese deutscher Banken, EMG von besonderem Interesse sein.
Die folgenden drei Banken und Finanzinstitute aus drei europäischen Ländern sind die Gründer der EMG:

- Frankreich: IFCIC (Institut pour le Financement du Cinéma et des Industries Culturelles), Paris;
- Italien: BNL (Banca Nazionale del Lavoro), Rom
- Spanien: BEX (Banco Exterior de España), Madrid

dazugekommen ist 1993:

- Portugal: BFE (Banco Fomento e Exterior), Lissabon

Die deutsche WestLB, Düsseldorf, und die Kölner Stadtsparkasse haben sich nach längerer Bedenkzeit entschlossen, diesem Konsortium nicht beizutreten.

Die ersten Nutznießer der EMG sind regionale Banken, die Geldmittel an Filmproduktionen für Projektentwicklung (development), Produktion (production) und Postproduktion (post-production) zur Verfügung stellen. Für deutsche Produzenten entfielen somit die bislang verlangten Bürgschaften, diese Garantie übernimmt die EMG gegenüber den Banken. Da die EMG bis zu 70% der Kredithöhe (ausschließlich der Zinsen) garantiert, muß der restliche Kredit anhand eines Finanzierungsplans von den anderen Beteiligten, dem federführenden Haupt- und den Koproduzenten und den jeweiligen Hausbanken gestellt werden.
Um weiter das Risiko des federführenden Hauptproduzenten zu minimieren, kann die EMG diesem ebenfalls eine Garantie über die Einlagen der beteiligten ausländischen Koproduzenten liefern, indem mit deren Hausbanken Darlehen vereinbart werden. Die Wichtigkeit dieser Funktion kann nicht überschätzt werden.
Im Rahmen des Finanzierungsplans erkennt die EMG als kreditwürdig an:

1. Vorverkaufsverträge der jeweiligen koproduzierenden Länder von
   Fernsehsendern
   Videoverleihern
   Filmverleihern und
   Fördermitteln.
2. Vorverkaufsverträge von jeweils einem Partner pro nicht-koproduzierendem Land von
   Fernsehsendern
   Videoverleihern und
   Filmverleihern.
3. Vorläufige Verträge oder Förderzusagen in anderen Ländern.

Die EMG berechnet ihren Service der beleihenden Bank mit einer jährlichen Zinsrate von 1% auf den Betrag der Garantie; diesen zusätzlichen Zins gibt die jeweilige, regionale Bank an die Produzenten entsprechend weiter.
Garantieentscheidungen werden auf Antrag von Mitgliedern der an der EMG beteiligten Banken anhand der folgenden Unterlagen getätigt:

1. des professionellen und finanziellen Status der Produzenten
2. des Finanzierungsplans
3. der kommerziellen Verwertbarkeit und kommerziellen Erfolgsaussichten des Vorhabens
4. bestehender Vorverkaufsverträge oder garantierter Zusagen.

Folgende Produktionen erhielten bislang (Stand Juli '95) Garantiezusagen durch die EMG:

Titel und Genre	Nationalität des federführenden Produzenten	Jahr der Zusage
Nice Mice / Animationsserie	Großbritannien	1992
Fiorile / Kinofilm	Italien	1992
Christoph Colombus / Kinofilm	Großbritannien	1992
La Mine Du Diable / Animation	Belgien	1992

Titel und Genre	Nationalität des federführenden Produzenten	Jahr der Zusage
L'Etudiant Etranger / Kinofilm	Frankreich	1993
Borderline / Kinofilm	Griechenland	1993
Cosmic Pinball / Kinoanimation	Belgien	1993
Words Upon The Window Pane / Kino	Irland	1993
Un bruit qui rend fou / Kinofilm	Belgien	1993
Billy the Cat / Kinoanimation	Frankreich	1994
La cité des enfants perdus / Kinofilm	Frankreich	1994
Un eroe Borghese / Kinofilm	Italien	1994
Prime time / Kinofilm	Holland	1994
There Is More To Nature Than Meets The Eye / Animationsserie	Deutschland	1994
Peggio di cosi si muore / Kino	Italien	1994
L'aigle et le cheval / TV film	Frankreich	1994
Bye Bye / Kinofilm	Frankreich	1994
Totale eclipse / Kinofilm	Frankreich	1995
Par delà les nuages / Kinofilm	Frankreich	1995
Les caprices d'un fleuve / Kino	Frankreich	1995
The Hollow Reed / Kinofilm	Großbritannien	1995
Tashunga / Kinofilm	Frankreich	1995
La seconda volta / Kinofilm	Italien	1995
Emmanuelle-Justine / Kinofilm	Frankreich	1995
Un homme honnête	Frankreich	1995
Breaking The Waves	Frankreich	1995
Le affinità elettive	Italien	1995

In der Entwicklung von MEDIA II wird auch die Rolle des Garantiefonds neu überdacht; im folgenden zitiere ich aus dem „Vorschlag für einen Beschluß des Rates zur Einrichtung eines europäischen Garantiefonds zur Förderung der Film- und Fernsehproduktion“ vom 14. November 1995:

„...die Konsultationsgespräche und Analysen haben gezeigt, daß auf dem Markt bedeutende Finanzressourcen vorhanden sind, die zum Ausbau der mit einer rasant steigenden Nachfrage nach Programmen konfrontierten Programmindustrie genutzt werden könnten. Da die Finanzakteure die Programmindustrie jedoch als eine sehr risikoreiche Sparte ansehen, zögern sie, sich dort in großem Maßstab und mit einer gewissen Regelmäßigkeit zu engagieren.
Diese Vorbehalte könnten durch die Schaffung eines Mechanismus zur Risikoteilung in Form eines Garantiefonds speziell für den audiovisuellen Sektor überwunden werden. Mit Hilfe dieses Fonds, der die Beteiligung von Finanzpartnern des öffentlichen und des privaten Sektors vorsieht, läßt sich das Risiko der einzelnen Teilnehmer durch Diversifizierung verringern. Der Fonds wird für einen Teil der Verbindlichkeiten der Akteure des audiovisuellen Sektors gegenüber den Kreditinstituten bürgen und somit den Zugang zu Krediten und Darlehen für die Finanzierung von Projekten und Produktionsgesellschaften erleichtern.
Die audiovisuelle Industrie besteht insbesondere in der Sparte Kinofilmproduktion vorwie-

gend aus kleinen und mittleren Unternehmen, die häufig Schwierigkeiten haben, externe Ressourcen auf dem Finanzmarkt zu mobilisieren. Diese Unternehmen stellen immaterielle Güter her und verfügen in der Regel nur über eine dünne Kapitaldecke. Deshalb können sie nicht alle von den Banken und den Investitionsgesellschaften geforderten Sicherheiten aufbringen. Der Garantiefonds wird als eine Art Versicherung fungieren und so zur Verringerung der vorgenannten Schwierigkeiten beitragen. Über Prämien bietet der Fonds den Kapitalvermittlern Sicherheiten für einen Teil der Kredite und Darlehen, die sie den Produzenten gewähren, indem er sich verpflichtet, ggf. für die zahlungsunfähigen Schuldner einzutreten.
Durch die Risikoteilung erleichtert der Garantiefonds insbesondere die Finanzierung von „Projektpaketen", durch die die Unternehmen die kritische Masse von Produktionen, mit denen sich Erfolge und Mißerfolge auf dem Markt ausgleichen lassen, erreichen können. Darüber hinaus werden sich auf diese Weise die für zahlreiche Unternehmen kaum tragbaren Kosten von High-Budget-Produktionen, die in der Regel große Gewinne einspielen, reduzieren lassen.
Der Garantiefonds wird eine Katalysatorrolle spielen: Das Vertrauen von Akteuren der Privatwirtschaft soll durch die Schaffung von für sie günstigen Rahmenbedingungen gewonnen werden; dazu zählt nicht nur die Teilung der finanziellen Risiken, sondern auch die Tatsache, daß diese Risikoteilung zu attraktiven Bedingungen angeboten wird ...

Art 1 – Einrichtung des Fonds
Es wird ein Europäischer Garantiefonds zur Förderung der Film- und Fernsehproduktion, im folgenden als „Fonds" bezeichnet, eingerichtet.

Art. 2 – Ziele
1. Der Fonds stellt Garantien in jeder gesetzlich zulässigen Form zur Verfügung, um die Finanzierung der Produktion europäischer audiovisueller Werke zu erleichtern und zu fördern.
2. Die Tätigkeit des Fonds soll im wesentlichen zur Erreichung folgender Ziele beitragen:
   - Förderung der Produktion von europäischen Kino- und Fernsehfilmen für den europäischen und den internationalen Markt;
   - Stärkung der Marktstellung der europäischen Produktionsgesellschaften, die derartige Filme herstellen, sowie der europäischen Verleihfirmen, die einen Finanzbeitrag zur Produktion leisten; die geförderten Unternehmen müssen entweder unmittelbar oder über Mehrheitsbeteiligung im Besitz von Mitgliedsstaaten und/oder deren Staatsangehörigen sein.

Art. 3 – Interventionsformen
1. Der Fonds gewährt Garantien für kurzfristige Kreditoperationen sowie für mittel- und langfristige Darlehen, die der Finanzierung der in Art. 2 genannten Zielvorgaben dienen. In Betracht kommen sowohl erstrangige als auch nachgeordnete Darlehen.
2. Der Fonds kann darüber hinaus alle sonstigen Operationen durchführen, die mit seinen Aufgaben in Zusammenhang stehen, bzw. zur Verwirklichung seiner Zielsetzungen beitragen. So ist es möglich, erforderlichenfalls
   - anderen Kreditinstituten, insbesondere dem Europäischen Entwicklungsfonds/EIF, eine Beteiligung an den Garantieoperationen des Fonds für Einzeltransaktionen wie auch Projektpakete vorzuschlagen;

- mit anderen Finanz- oder Versicherungsinstituten, insbesondere dem EIF*, Rückversicherungsabkommen zu schließen, um die Risiken des Fonds zu senken, bzw. zu streuen;
- einen Teil der Operationen auf vertraglichem Wege an andere Kredit- oder Versicherungsinstitute weiterzugeben, wofür entsprechende Gebühren und Prämien zu entrichten sind;
- mit Finanzinstituten sonstige zweckdienliche Formen der Zusammenarbeit und der Risikoteilung zu vereinbaren.

Aus: „Modalitäten für die Intervention des Fonds":
Der Fonds arbeitet nicht unmittelbar mit den Unternehmen (europäische Produktionsgesellschaften und Verleih/Vertriebsunternehmen) zusammen, sondern über sog. Finanzmittler, d.h. Banken und Versicherungen, die ihm Vorschläge für die Teilung der mit finanziellen Operationen im audiovisuellen Sektor verbundenen Risiken unterbreiten.
In jedem Fall kann der Fonds höchstens 50% der einzelnen Kredite und Darlehen decken (Risikoteilung mit Banken und Versicherungen).

Das Garantiekapital des Garantiefonds für Film- und Fernsehproduktionen soll längerfristig ein Volumen von 200 Mio ECU erreichen.

* Die Einrichtung des EIF im Rahmen der Gemeinschaftspolitik zur Förderung von Wachstum, Wettbewerb und Beschäftigung wurde auf der Tagung des Europäischen Rates von Edingburgh im Dezember 1992 beschlossen. Der Fonds wurde 1994 von der Europäischen Investitionsbank EIB, der Europäischen Gemeinschaft und 58 Finanzinstitutionen (heute 76) gegründet. Der Fonds wurde mit einem Anfangskapital von 2 Milliarden ECU ausgestattet.

EURIMAGES

EURIMAGES wurde Ende 1988 ins Leben gerufen mit der folgenden Zielsetzung:
1. in Filmen die kulturelle Vielfalt Europas darzustellen
2. finanzielle Hilfe zu gewähren bei der Produktion und dem Vertrieb von Filmen auch eingedenk der Tatsache, daß Film eine Kunstform darstellt und nicht alleine ökonomischen Gesetzmäßigkeiten unterliegen sollte.

Während EURIMAGES bei der Gründung 12 Mitgliedsstaaten angehörten, sind es momentan die folgenden 25 Staaten: Österreich, Belgien, Bulgarien, Zypern, Tschechien, Dänemark, Finnland, Frankreich, Deutschland, Griechenland, Ungarn, Island, Irland, Italien, Luxemburg, Niederlande, Norwegen, Polen, Portugal, Rumänien, Slovakei, Spanien, Schweden, Schweiz, Türkei (und Großbritannien, das im Dezember 95 seinen Austritt ankündigte).
Im Zeitraum von 1988-1993 wurden 202 europäische Spielfilme und 33 Dokumentarfilme mit ca. 70,5 Mio ECU bei einem Gesamtaufkommen von ca. 595 Mio ECU gefördert. Eine Liste der mit deutscher Beteiligung geförderten Filme siehe am Ende dieses Beitrags.

Auswahlkriterien und -verfahren für Spielfilme*

Spielfilme mit einer Mindestlänge von 60 Minuten, die in einem der Mitgliedsländer entstanden sind, können unter den folgenden hauptsächlichen Koproduktionskriterien Förderung erhalten:
1. Mindestanzahl der koproduzierenden Länder: 3
2. Die Mindestbeteiligung eines Koproduzenten muß bei 10% der Herstellungskosten liegen.
3. Die Höchstbeteiligung eines Koproduzenten darf bei nicht mehr als 70% der Herstellungskosten liegen.
4. Es ist möglich, daß ein oder mehrere Koproduzenten – wenn zwei Koproduzenten das Projekt inhaltlich-geschäftlich betreuen – sich allein auf eine finanzielle Be-

* Zusammengefaßt aus den Richtlinien von EURIMAGES, April 1996
(für Auszüge aus einem Koproduktionsvertragsmodell siehe **Anlage Nr. 9**, S. 223).

teiligung beschränken. Diese Finanzpartner müssen aus einem Mitgliedsland kommen, und deren Beteiligung soll zwischen 10-25% der Herstellungskosten liegen.
5. Im Falle eines Koproduzenten aus einem Nicht-Mitgliedsland darf dessen Beteiligung 30% der Herstellungskosten nicht überschreiten.
6. Das Negativ des Films gehört allen Koproduzenten.
7. Die Koproduzenten müssen die Fertigstellung des Films – notfalls über einen Completion Bond – gewährleisten.
8. Förderanträge können nur gestellt werden, wenn mit den Dreharbeiten noch nicht begonnen wurde.
9. Das Projekt muß bis zu 50% (ohne EURIMAGES Förderanteil) bis zum Sitzungstermin finanziert sein.

Der Antragsvorgang selbst ist relativ aufwendig und infolgedessen zeit- und kostenintensiv: Nicht nur müssen die Koproduktionsverträge der Vertragsparteien der mindestens drei Koproduzenten der Anlage angehören, die Anträge selbst sind in Englisch und Französisch zu stellen. Die sonst üblichen Antragsunterlagen wie Synopsen, Stab- und Besetzungslisten, Verträge mit Autoren und Regisseur, Urheberrechtserklärungen, Kalkulation der Herstellungskosten (in französischen Francs), Finanzierungs- und Beteiligungsplan* der einzelnen Produzenten sowie Offenlegung der Bankverbindungen müssen in zweifacher Ausfertigung** vorgelegt werden. Zusätzlich ist darzustellen, inwieweit das künstlerische Konzept herausragt und inwieweit eine reibungslose Produktion gewährleistet werden kann. Aus der Gesamtstruktur dieser Förderung wird deutlich, daß EURIMAGES-Förderung erst dann beantragt werden sollte, wenn der Großteil der Finanzierung bereits vorhanden und vertraglich zugesichert ist. – Im Gegensatz zu deutschen Förderungen allerdings kann der Produzent sich eine Producer's Fee einsetzen (die allerdings den Eigenanteil nicht übersteigen sollte).
Zu den Argumenten, die bei einer Förderung positiv wirken können, zählen u.a.
- daß Crewmitglieder möglichst aus Mitgliedsländern kommen sollen (siehe Anlage am Ende des Kapitels betr. EURIMAGES)
- daß frühere EURIMAGES-Förderungen zu einem erfolgreichen Film geführt hatten (gibt ein Produzent keine Auskunft über die Verwertungsergebnisse seines früher von EURIMAGES geförderten Projektes bekannt, so kann seine Neueinreichung keine Förderung erhalten)
- daß Projekte gefördert werden, die nicht ohnehin Finanzierung auf dem freien Markt finden könnten, d.h. also, daß möglichst Produktionen von Ländern gefördert werden sollen, die nur ein geringes Produktionsvolumen (weniger als 40 Spielfilmproduktionen pro Jahr) aufweisen können.

* Siehe **Anlage Nr. 10**, S. 238.
** Siehe **Anlage Nr. 11**, S. 240.

Fördersummen und Prozedere

Der Höchstförderbetrag liegt bei ca. 5 Mio französischen Franc und darf 10% der Herstellungskosten des Filmes nicht überschreiten. Ausnahmen sind möglich – wie auch in den o.g. Richtlinien –, besonders, wenn es sich um Förderung von Projekten in Ländern mit geringem Produktionsvolumen handelt: Individuelle Zuwendungen können zwischen 10 und 50% der Gesamtzuwendung betragen, selbst wenn der einzelne Produzent mit einem anderen Prozentsatz an der Produktion beteiligt ist. Bislang ist es eher so, daß EURIMAGES durchschnittlich nicht mit 20%, sondern mit 12% gefördert hat.
Die Förderung wird in 4 Raten gezahlt:

die 1. Rate bei Unterzeichnung der Vereinbarung und am Tag des Beginns der Dreharbeiten;
die 2. Rate bei Ende der Dreharbeiten;
die 3. Rate mit Erstellung der Korrekturkopie;
die 4. Rate mit 10% nach Prüfung aller relevanten Unterlagen der Produktion durch EURIMAGES.

Rückzahlung

Die 100%ige Rückzahlung des EURIMAGES-Förderbetrages (ohne Zinsen) erfolgt aus den Nettoerlösen bzw. -einnahmen jedes einzelnen Koproduzenten, und zwar zum Anteil der jeweiligen EURIMAGES-Finanzierung. Vorabzugsfähig sind Verleih- oder Senderecht-Garantien oder andere Vorverkäufe, sofern sie im Finanzierungsplan durch EURIMAGES anerkannt worden waren und wenn sichergestellt ist, daß diese Beträge tatsächlich in die Produktion des Filmes eingeflossen waren. Eine vorrangige Abdeckung des Eigenanteils findet nicht statt.
Die Netto-Einnahmen des Produzenten definieren sich wie folgt:

a) alle Einnahmen von der Auswertung des Films oder Teils davon in allen Gebieten und Medien, sofern sie dem Koproduzenten exklusiv zugeflossen sind, nach Abzug von:
   Verleihpauschale
   Verleihvorkosten (Kopien, Promotion usw.)
   nicht abzugsfähige Steuern, Gebühren, Zollkosten usw., sofern sie direkt den Film betreffen.
b) alle Einnahmen von der Auswertung des Films oder Teilen davon in allen Gebieten außer denen, die dem Koproduzenten exklusiv zugeflossen waren, nach Abzug von:
   Verkaufskommission, bis zu 25% pro Lizenzbetrag pro Gebiet
   Verleihpauschale
   Verleihvorkosten
   Herstellung der Fremdsprachenfassung

Auswahlkriterien und -verfahren für Dokumentarfilme*

Die Thematik des Dokumentarfilms soll von den Autoren selbst, bzw. vom Regisseur selbst, entwickelt worden sein und die persönliche Sicht des Machers widerspiegeln. Daneben soll

a) der Film nicht nur Informationen wiedergeben;
b) das Thema derart gewählt sein, daß eine gewisse Zeitlosigkeit und Langlebigkeit über ein aktuelles Ereignis hinaus erkennbar ist;
c) die Produktion sichtbar machen, daß besonders in Recherche und Vorbereitung wie auch Postproduktion ein erheblicher, zeitlicher Aufwand investiert wird.

Förderungsvoraussetzung ist darüber hinaus, daß der Film in einem der Mitgliedsländer seinen Ursprung hat und die Regie von einem Europäer geführt wird. Mindestens zwei Koproduzenten zweier Mitgliedsländer müssen beteiligt sein, wobei der Film entweder für eine Kino- oder Fernsehauswertung vorgesehen ist, was sich auch darin widerspiegelt, daß der Film an mindestens drei Verleiher oder Sender unter der Beteiligung der beiden koproduzierenden Länder vorverkauft worden sein muß. Vorzug wird den Projekten gegeben, die eine Kinoauswertung nachweisen können.

Die Koproduktionen müssen unter den folgenden Kriterien stattfinden:

1. Der Minoritäts-Koproduzent muß eine Mindestbeteiligung von 20% der Herstellungskosten (ohne Einbeziehung der EURIMAGES-Förderung) tragen. Bei mehreren Minoritäts-Koproduzenten darf keine Einzelbeteiligung unter 10% der Herstellungskosten betragen.
2. Der Anteil des Majoritäts-Koproduzenten darf nicht höher als 80% der Herstellungskosten betragen.
3. Der Anteil von Koproduzenten aus Nicht-Mitgliedsländern darf nicht 30% der Herstellungskosten überschreiten.
4. Das Negativ muß allen Koproduzenten gehören.
5. Die Koproduzenten müssen die Fertigstellung des Filmes gewährleisten.
6. Mindestlänge des Films ist 45 Minuten.
7. Das Filmformat soll eine Kinoauswertung ermöglichen.
8. Jeder Koproduzent muß über die erforderliche Berufserfahrung verfügen und Geschäftsbeziehungen zu mehreren Sendeanstalten haben.
9. Bei Antragstellung darf mit den Dreharbeiten noch nicht begonnen worden sein.

Zu den Argumenten, die bei einer Förderung positiv wirken können, zählen u.a., daß Crewmitglieder (Regisseur, Autoren, Komponist, Kamera, Ton, Schnitt) möglichst aus Mitgliedsländern kommen sollen (siehe Anlage am Ende des Kapitels betr. EURIMAGES); daß frühere EURIMAGES-Förderungen zu einem erfolgreichen Film geführt hatten; daß Projekte gefördert werden, die nicht ohnehin Finanzierung auf dem freien Markt finden könnten, d.h. also, daß möglichst Produktionen von Ländern gefördert werden sollen, die nur ein geringes Produktionsvolumen aufweisen können.

* Zusammengefaßt aus den Richtlinien von EURIMAGES, April 1994.

Fördersummen und Prozedere

Der Höchstförderbetrag liegt bei 1 Mio französischen Franc und darf 15% der Herstellungskosten des Filmes nicht überschreiten. Ausnahmen sind möglich – wie auch in den o.g. Richtlinien –, besonders, wenn es sich um Förderung von Projekten in Ländern mit geringem Produktionsvolumen handelt: Individuelle Zuwendungen können in anderen Prozentsätzen der Gesamtzuwendung betragen, selbst wenn der einzelne Produzent mit einem anderen Prozentsatz an der Produktion beteiligt ist.
Die Förderung wird in 3 Raten gezahlt:

die 1. Rate	bei Unterzeichnung der Vereinbarung und am Tag des Beginns der Dreharbeiten;
die 2. Rate	mit Erstellung der Korrekturkopie;
die 3. Rate	mit 20% nach Prüfung aller relevanten Unterlagen der Produktion durch EURIMAGES.

Rückzahlung

Die 100%ige Rückzahlung des EURIMAGES-Förderbetrages erfolgt aus den Nettoerlösen bzw. -einnahmen jedes einzelnen Koproduzenten nach Abzug der Investitionen, die diese getätigt haben, in dem Prozentsatz, den die EURIMAGES-Förderung im Rahmen der gesamten Herstellungskosten darstellt. Vorabzugsfähig sind Verleih- oder Senderecht-Garantien oder andere Vorverkäufe, sofern sie im Finanzierungsplan durch EURIMAGES anerkannt worden waren, und wenn sichergestellt ist, daß diese Beträge tatsächlich in die Produktion des Filmes eingeflossen waren.
Die Netto-Einnahmen des Produzenten definieren sich wie folgt:

a) alle Einnahmen von der Auswertung des Films oder Teilen davon in allen Gebieten und Medien, sofern sie dem Koproduzenten exklusiv zugeflossen sind, nach Abzug von:
   Verleihpauschale
   Verleihvorkosten (Kopien, Promotion usw.)
   Nicht abzugsfähige Steuern, Gebühren, Zollkosten usw., sofern sie direkt den Film betreffen.
b) alle Einnahmen von der Auswertung des Films oder Teils davon in allen Gebieten außer denen, die dem Koproduzenten exklusiv zugeflossen waren, nach Abzug von:
   Verkaufskommission, bis zu 25% pro Lizenzbetrag pro Gebiet
   Verleihpauschale
   Verleihvorkosten
   Herstellung der Fremdsprachenfassung

EURIMAGES ist vom Produzentenstandpunkt aus eigentlich nur dann von Vorteil bzw. der Mühen wert, wenn ohnehin ein „großer" Film und ein Thema entwickelt wird, das auf eine internationale, europäische Koproduktion ausgelegt ist. Ansonsten ist der immense Mehraufwand und die damit einhergehenden zusätzlichen Kosten (mehrere Sprachfassungen, mehrere Handlungskosten, mehrere Producer's Fees, mehrere Filmgeschäftsführer, Dreharbeiten in mehreren Ländern, zusätzliche Anwaltskosten und zeitlicher Mehraufwand) kaum zu rechtfertigen.

Auszug aus der Anlage zur „European Convention On Cinematographic Coproductions" vom Council of Europe, 24. Okt. 1994:

1. A cinematographic work qualifies as European in the sense of Article 3, paragraph 3, if it achieves at least 15 points out of a possible total of 19, according to the schedule of European elements set out below.
2. Having regard to the demands of the screenplay, the competent authorities may, after consulting together, and if they consider that the work nonetheless reflects a European identity, grant co-production status to the work with a number of points less than the normally required 15 points.

European elements		weighting points
Creative Group	Director	3
	Scriptwriter	3
	Composer	1
	total	7
Performing Group	1st role	3
	2nd role	2
	3rd role	1
	total	6
Technical craft group	Cameraman	1
	Sound recordist	1
	Editor	1
	Art Director	1
	Studio or shooting location	1
	Postproduct. location	1
	total	6

First, second and third roles are determined by number of days worked.

Faktisch verliert diese Punkteverteilung bei der Vergabe immer mehr ihre Bedeutung, da sich in der Praxis herausgestellt hat, wie kompliziert, aufwendig und zeitraubend es ist, unter derartigen Regularien tatsächlich eine Filmproduktion durchzuführen.
Zu den von EURIMAGES produktionsgeförderten Filme gehören u.a. auch die folgenden Produktionen mit deutscher Beteiligung (Reihenfolge der Produktionsfirmen entspricht der Größenordnung der finanziellen Beteiligung an der Produktion – bei deutscher Federführung fett gedruckt):

1989	
La Révolution Française	Films Ariane (F)/Scriba & Deyhle DHG (D)/Central Ind. TV (GB)/ Alliance Ent. (CAN)
Taxandria	Iblis Film (BELG)/Compagnie Française Cinem (F)/Bibo TV (D)
Anna Göldin, die letzte Hexe	Alpha Film (D)/P&P Film (CH)/Hexatel (F)
All Out	Th. Koerfer Film (CH)/Crocodile Prod. (F)/Stella Film GmbH (D)
Journey of Hope	Condo Features (CH)/Antea (I)/Dewe Hellthaler (D)
Il Sole anche di Notte	Filmtre (I)/Interpool (F)/ Direkt Film (D)
Europa	Nordisk Film (DK)/Swedish Filminstitute (SWED)/Gerard Mital (F)/ Telefilm (D)
Dr. M	NEF Filmprod (D)/Clea Prod. (F)/Ellepi Films (I)
1990	
Homo Faber The Voyager	Bioskop Film (D)/Action Film (F)/Stefi 2 (GR)
To The Bitter End	Producoes OFF (PORT)/Alert Film (D)/PCA (F)
Robert's Movie	Konsept Film (TK)/Cinecam (D)/Valprod. (F)
Toto le héro	Iblis Film (BEL)/Dissart Prod. (F)/Metropolis Film (D)
L'ombre	Odessa Film (F)/Les Productions JMH (CH)/Bioskop Film (D)
Deutschland, Deutschland	Hallelujah Film GmbH (D)/Tetras Lyre (F)/CAB Prod. (CH)
La fiancée de Staline – Parania	Dialog Filmstudio (HUN)/Artis (CH)/Factory (D)
La passion Bugatti (Produktion abgebrochen)	Star Prods. (F)/Da.Ma. Prod. (I)/Vulcano Film u. Fernsehprod. (D)
The Magic Forest	Alexandrow & Glauert Film (D)/Pegbar (ESP)/Topefilm (PORT)
Golem	Agav Film (F)/Nova Film (I)/Friedländer Filmprod. (D)
Satan Tango	Mafilm MIT (HUN)/von Vietinghoff (D)/Vega Film (CH)
La Muerte y la Primavera (Produktion abgebrochen)	Marea Film (ESP)/Tara Film (D)/Cadrage (F)
Oeroeg	Added Films (NL)/Multimedia (BEL)/Lichtblick (D)
Marcher sur le feu	Z Film (TUR)/K Films (F)/Vulkan (D)
1991	
Bracos (Produktion abgebrochen)	UFA Filmprod. (D)/Les Films du Losange (F)/Pantom Prod. (CH)
The Polar Bear King	Northern Lights (NOR)/Movie Makers (SWED)/Connexion (D)
Hors saison	T&C Films (CH)/Metropolis (D)/Pierre Grise (F)
Rosenemil	Galla Film (D)/Molécule (F)/Artimage (CH)
On a raison de se révolter – Sartre contre Sarte	Belbo Films (F)/Bellbo Films (NL)/Europool (D)
The Blue Exile	Kentel Film (D)/Kennmovie (TUR)/Stefi 2 (GR)
Le mirage	Molécule (F)/Artemis (CH)/CCC Filmkunst (D)
Ingalo at Sea	Gjola (ISL)/Filminor (FIN)/Trans-Film (D)
Jamila (Produktion agebrochen)	Vega Film (TUR)/Lica Filmprod (D)/Güner Film (SWE)
La chasse aux papillons	Pierre Grise Prod. (F)/Metropolis Film (D)/Best Intern. Films (I)
La vida lactae	Cartel (ESP)/Ariès Prod. (F)/Journal Film (D)
Anna-Anna	Fama Film (CH)/Rhewes Filmprod. (D)/Samsa Films (LUX)
Kinder der Landstraße	Panorama Films (CH)/Lichtblick (D)/Wega-Film (AUS)

L'étrange affaire de Mr. K	L'Arsenale (I)/Sofracima (F)/Hermes Film (D)
Fiorile	Filmtre, Gierre Film (I)/Florida Movies (F)/Roxy Film (D)
Amok	AB Films (F)/Nef Filmprod. (D)/MGN Filmes (PORT)
Henri le Vert	Condor (CH)/Toro Film (D)/Osby Film (F)
The Great Post Office Robbery	Trans Film (D)/Dialóg Filmstudió (HUN)/Fero Film (POL)

1992

Saint Bernard et les domaines des cisterciens en Europe (Dok)	Tracol Film (F)/Cine Vista (NL)/FDG (ESP)/MIB GmbH (D)
Roi blanc, dame rouge	Initial (F)/ Athena (CH)/Metropolis, Mosfilm (D)
Tod im seichten Wasser	Satellit Film (D)/Mafilm (HUNG)/Wega Film (AUS)
La montée au pouvoir des femmes (Dok)	Bailleul Prod. (F)/Telecine (PORT)/Films ETC (D)/SA „F3" (BELG)
L'absence	Gemini Films (F)/Road Movies (D)/Marea Films (ESP)
The Men's Choir	Umbifilms (ICE)/Aritel (D)/Filmfotograferna (SWED)
Mouche	Italfrance (F)/Filmalpha (I)/Alert Film, von Vietinghoff (D)
The Last Border	Last Border Prod. (FIN)/Connexion (D)/MC4 (F)/Sandrew (SWED)
Helden in Tirol (Produktion abgebrochen)	Wega Filmprod. (AUS)/Videothek Electronic TV (D)/Bernard Lang (CH)
Je m'appelle Victor	(Prod. Philippe Dussart (F)/PDG (BELG)/Fidibus (D)
Aventures en Russie (Produktion abgebrochen)	Hallelujah Film (D)/Studios de Boulogne (F)/Scalera (I)/ Podmoskovje (CEI)
Madreglida	Tornasol (ESP)/Marea (ESP)/Road Movies (D)/Gemini Films (F)
Joe et Marie	Artimage (CH)/Interimages (F)/Apollo (D)
The Secret Weapon	Per Host Films (DK)/Skifan (ICEL)/Atlas Filmkunst (D)
Shamaran	Interfilm (TURK)/Lica (D)/Grüner (SWED)
Le mode est un grand Chelm	Les Films de l'Arlequin (F)/TMo (D)/Videovox (HUN)
Mieux vaut être belle et riche	Studio Filmowe Dom (POL)/Manfred Durniok (D)/Dialog Film (HUNG)/Ukrainian Film Prod (UKR)
Chacun pour toi	MACT (F)/Lichtblick (D)/Wega (AUS)
Das Versprechen	Bioskop Film (D)/JMH (CH)/Odessa (F)
Three Shake-a-Leg Stops to Heaven	Samsa Film (LUX)/Filmfaktor (D)/Film Dérivés (BELG)
Punch!	Sera (D)/Four Roses (CH)/Speedster (F)
The Man Who Was Thursday (Produktion abgebrochen)	Allarts (NL)/Cine Electra 2 (GB)/Schlemmer (D)/Heritage (POL)/Piel (F)
Jazz	Catpics (CH)/Calypso (D)/Dor Film (NL)

1993

Talk of Angels (Produktion abgebrochen)	Principe Real (PORT)/Parabel (D)/Samsan (IRL)
La Reine Margot	Renn (F)/RCS (I)/NEF (D)
De Vliegende Hollander	De Vliegende Hollander (NL)/Alain Keystman (BELG)/ Die Hauskunst (D)
Dellamorte, dellamore	Audi, Urania (I)/Bibo TV (D)/KG Prod. (F)

Moondance	Little Bird (ICE)/MFG (D)/Lodge (GB)
Movie Days	Icelandic Film Corp (ICE)/Peter Rommel (D)/Zentropa (DK)
J'ai pas sommeil	Arena (F)/Vega (CH)/Agora (D)
Leningrad Cowboys Meet Moses	Sputnik Oy (FIN)/Pandora (D)/Pyramide (F)
Ban Man – White Boomerang (Produktion abgebrochen)	Media Res (D)/Thalia (AUS)/Boa (CH)
The Sky Palace	Kvidmynd (ICE)/Trans-Film (D)/Per Holst Film (DK)
Letters from the East	Lantern East (GB)/Lichtblick (D)/Axel Film (FIN)
Land and Freedom	Parallax (GB)/Messidor (ESP)/Road Movies (D)
Mario and the Magician	Provobis (D)/Flach Film (F)/Satel (AUS)
L'illégitime	Dialóg Film (HUN)/Trans Film (D)/Dom Filmowe (POL)
In the Cool Light of Day	Meteor (NL)/Polygram (D)/Capitol (GB)
Poussières de vie	3B Prod. (F)/Paradise (BELG)/Tele-München (D)
Vor lauter Feigheit gibt es kein Erbarmen	Provinz Film (AUS)/Daniel Zta (D)/Rattlesnake (LUX)
Underground	Pandora (D)/Ciby 2000 (F)/Novo Film (HUN)

1994

Someone Else's America	MACT (F)/Lichtblick (D)/Intrinsica (GB)/Stefi 2 (GR)
Tears of Stone	Tónabió (ICE)/CAT (D)/Filmfotograferna (SWED)
Otto John (Dok)	EML (D)/Erwin Leiser (CH)
Ulrike Marie Meinhoff (Dok)	Les Films du Village (F)/Lichtblick (D)
Das Schnarchen Gottes	CAT (D)/Catpics (CH)/Selena (F)/Mutipx (CAN)
Nazim Hikmet (Dok)	Pickup (D)/Arte Reklam (TURK)
Le nouvel ennemi (Dok)	Le Bureau (F)/Context (D)
Les milles	Blue Film (F)/RE Prod. (F)/Studio Babelsberg (D)/Heritage (POL)
La cité des enfants perdus	Claude Ossard (F)/Elias Querejeta (ESP)/Tele-München (D)
Kristin Lavransdatter	(Norsk Film (NOR)/Lavransdatter (SWED)/Tele-München (D)
Sang d'encre	Triplan (F)/Etamp (TSCH)/Road Movies (D)
Par-dèla les nuages ou méditations	Sunshie (F)/Road Movies (D)/Cecchi Gori (I)
Une femme française	UGC Images (F)/Mikado (I)/Defa Studio Babelsberg (D)
Acropol	Aco Film (GR)/FF Film (BULG)/von Vietinghoff (D)/Alia
Film (I)	
The Sunset Boys	Norsk Film, Yellow Cottage (NOR)/Traum Film (D)/Crone (DK)
The Lion Bride	Fria Filmare (SWED)/Netrum Oy (FIN)/Vega Film (D)
My Mother's Courage	Sentana Film (D)/Little Bird (GB)/Wega Film (AUS)
Benjamin Dove	Baldur (ICE)/Migma Film (SWED)/NDF (D)
Animal	Sievernich (D)/Livia (IRL)/Nova (GB)
La château des singes	Les Films du Triangle (F)/Cologne Cartoon (D)/Steve Walsh (GB)/ Kecskemétfilm (HUN)
Victory	Recorded Picture (GB)/Defa Studio Babelsberg (D)/UGC (F)
Die Wahrheit über Auschwitz (Dok)	EML (D)/Erwin Leiser (CH)
Guevote (Dok)	Fama (CH)/Luna (D)

Témoin à nouveau	Focus (HUN)/MTM Cineteve (D)/Esse (I)
Les caprices d'un fleuve	Flach, Le Studio Canal+ (F)/Cecchi Gori (I)/Provobis (D)

1995

Juliette	Noé (F)/Ciné Manufacture (CH)/Film & Roses (D)
Les mille et une recettes de M. Ichac	Les Films du Rivage (F)/CMC (BELG)/Dea Studio (D)Studio Grouzia (GEORG)
Johnny, My Friend	Gemini (D)/Portman (GB)/Promedia (IRL)
The Merman	Verenigde Nederlandsche (NL)/Daska (BELG)/Rob Houwer (D)
For ever Mozart ou le film de l'intraquillité	Vaga (CH)/Avventura (F)/ECM Records (D)
Va dove ti porta il cuore	Videa (I)/GMT (F)/Pro-ject (D)
Agnes	Pegasus (ICE)/Journal Film (D)/Zentropa (DK)
Tykho Moon	Salomé (F)/Nova (GB)/Schlemmer Film (D)
Un divan à New York	Balenciaga (F)/Babelsberg (D)/Paradise (BELG)
The Hollow Reed	Scala (GB)/Iberoamericana (ESP)/Senator (D)
Paris Was A Woman (Dok)	Cicada (GB)/ Saltgeber (D)
19.7.1961 Sreda (Dok)	Jane Balfour (GB)/Viola Stephan (D)
Crimetime	Focus Film (GB)/Kinowelt (D)/Pandora (F)
Devil's Island	Icelandic Film Corp (ICE)/Filmhuset (NOR)/Peter Rommel (D)
Der Erlkönig	Studio Babelsberg (D)/Renn (F)/Recorded Pictures (GB)
The Island on Bird Street	Connexion (D)/April (GB)/M&M (DK)
Roseland	Declan Recks (IRL)/Winkelmann Filmproduktion
Os Olhos da Asia	Joao Mario Grilo (ESP)/Sievernich Film
The Serpent's Kiss	NEF Filmproduktion (D)/Berryer Film (F)/Red Parrot Ltd. (GB)
Go for Gold	Marea Films (ESP)/Les Film du Losagne (F)/Wim Wenders Produktion (D)
Jedermanns Fest	Wega Film (A)/Studio Babelsberg (D)/Star Production (F)
Barracuda	Horizon Prod. (F)/Gemini Filmproduktion (D)/K2 (B)
The Tango Lesson	Adventure Pictuures (GB)/Alpha Film (F)/Pandora Film (D)/Sigma Film (NL)
A Further Gesture	CSL Film Ltd. (GB)/Road Movies Dritte Filmproduktion (D)/ Samson Film Ltd (IRL)
Glamour	Focus Film (HUN)/Cascadefilm (CH)/Ilona Grundmann Filmproduktion (D)
Malena es un nombre de tango	Tornasol Film (ESP)/Blue Dahlia Prod. (F)/Road Movies Dritte Filmproduktion (D)
Flammen im Paradies	FI.IM.PA. Filmprod. (CH)/Cine Manufacture (F)/Zero Film GmbH (D)
Tabu, le dernier voyage (Dok)	Solera Film (F)/Broadcast AV (D)
TuoYan Ba – The Saltmen of Tibet (Dok)	Captics Coprods. (CH)/Duran Film (D)

1996	
After leaving Mr. Mackenzie	Longbridge Prods (I), ANF Film (D), Berryer Films (F)
L'acrobate	Aran (B), Pandora (D), Vega (CH)
Smilla's Sense of Snow	Neue Constantin (D), Greenland Film (SW), Smilla Films (DK)
The Commissioner	Metropolis (D), New Era Vision (GB), Saga Film (B)
Sans amour	Trans Film (D), Central de Producciones (ES), Cinemanufacture (CH)
Moscow Chill	Schlemmer (D), Lumiere (F), Waybrand (IRE)
The Fifth Province	Ocea Film (IRE), Geissendörfer Film (D), Stawbarry Vale (GB)
Paganini's Daemon	Allegro Films (GB), Multimedia (D), Dokumentarfilm
Dans la cage de verre	Momento (F), Bremer Institut (D), Image Creation (B) Dokum.
Artemisia	Premiere Heure (F), MG (I), Schlemmer Film (D)
Mendel	Northern Light (F), Lichtblick (D), Zentropa (DK)
Airbag	Asegarce Zinema (ESP), MGN Films (PORT), Road Movies (D)
C'est pour la bonne cause	Films de la Chamade (F), DDD (B), Lichtblick (D)
Brute Heritage	Films (POL), Boje Buck (D), Douek (F)
Maria	Bluescreen (D), Icelandic Film Corp. (ISL), Zentropa (DK)
K	New Light Films (F), Biancafilm (I), Studio Babelsberg (D)
Soleil	Progefi (F), Iduna Film (D), Medusa Film (I)
Wolfzeit	Wega Film (AUS), Eurofilm Studio (HUN), Multimedia (D)
Photographer	Apple Film (POL), Broadcast av (D), Dokumentarfilm
Territorio Comanche	Tornasol Film (ESP), Blue Dahlia (F), Road Movies (D)
Romani Kris	Satelit Film (D), Europa 2000 (HUN), Gala Film (BULG)
Feuerreiter	Provobis (D), Flach Film (F), Studio Filmowe Tor (POL)
Zwei im Berg	Ventra Film (CH), Cinecas (D), Dor Film (AUS)
The Electronic Pimp	Victoria Film (DK), Frankfurter Filmproduktion (D), Victoria (SW)
The Camp of Fallen Women	Studio Koliba (SLOW), Infafilm (D), JMB Film (CZECH)
Le nuage	Les Films du Sud (F), Bim (I), Continent (D), Cinesur (ARG)
L'amour, l'argent, l'amour	P. Gröning (D), Balzli und Cie (CH), Solera (F)

Zu den auch in deutschen Kinos erfolgreichen, von EURIMAGES geförderten Koproduktionen gehören: „Das Geisterhaus“ (3,86 Mio Zuschauer), „Homo Faber“ (1,44 Mio), „Kieslowski Blau“ (446.202), „Die Bartholomäusnacht“ (321.764), „Kieslowski Rot“ (282.396), „Farinelli“ (264.383), „Der Eisbärkönig“ (263.680), „Germinal“ (217.365), „Das Versprechen“ (204.011), „Prosperos Bücher“ (190.070), „Kieslowski Weiß“ (89.995), „Mario und der Zauberer“ (163.698), „Die Stadt der verlorenen Kinder“ (142.445).

DER 16/9 AKTIONSPLAN

(Durchführung des Aktionsplans zur Einführung fortgeschrittener Fernsehdienste in Europa)

Das Schicksal dieser Initiative ist offen: Aussagen des Europäischen Rechnungshofes bescheinigen diesem Programm, von der Realität überholt worden zu sein – das Publikum hat schlichtweg kein gesteigertes Interesse an diesem Format und damit nicht den Kaufwunsch nach teureren TV-Geräten, und rät davon ab, diese Aktion fortzusetzen. Solange das noch nicht geschehen ist, im folgenden die Richtlinien:
Ziel dieser Maßnahme ist es, europäischen Fernsehproduzenten und Veranstaltern die Produktion im 16:9 Format zu erleichtern. Dies betrifft sowohl die Produktion neuer Fernsehproduktionen als auch die Umformatierung bereits bestehender Programme.

Aus einer Bilanz vom 1. Februar 95 läßt sich folgendes Fazit ziehen: Seit dem Beginn dieses Programms im ersten Quartal 1993 sind über 64 Mio ECU in die Produktion (ca. 60%) und die Umformatierung (ca. 40%) für gemeinsam 13.200 Programmstunden geflossen. Dabei zeigt sich im Detail folgendes Bild:
Anteil von Spielfilmen 8-10%, von Dokumentarfilmen 15-20%, von Sportsendungen 20-25%, von Kultursendungen 13% und von Livesendungen 30-35%. Effekt dieser Fördermaßnahme ist zudem, daß zunehmend in Super 16mm und Video 625 Zeilen produziert wird: Super 16mm: 11%, 35mm 4%, Video 625 Zeilen 57% und Video 1250 Zeilen 28%. Die meisten Anträge kamen aus und gingen an Produzenten und Anstalten in Frankreich, den Niederlanden, Spanien und Großbritannien.
Zu beachten ist, daß diese Förderung intendiert, nur die Mehrkosten mitzutragen, die eine Produktion im 16:9 Format mit sich bringt, und hier auch wieder soll die Förderung 50% dieser Mehrkosten nicht überschreiten. D.h. daß die in folgender Tabelle angegebenen Stundensätze mit max. 50% gefördert werden können:

1. Umformatierung bestehender Programme für die Ausstrahlung im Bildformat 16:9 mit 625 Zeilen
   Pauschalsatz 3.000 ECU/Stunde
2. Umformatierung bestehender Programme für die Ausstrahlung im Bildformat 16:9 mit 1250 Zeilen
   Pauschalsatz 5.000 ECU/Stunde
3. Produktion Super 16mm
   Pauschalsatz 12.000 ECU/Stunde
4. Videoproduktion im Format 16:9 (625 Zeilen)
   a) Stock-Programme* Pauschalsatz 12.000 ECU/Stunde
   b) Flow-Programme
      1.-20. Stunde Pauschalsatz 12.000 ECU/Stunde
      21. und folgende Stunde 6.000 ECU/Stunde
5. Produktion 35mm
   Pauschalsatz 30.000 ECU/Stunde

6. HD- Videoproduktion (1250 Zeilen)
   a) Stock-Programme* Pauschalsatz 60.000 ECU/Stunde
   b) Flow-Programme**
      1.-20. Stunde Pauschalsatz 20.000 ECU/Stunde
      21. und folgende Stunde 10.000 ECU/Stunde

Zu den Voraussetzungen einer Förderung gehört, daß von einer in einem Mitgliedsland angesiedelten Rundfunkanstalt die Produktion innerhalb von 24 Monaten nach Fertigstellung ausgestrahlt werden muß und über die verbleibenden 50% der Finanzierung verbindliche Zusagen z.B. von Geräteherstellern, Satelitenbetreibern oder anderen in diesem Sektor Tätigen vorliegen.
Bei der Vergabe gibt es wiederum folgende Prioritäten:
vorrangig behandelt werden Projekte,
a) deren 50%ige Kofinanzierung durch Marktteilnehmer garantiert wird
b) Neuproduktionen, die unabhängig von den ausstrahlenden Rundfunkveranstaltern sind
c) bei denen es sich um Stockprogramme handelt
d) die von Produzenten durchgeführt werden, die einem Mitgliedsland mit niedriger Produktionskapazität angehören
e) die im Falle von Umformatierung europäischen Ursprungs sind.

Die Förderungszahlungen erfolgen im Falle der Produktion neuer Stockprogramme zu 50% bei Beginn der Dreharbeiten, zu 50% bei Ablieferung der sendefähigen Vorlage. Im Falle der Produktion neuer Flow-Programme erfolgen die Zahlungen nach Fertigstellung und nach Sendung.
Umformatierungen erhalten die Fördermittel 100%ig bei Vorlage entsprechender Nachweise geleisteter Arbeiten bzw. Sendungen.

* Stockprogramme sind Programme
   a) deren Aufnahme/Aufzeichnung in mehreren Einstellungen erfolgen
   b) die eine aufwendige Postproduktion notwendig machen, und
   c) deren Inhalte mehrmalige Wiederholungen über Jahre hinweg möglich machen, z.B. Spielfilme, Zeichentrickfilme, Dokumentarfilme.

** Flow-Programme sind z.B. Sport- oder Live-Aufzeichnungen usw.

Zusätzliche Finanzierungs-Instrumentarien

Pre-Sales

Über die prinzipielle Finanzierung durch Pre-Sales/Vorverkäufe ist bereits im 1. Kapital im Zusammenhang mit der Rolle von Banken einiges gesagt worden. Im folgenden versuche ich, das im Detail etwas genauer auszuführen:
Generell kann der Produzent durch Vorverkäufe von Distributions- und Verwertungsrechten sein Produktionsbudget finanziert bekommen.
Im Falle, daß ein Verleiher/Verwerter *alle* diese Rechte weltweit übernimmt, kann die Finanzierung über Zahlung des Betrages bei Lieferung geschehen (negative-pickup), oder er zahlt den Betrag während der Herstellung des Films in Raten. Der Produzent arbeitet dann für eine „Fee"/Honorar und eine Einspielbeteiligung. Daß für ein derartiges Arrangement nur auch im Vertrieb und im Abspiel – Konzerne mit eigenem Verleih- und Vertriebsapparat und Abspielmöglichkeiten – also potente Firmen in Frage kommen, ist verständlich; dies sind die sog. „Majors": Paramount, Universal, Disney, Warner Brothers, Columbia. In Deutschland gibt es keine derartige Firma.
Andererseits kann der Produzent versuchen, die unterschiedlichen Rechte in unterschiedlichen Medien und unterschiedlichen Territorien nicht an einen einzigen, sondern an möglichst viele Rechtenehmer zu verkaufen. Daß das aufwendiger, aber potentiell auch lukrativer ist, weil es zu einer Gegenverrechnung (cross-collatarizing) Medium zu Medium, Territorium zu Territorium und untereinander nicht kommt, liegt auf der Hand. Dieses Verkaufen passiert „fischmarkt- oder basarartig" auf Messen wie in Cannes, MIFED oder auf dem AFM American Film Market in Los Angeles. Diese potentiellen Vorteile müssen allerdings dem Risiko und den Mühen entgegengestellt werden, in der Tat auch kassieren zu können. Dies nicht nur zu dem Zeitpunkt, wenn die Garantie fällig ist oder wenn der Film fertig ist – d.h. zu dem Zeitpunkt muß der Partner noch im Geschäft sein –, sondern umso mehr, wenn eine Teilung der Einnahmen in den unterschiedlichen Verwertungen vereinbart worden ist, d.h. also, wenn kontinuierliche Kontrolle und Inkasso notwendig werden. Nicht umsonst heißt es in derartigen Situationen „take the money and run", bzw. „Die Garantie muß so groß sein, daß genug Geld da ist, um zu verklagen". Das andere, in diesem Zusammenhang beliebte Wort ist von der Gegenseite: „the check is in the mail". Das Inkasso ist generell nur über starke, international operierende Vertriebe mit lokalen Dependancen oder Partnern möglich. Die American Film Market Association gehört zu den starken

Kräften, die ihren Mitgliedern regelmäßig Informationen über weltweite Geschäftspartner und -firmen zuführen. Sie ist allerding keine Inkasso-Organisation.
Ohne die Hilfe eines Vertriebsagenten ist diese Aufgabe der Vorverkäufe quasi nicht zu bewerkstelligen, diese sog. „foreign sales agents" übernehmen für eine Gebühr von 15-30% des Verkaufspreises nach Abzug ihrer Unkosten diese Tätigkeit. Auf der anderen Seite – wenn man denn ein weltweit attraktives Produkt hat – zahlen auch Verkaufsagenten dem Produzenten eine Garantie für das Recht, den Film vertreiben zu dürfen. Für deutsche Verhältnisse ein eher seltener Fall. In dem für den Produzenten ungünstigsten Fall sieht die Rechnung allerdings eher so aus: Der Vertriebsagent zieht vom Verkaufserlös – bevor er den Verbleib an den Produzenten weitergibt – zuerst seine Unkosten im Zusammenhang mit den Verkaufsbemühungen ab (hier ist es wichtig, eine Begrenzung festzulegen), dann seine Kommission, dann seine bereits an den Produzenten gezahlte Garantie.
Üblicherweise überläßt der Produzent dem Vertriebsagenten das Verkaufsrecht für eine begrenzte Zeit und bindet die Verlängerung an bestimmte zu erzielende Verkaufserfolge. Dies gewährleistet auch dem Vertriebsagenten, daß er – nach anfänglichen Erfolgen, die z.B. den Film im Wert gesteigert haben – den Film nicht an jemand anderen verliert.
Andererseits hat die Aufsplittung der Rechte im Verkauf auch Nachteile, die bereits an anderer Stelle aufgeführt worden sind: Es muß das Interesse eines jeden Verleihers sein, alle Rechte in seinem Territorium zu erwerben, um die Risiken gegeneinander abzusichern und die Werbungskosten amortisieren zu können. Berechtigterweise sagt ein Verleiher, der einen Film für einen Kinostart extensiv bewirbt, daß davon die Videoverwerter und andere nachfolgend profitieren. Selbstverständlich möchte also der Kinoverleiher auch die Rechte im Videobereich verwerten. D.h., daß das teilweise Verkaufen von Rechten in der Praxis schwierig sein kann, besonders bei Filmen, die keine „blockbuster", also quasi garantierte Erfolge wie „James Bond"-Filme oder „Die Hard"-Filme, sind. Das betrifft also die meisten Filme.

Kapitalanlegermodelle

„In today's unpredictable financial environment, Silver Screen Partners stands apart as an exciting and intelligent investment, offering unique safety features for the protection of investors. Silver Screen gives you a chance to participate in the financing and ownership of major motion pictures produced by the Walt Disney Company, one of Hollywood's leading studios."*

* Zitiert aus dem Vorwort des Investment Prospectus Silver Screen Partners IV, 1988.

Silver Screen Partners/Disney

Silver Screen Partners IV steht in einer Reihe von Investmentfonds, die seit Mitte der 80er Jahre amerikanische Investoren mit einer Mindestbeteiligung von $ 5.000,- die Möglichkeit geben, in Produktionen der Walt Disney Company zu investieren. Dabei hatten Ende der 80er Jahre über 100.000 Investoren in den USA insgesamt über $ 700 Mio aufgebracht, mit denen u.a. erfolgreiche Filme wie „Down and Out in Beverly Hills“, „The Geat Mouse Detective“, „The Color of Money“, „Good Morning Vietnam“, „Three Men and a Baby“, weniger erfolgreiche wie „Beaches“, „The Good Mother“ sowie außerordentlich erfolgreiche wie „Bernhard & Bianca“, „The Little Mermaid“ und „The Lion King“ u.v.a. hergestellt (bzw. teilweise koproduziert) und vertrieben worden sind.
In dem Investment Prospectus IV erläutert Disney dabei das Konzept, bzw. die Unternehmensphilosophie:
1. Eine gute Geschichte finden
2. diese mit Stars besetzen und
3. Produktionskosten kontrollieren.

In der Tat ist Disney dafür bekannt bei der Herstellung sparsam, bzw. nicht verschwenderisch mit dem Geld umzugehen, was insbesondere den Above-the-line-Anteil betrifft.
Zugleich streut Disney das Erfolgsrisiko dadurch, daß es (wofür es seit über 70 Jahren ja weltweit bekannt und geschätzt ist und was die Hauptware des eigenen Fernsehsenders Disney-Channel ausmacht) sowohl familienorientierte Unterhaltung anbietet (sowohl in der Animation als auch durch Spielfilme und Serien) als auch, daß es zeitgenössische Kinoware fabriziert, die sich über das Touchstone-Label an die restlichen – contemporary – Kinogänger wendet – insgesamt ca. 36 unterschiedliche Projekte im Falle der SSPIV. Daß für diese Produktionen hervorragende Namen, sowohl im künstlerischen und organisatorischen Hintergrund als auch bei den Darstellern – von Paul Newman zu Tom Cruise zu Robbin Williams zu den Regisseuren Martin Scorsese, Barry Levinson, Jim Abrahams oder Leonard Nimoy – zu Verfügung stehen, ist selbstverständlich. Der Prospectus IV erwartet, $ 200 Mio durch 400.000 Investmenteinheiten aufzutreiben.
Da die weltweite und in allen Medien denkbare Vermarktung durch den Disney-eigenen Verleih und Vertrieb, Buena Vista Pictures Distribution, sichergestellt ist, besteht eine große Chance, daß die Filme optimal, allerdings nicht notwendiger- und zwingenderweise profitabel, vermarktet werden – wer kann schon den Geschmack des Publikums mit jedem Film treffen? Ein typischer, 5jähriger Verwertungszyklus – der allerdings auch variiert werden kann, worin Disney sicherlich meisterhaft ist – sieht folgendermaßen aus: US Kinoauswertung, US Merchandising, Vertrieb im Rest der Welt, US Home Video, Videoauswertung im Rest der Welt, US Kabel, US TV, US TV-Syndikation, Fernsehen im Rest der Welt, Merchandising im Rest der Welt. Dieser Zyklus wiederholt sich insbesondere bei den Animations-Langfilmen über Jahre und Jahrzehnte. Der Wiederstart vom „König der Löwen“ zum Herbst/Weihnachten 1995 in Deutschland

– nach einem exzellenten Einspielergebnis im Frühjahr/Sommer – unter dem Slogan „Das letzte Mal im Kino in diesem Jahrtausend“ ist schlechthin genial.
In der 148seitigen, engbedruckten Partnership-Vereinbarung, die einem derartigen Investment Prospectus beiliegt, werden alle Aspekte des Investments im Detail erörtert und vereinbart. Was dabei im Farbkatalog prächtig und überzeugend simpel aussieht, ist in der Vereinbarung mit Spezifika versehen, die eigentlich nur einem mit der Branche Vertrauten deutlich machen, wie das Geschäftsverhältnis des Investors zu Disney bzw. Silver Screen konstruiert ist und wie „schwierig“ es sein kann, nicht muß, als Investor erfolgreich zu sein. Nichtsdestotrotz, oder gerade deshalb, werden auch die allgemeinen Risiken des Investments im Detail geschildert.

Sofica

Als ein Zwitter zwischen gezielt staatlichen Maßnahmen und Privatinvestoren-Modellen stellen sich die französischen Soficas (Sociétés de financement pour l’industrie cinématographique et audiovisuelle) dar.
Der erste dieser Filmfinanzierungsfonds wurde 1985 auf Initiative des Pariser Kultusministers Jack Lang aufgelegt. Die Steuervorteile boten einem Anleger mit einem Spitzensatz von 57% Einkommenssteuer eine fast 10%ige Rendite (bei acht Jahren Laufzeit des Sofica-Anteils). Bei Rücknahme nach fünf Jahren bedeutete dies für den Investor 15% netto. Im Vergleich zu anderen Investmentmöglichkeiten, die zudem der Besteuerung unterliegen, sind diese also durchaus attraktiv. Einstiegsbedingung für Investoren ist die fünfjährige Bindung und Beschränkung der Einlage auf 25% des steuerpflichtigen Einkommens. Im Zeitraum 1986 bis 1995 konnten die Soficas immerhin 2 Milliarden Franc einstreichen, von denen Filme wie u.a. „Indochine“, „Delicatessen“, „Germinal“ und „Les Nuits Fauves“ hergestellt wurden. Zu den Emittenten gehörten neben den Banken und Versicherungskonzernen z.B. Gaumont, Le Studio Canal Plus, UGC und MK2 des unabhängigen Prodzenten Marin Karmitz.

Sofica Beteiligungen

Jahr	Anzahl d. Projekte	Gesamtbudgets in Mio Franc	davon durch Soficas finanziert	durchschnittl. Einzelvorhaben-Investment
1986	39	735,14	114,51	2,9
1987	61	915,36	193,28	3,2
1988	62	1054,46	200,09	3,2
1989	39	788,59	159,75	4,1
1990	53	1161,97	159,09	3,0
1991	55	1275,28	173,75	3,2
1992	58	1513,84	179,25	3,1
1993	50	1162,90	130,25	2,6
1994	29	1152,40	132,30	4,7

1995 wurden 5 Soficas aufgelegt, die über die Banken Banque du Phénix, Caisse des Dépots, Parisbas-Bank/UGC, BNP-Bank/Le Studio Canal Plus und Ciby ein Volumen von ca. 230 Mio Franc aufbrachten.
Die zu Anfang gemachten Erfahrungen der Investoren, daß es sich um ein Geschäft mit Risiko handelt – 15-20% der ersten Sofica-Welle wurden nicht zurückgezahlt – veranlaßten die Banken 1993 zu Modifikationen wie das Rückgaberecht/die Rücknahmegarantie von 50% der Anteile an die Bank nach fünf Jahren, was zu einer Nettorendite von immerhin 15% führte.
Z.Zt. werden die Soficas zurückgeschraubt und reduziert – das Aufkommen sank 1994/95 von 305 auf 230 Mio Franc –, und dies aus zwei Gründen: Zum einen will der Staat diese Steuervorteile beschränken und nicht weiterhin auf diese Einnahmen verzichten, zum anderen haben die Soficas das ursprüngliche Ziel, nämlich die Stärkung der unabhängigen, kleineren Produzenten, nicht erreicht. Die Finanzmittel fließen im wesentlichen Konzernen und Gesellschaften zu, die bereits kapitalstark waren. Die Veränderungen der staatlichen Voraussetzungen – Investitionsquotenreduzierung der Fonds von 50 auf 35% (bei Soficas mit Rücknahmegarantie) bzw. 25% (ohne Rücknahmegarantie) sowie die Festlegung auf eine einzige Auswertungsschiene als Refinanzierungsquelle und eine stärkere Kontrolle durch CNC, das französische Filmförderzentrum, führten dazu, daß z.B. Gaumont und MK2 von einer Weiterführung abgesehen haben.
In einer Übergangsregelung soll künftig darüber gewacht werden, daß Fondsmittel auch mehr kleinen Produzenten zugute kommen und ggf. Steuervorteile dem eingegangenen Risiko entsprechend gewährt werden – eine Entscheidung soll Januar 1996 über den Fortbestand fallen.

Deutschland

Aufgrund der desolaten Situation der deutschen Filmbranche hat sich hierzulande ein auch nur annähernd ähnliches Unternehmen wie Silver Screen Partners oder die Soficas nie entwickeln können. Was nicht heißt, daß es Investorenfinanzierung im Medienbereich in Deutschland nicht gibt.

Kapitalanlegermodelle in Deutschland

Neben sporadischen Finanzierungen für einzelne Spielfilme (z.B. 1978: „Steiner – das eiserne Kreuz“, Teil 2) in den 70er Jahren aufgrund steuerlicher Konstellationen, die Steuervorteile bis zu 230% und mehr durch Verlustzuweisungen (Anfang der 80er Jahre wurde die Anrechenbarkeit von Verlusten auf eine maximale Verlustzuweisung in Höhe der Einlage = 100% eingeschränkt) aufgrund der Möglichkeit des sofortigen Abzugs der Filmherstellungskosten sowie der sonstigen Betriebsausgaben, boten, und die zur Folge hatten, daß eine Unmenge von Filmen bzw. Investitionsruinen produziert wurden, ist mir heutzutage nur eine Beteiligungsgesellschaft bekannt, die konti-

nuierlich und mit Erfolg seit über 17 Jahren in diesem Geschäftsbereich der Konzeption und Durchführung von steuerbegünstigten Investitionen im Medienbereich tätig ist: die Videal, Gesellschaft zur Herstellung von audiovisuellen Produkten mbH in Hamburg.
In diesen vergangenen 17 Jahren wurden mehrere hundert Stunden Fernsehprogramme mittels mehr als 130 Mio DM privatem Anlagekapital, aufgebracht von über 1000 Investoren – bei einer jeweiligen Mindestbeteiligung von 20.000 DM oder 30.000 DM –, realisiert. Die Produktionen, die von den unterschiedlichsten Koproduktionspartnern und Fernsehsendern – z.B. ARD, Arte, BMG Bertelsmann, Capitol Films, Cinevox, Degeto, Deutsche Welle, EMI, HR, Matthias Film, MDR, NDR, ORB, RTL, Ravensburger Film, WDR, ZDF, Channel Four, BBC, The Discovery Channel, Canal Plus, nahezu alle europäischen Fernsehsender, Disney Channel, NHK Nippon, Philips Classics, Sony Classical u.v.a. – weltweit koproduziert wurden, decken ein weites und internationales Spektrum ab: von Fernsehserien und Spielfilmprojekten über Zeichentrickserien und Musikproduktionen hin zu Videos und Synchronisationen.
Videal läßt sich bei der Auswahl und Finanzierung von mehreren Prinzipien leiten: das oberste ist die Marktgängigkeit der Projekte, an denen Videal sich üblicherweise mit einem Koproduktionsanteil von 10-30% der Herstellungskosten beteiligt.
Da Videal Mitbesitzer des Copyrights ist, schöpft Videal bei allen Auswertungen in allen Medien und Märkten entsprechend der jeweiligen Beteiligung mit ab.
Von dieser Maxime – der optimalen, weltweiten Vermarktbarkeit – ausgehend, ist ein Programmschwerpunkt die klassische Musikproduktion: Konzert, Musiktheater und Ballett. Klassische Musik ist grenzüberschreitend, überwindet Kultur- und Sprachbarrieren und ist von daher international erfolgreich in den unterschiedlichen Medien TV, Pay-TV, Video, CD-ROM und Nebenmärkten wie „non-theatrical“ vermarktbar. Zudem ist sie – quasi als Kulturgut – zeitlos und langlebig und somit für weitere, zukünftige Zuschauergenerationen interessant. Die Musikproduktionen umfassen weiter Jazz-, Rock- und Popmusik.
International wird von folgenden Programmpreisen ausgegangen
(Stand 1995, in $, bzgl. US-amerikanische Produktionen):

Land	TV Movies	Dokus	Kinder	Musik/Arts	1Std Drama
Deutschland	50-250.000	10-25.000	20-35.000	20-50.000	65-130.000
Skandinavien	8.000	3.500	2.500	3.000	6.000
Tschechien	1.600	600/Std	330/1/2 Std	880/Std	1.000
Niederlande	14.000	4.500	6.000	4.000	8.500
Spanien	40.000	8.000	6.000	-	40.000
Australien	68.000	12.000	-	-	16.000
Kanada	100-150.000	5-25.000	30-60.000	25-50.000	30-60.000
Neuseeland	7.500-15.000	-	2.000	1-2.000	3-4.000
Südafrika	15.000	4-5.000	5-6.000	5-7.000	5-6.000
Indonesien	1.500-5.000	1-2.500	1-2.500	1-2.500	1-2.000
Malaysia	3.-3.500	1-1.500	600-1.300	1-1.500	1.2-2.500

Land	TV Movies	Dokus	Kinder	Musik/Arts	1Std Drama
Hong Kong	5.000	1.2-2.000	400-600	2.000	1-2.000
Indien	2-4.000	1-3.000	750-1.500	750-1.500	2-3.500
Japan	20-250.000	8-25.000	10-25.000	15-25.000	10-40.000
Korea	5-10.000	2-3.000	1-2.000	1-3.000	8-30.000
Thailand	1.5-3.000	500-1.200	600-1.000	750-1.200	750-1.500

Die zu erwartende Auswertungs- und Lebensdauer derartiger Programme – und damit der einzelnen Videal Beteiligungsgesellschaften – liegt voraussichtlich z.Zt. bei 15-20 Jahren. Aufgrund der technologischen und gesellschaftlichen Entwicklungen der letzten Jahre (Video, duales Fernsehsystem, CDs, Satellit, digitales Fernsehen) exisitiert die erste der inzwischen 25 Beteilgungs-KGs noch immer und schüttet noch immer Erträge aus. Die Bedeutung einer „Library", eines umfassenden Rechtekataloges an einer Vielzahl unterschiedlicher Produktionen, wird an diesem Beispiel besonders deutlich: Das Positive am Filmen sind die Negative – Rechteinhaber kassieren bei jeder neuen und weiteren Verwertung. Eine starke Library ermöglicht es zudem, Programme – auch z.B. nur in Ausschnitten – in Paketen inhaltlich und formal neu zu bündeln und derart neu zu vermarkten.
Ein weiterer Programmschwerpunkt liegt in gewaltfreien Zeichentrickserien für Kinder und zunehmend in familienorientierten TV-Serien und Spielfilmen. Den Wert derartiger Produkte hat, wie oben erwähnt, Disney ja bereits durchexerziert und mustergültig vorgeführt, wobei erwähnt werden muß, daß der Disney-Qualitätsstandard im Bereich Animation/Kino bislang weltweit unerreicht ist. Diese Palette wird erweitert durch Dokumentationen (exotische Tierarten, Lebensformen, Landschaften) und Synchronisationen akquirierter Programme.
Diese Risikostreuung, die einmal durch Produktionen in unterschiedlichen „Genres" stattfindet, wird dadurch erweitert, daß jede Beteiligungsgesellschaft – jeweils mit einem Investitionsvolumen von ca. DM 10-20 Mio eine Vielzahl von Produktionen durchführt. In dieser Konzeption ist Videal durchaus mit einem Studio amerikanischen Vorbilds vergleichbar. Dabei handelt es sich von seiten der Investoren um eine Blind-Pool-Investition, da zwar ein Teil der tatsächlich zu produzierenden Programme bei Auflegung des Fonds feststeht, ein anderer Teil aber branchenüblicherweise erst im Laufe der Investitionszeit zur Entscheidung kommt, bzw. sich auch wieder ändern kann.
Zugleich sind die Bewertungskriterien, aufgrund derer Videal eine Beteiligung entscheidet, ähnlich stringent wie die von Banken (siehe das entsprechende Kapitel), d.h. bereits abgeschlossene und garantierte Verträge bzgl. Finanzierungs- und Auswertungskette eines Projekts sind von grundlegender Wichtigkeit. Die Unterlagen, die Videal benötigt, um Entscheidungen zu treffen, sind quasi identisch mit denen, die eine Bank verlangt. (Polemisch: Im Unterschied zu Banken ist Videal allerdings auch an der Produktion und der Verwertung aktiv beteiligt. Im Unterschied zu Banken, ist Videal überhaupt beteiligt.) Weiter: D.h. an allen VIDEAL-Koproduktionen sind bereits Fernsehsender und/oder Firmen (z.B. ARD-Sender, Sony, Philips, Bertelsmann usw.) der Unter-

haltungselektronik als Koproduzenten mehrheitlich beteiligt. Die Produktionskontrolle findet also auch statt durch die beteiligten Finanzierungs-, Produktions- und Auswertungspartner, die Kostenkontrolle durch die beteiligten Sender und Auswerter. Hier wird nach üblichen Standards, z.B. Beteiligung von Completion Bonds, Herstellungsgarantien der Koproduzenten usw., verfahren. Zugleich ist die Marktakzeptanz durch diese Vorverkäufe gesichert.
Im Rahmen dieser Koproduktionsvereinbarungen – wobei Projekte z.T. von Videal selbst entwickelt werden, zum größten Teil jedoch an sie herangetragen bzw. international akquiriert werden – werden auch die Voraussetzungen geschaffen, die dem Investor einen Ertragsrückfluß von mindestens 9% p.a. auf das Nominalkapital sichert. Mindestens 36% des Beteiligungskapitals fließen innerhalb der ersten vier Jahre auf der Basis von bereits abgeschlossenen Verträgen an die Investoren zurück. Höhere Ertragsausschüttungen in den ersten Jahren werden auf diese Garantien angerechnet.
Wie sieht das Innenverhältnis aus?
Für die gesamte Geschäftsführung während der Produktionsphase einschließlich aller damit verbundenen Aufwendungen, also u.a. Finanzakquisition, Reisekosten, Bürobetriebskosten, KG Verwaltung, Produktakquisition, Produktionskontrolle, Vertragsgestaltung, Lizenzinkasso und Kontrolle der Vertragstreue der Partner, erhält Videal 10% des aufzubringenden Kapitals. Handlungskosten, wie Kosten für Hilfskräfte etc., werden pauschal mit 5% erstattet.
In der Auswertungsphase erfolgt die Vergütung der Geschäftsführung in Höhe von 15% Vorabvergütung aus den Auswertungserlösen. Zugleich definiert der Gesellschaftsvertrag u.a. den Ausschluß einer Nachschußpflicht wie auch das Kontroll- und Informationsrecht. Teil der Betrittserklärung ist zudem eine Treuhandvereinbarung sowie ein Vertrag über die Kontrolle der Mittelverwendung.*
Der wesentliche Grund, warum Investoren, die zumeist mit den Gegebenheiten und Mechanismen des Medienmarktes nicht oder nur wenig vertraut sind, in eine derartige Beteiligungs KG investieren (die über Anlageberater und im wesentlichen auch über „word of mouth“ „verkauft“ wird), ist neben den o.g. Ertragsgarantien und Profitbeteiligungsaussichten der Steuervorteil.
Die Herstellung immaterieller Wirtschaftsgüter unterliegt gem. § 248 HGB einem Aktivierungsverbot. Im Jahr der Investition muß der gesamte Beteiligungsbetrag abgeschrieben werden, was zu einem erheblichen Steuervorteil führt. Dieser führt mit den von Videal garantierten Mindest-Anfangserträgen zu einer wesentlichen Risikominimierung.
Der Investitionsbetrag vermindert das zu versteuernde Einkommen zu 100%, die steuerliche Verlustzuweisung beträgt während der Produktionsphase (z.B. 26.2.93-31.12.94 bei der 21. Beteiligungsgesellschaft) 100%. Bei höchster Einkommenssteuerprogression (inkl. Kirchensteuer) ergibt sich also eine Steuerersparnis von 55,14%. Durch

* Hierzu siehe **Anlage Nr. 12**, S. 250 (Gesellschaftsvertrag).

die Eintragung eines Freibetrags auf der Lohnsteuerkarte, die Herabsetzung der Lohnsteuervorauszahlungen oder Steuererstattungen werden diese Vorteile unmittelbar realisiert.*

Investoren

Obwohl in Deutschland momentan – anders als in den USA – das Klima nicht danach ist (vom Vorherigen abgesehen), möchte ich kurz die Hauptmerkmale einer individuellen Investorenfinanzierung beschreiben. Sobald in Deutschland Filme kommerziell erfolgreich sind, kann es auch zu Investoreninteresse kommen.
Investoren sind per definitionem Leute – entweder mit der Branche vertraut oder auch nicht –, die Geld für Vorhaben zur Verfügung stellen und sich des Risikos bewußt sind, dieses verlieren zu können. Für dieses Risiko sind sie andererseits im Erfolgsfalle üblicherweise an Einnahmen zeitlich und in der Höhe unbegrenzt beteiligt.
Das Investoreninteresse kann sich an einem einzelnen Film äußern, an einer Palette von Filmen oder an einer Firma und ihren Persönlichkeiten. Prinzipiell sollte das Verhältnis zu Investoren derart sein, daß sich diese immer auf der Höhe der Information fühlen, und daß diese Informationen derart sind, daß sich Vertrauen herstellt; d.h. Offenheit und Ehrlichkeit ist oberstes Gebot.
Zu den Dokumenten im Rahmen eines Investment Prospectus, die Investoren zur Verfügung gestellt werden sollten, gehören selbstverständlich diejenigen, die auch beim Umgang mit Banken und Completion Bond Companies üblich sind (siehe erstes Kapitel); darüber hinaus sollte allerdings ein Business-Plan präsentiert werden, der durchaus auch das Potential darstellt, den ein Film, mehrere Filme oder die Firma realisieren könnte. D.h. realistische, weltweite Profitprojektionen für das herzustellende Produkt sollten erarbeitet werden. Zugleich sollten die Mechanismen erläutert werden, wie dieses Potential realisiert werden kann. Dazu gehören auch das Management und die Kontrolle des Produkts, bzw. der Firma. Investoren kommen gewöhnlich aus dem Business-Environment und müssen dementsprechend angesprochen werden.
Üblicherweise stellt ein darzustellender Business-Plan die kurzfristige (1-2 Jahre) wie auch die langfristige, mehrjährige Strategie dar. D.h. die Produktionsfirma soll sich über ihre Rolle im Medienmarkt klar werden und darüber, wie diese Rolle und die gesteckten Ziele erreicht werden sollen. Der kurzfristige Business-Plan hat in diesem Szenario sinnvoll und nicht widersprüchlich zu sein.
Kurz: Welche Informationen muß man jemandem geben, der sein Geld in ein Projekt investieren soll, dessen Realisierung von den Fähigkeiten vieler Beteiligter in einem wechselhaften Markt abhängt?
Zu einer allgemeinen Beschreibung des Geschäfts-Environments gehören dazu in er-

* Als Beispiel zum Steuervorteil und zum bisherigen Verlauf vergleichbarer Vorläufergesellschaften wie auch zum Funktionsschema siehe **Anlagen Nr.13, 14, 15**, S. 252-254.

ster Linie korrekte, auch finanzielle, Selbstdarstellungen wie auch Projektbeschreibungen und Profitpotential:

1. Zusammenfassung des Marktes, der Vorhaben und des Investment Prospectus (Executive Summary)
2. Firmen-/Geschäftsführer-Profile
3. Finanzstatus der Firma
4. Vorstellung des Projektes, für das das Investment gesucht wird – die finanziellen Aspekte wie auch künstlerisch-inhaltlichen
5. Finanzielle Anreize für den Investor; Profitprojektionen und Vermarktungspläne
6. Sicherheiten und Profitdarstellung
7. Zusammenfassung
8. Anlagen (Charts, Cash-flow-Darstellungen)

Siehe auch Kapitel 1.

1996 ist der Investmentfonds KC Medien-Aktiengesellschaft auf den Markt gekommen. Hinter diesem in Stuttgart ansässigen Fonds steht der Medienunternehmer und Filmproduzent Rolf Deyhle. Insgesamt ist hier ein Fonds in Höhe von 200 Mio DM angestrebt und richtet sich an Anleger, die eine Mindestbeteiligung von 100.000 DM eingehen können. Dieser Fonds investiert in drei Bereiche:

1. Filmproduktionen, bei denen ein US-Major (Walt Disney, Warner Bros., Paramount, Columbia/TriStar, Fox, MCA Universal, MGM United Artists, Dreamworks) mit mindestens 40% selbst beteiligt ist und für die eine US-amerikanischer Kinostart garantiert ist – also rein amerikanische Kinoproduktionen (hierbei freilich spielt das Währungskursrisiko für den Investor eine Rolle)
2. Handel mit Filmverwertungsrechten (üblicherweise mit Laufzeiten zwischen 10 und 40 Jahren für den deutschsprachigen Raum)
3. Beteiligung an der Produktion von TV-Filmen bzw. -Serien in Kooperation mit geeigneten Produktionspartnern.

Von entscheidender Bedeutung ist natürlich auch, in welchem Umfang ein Investor an Erfolgen – über die Rückzahlung des Investments hinaus – partizipiert. Hier sind die Vertragsmöglichkeiten nahezu unbegrenzt. Gleichwohl hat sich folgendes Grundmodell herauskristallisiert: Der Investor erhält in 1. Position sein vollständiges Investment aus allen Einnahmen zurück; nach dem Break-Even-Punkt wird der Producer z.B. zu 50% an den Einnahmen beteiligt. Die Variationsmöglichkeiten sind deswegen unendlich, weil Fragen wie Producer's Fees, Investment des Producers, Gagenrückstellungen, bisherige Erfolge, Marktposition usw. von Fall zu Fall anders gestaltet sind.

Product-Placement und Sponsoring

Aus den Rechtsvorschriften des ZDF (Staatsvertrag über den Rundfunk im vereinten Deutschland vom 1. Januar 1992 in der Fassung vom 1. August 1994):

I. Abschnitt: Allgemeine Vorschriften

§ 6 Werbeinhalte, Kennzeichnung

(5) Schleichwerbung ist unzulässig. Schleichwerbung ist die Erwähnung oder Darstellung von Waren, Dienstleistungen, Namen, Marken oder Tätigkeiten eines Herstellers von Waren oder eines Erbringers von Dienstleistungen in Programmen, wenn sie zu Werbezwecken vorgesehen sind und die Allgemeinheit hinsichtlich des eigentlichen Zwecks dieser Erwähnung oder Darstellung irreführen kann. Eine Erwähnung oder Darstellung gilt insbesondere dann als zu Werbezwecken vorgesehen, wenn sie gegen Entgelt oder eine sonstige Gegenleistung erfolgt.

§ 7 Sponsoring

(1) Sponsoring ist der Beitrag einer natürlichen oder juristischen Person oder einer Personenvereinigung, die an Rundfunktätigkeiten oder an der Produktion audiovisueller Werke nicht beteiligt ist, zur direkten oder indirekten Finanzierung einer Sendung, um den Namen, die Marke, das Erscheinungsbild der Person, ihre Tätigkeit oder ihre Leistungen zu fördern.

(3) Inhalt und Programmplatz einer gesponserten Sendung dürfen vom Sponsor nicht in der Weise beeinflußt werden, daß die Verantwortung und die redaktionelle Unabhängigkeit des Rundfunkveranstalters beeinträchtigt werden.

(4) Gesponserte Sendungen dürfen nicht zum Verkauf, zum Kauf oder zur Miete oder Pacht von Erzeugnissen oder Dienstleistungen des Sponsors oder eines Dritten, vor allem durch entsprechende besondere Hinweise, anregen.

Aus den ZDF-Richtlinien für Werbung und Sponsoring (vom 19. März 1993 in der Fassung vom 7. Oktober 1994):

Teil B

5. Verbot von Schleichwerbung

5.1 Die Erwähnung oder Darstellungen von Waren, Dienstleistungen, Namen, Marken oder Tätigkeiten eines Herstellers von Waren oder eines Erbringers von Dienstleistungen (im folgenden „Produkte" genannt) in Bild und Ton zu Werbezwecken außerhalb des Werbeprogramms ist unzulässig. Zulässig ist die Erwähnung oder Darstellung von Produkten, wenn und soweit sie aus journalistischen oder künstlerischen Gründen (insbesondere Darstellung der realen Umwelt) zwingend erforderlich ist. Die Erwähnung oder Darstellung von Produkten gegen Entgelt oder eine sonstige Gegenleistung ist unzulässig.

5.2 Soweit gem. Ziff.5.1 die Darstellung von Produkten zulässig ist, muß durch die Art der Darstellung nach Möglichkeit die Förderung werblicher Interessen vermieden werden (z.B. Marktübersichten statt Einzeldarstellungen, Vermeidung werbewirksamer Kameraführung und – insbesondere bei Serien – Wechsel der Produkte und unterschiedliche Ausstattung).

5.4 Die Entgegennahme von Entgelten oder geldwerten Vorteilen für den Einsatz, die besondere Hervorhebung oder die Nennunng von Produkten ist unzulässig. Dies gilt für alle Produktionsbeteiligten.
5.5 Für die Beschaffung von Rechten an Produktionen sowie Dienst- und Sachleistungen für die Herstellung von Produktionen sind angemessene Entgelte zu vereinbaren. Eine unentgeltliche oder verbilligte Entgegennahme von Produktionsmitteln oder sonstigen Leistungen ist nur zulässig, wenn damit keine Einschränkung der journalistischen oder künstlerischen Darstellungsfreiheit verbunden ist.

Teil C
6. Sponsoring von Sendungen
6.3 Auf das Sponsoring ist zu Beginn und am Ende der Sendung hinzuweisen. Zur Kennzeichnung des Sponsors können der Name, die Firma, das Firmenemblem oder eine Marke (Produktname) des Sponsors verwendet werden. Der Sponsorhinweis hat in vertretbarer Kürze deutlich zu erfolgen. Dies gilt auch für Hinweise in Form von bewegten Bildern.
6.9 Die Vereinbarung von Sponsorengeldern als Gegenleistung für die Unterbringung von Werbeeffekten im Programm oder für über die Regelung in Ziff. 6.3 hinausgehende Werbeeffekte im Sponsorhinweis ist unzulässig. Dies gilt für alle auf seiten der Rundfunkanstalt an der Sponsoringvereinbarung Mitwirkenden.

Wie sieht es in der Realität von Fernseh- und Filmproduktionen aus?

Product-Placement

Product-Placement im Fernsehen, obwohl untersagt, findet dennoch angeblich in einer Größenordnung von 500 Mio DM bis einer Mrd statt. Mehr oder weniger subtil oder deutlich werden Produkte (Autos, Lebensmittel, Logos, Schriftzüge usw.) von Regisseuren, die mit diesen Usancen vertraut sind, ins rechte – öffentlich-rechtliche Licht oder ins Wort – gerückt.
Während diese Art der Finanzierung in den USA im Kinobereich bereits auf eine lange Tradition zurückblicken kann, wird dieses Geschäft in Deutschland eher selten praktiziert, was schlicht mit der Tatsache zu tun hat, daß nur wenige Filme einem Warenhersteller garantieren können, ein großes oder sogar internationales Publikum zu erreichen. Wenn eine Verbreitung garantiert werden kann, findet das Geschäft allerdings auch in Deutschland statt: die „Otto"-Filme (u.a. Malboro) oder international angelegte Filme von Wim Wenders („In weiter Ferne so nah" – u.a. Sony) sind Beispiel dafür; quasi exemplarisch vorgeführt durch Willi Bogners Skifilm „Feuer, Eis & Dynamit", der im Grunde nur bloße Gelegenheiten für Product-Placement darstellt. Daß es hier eventuell zu Interessenskonflikten nicht nur mit Filmförderrichtlinien kommen kann, ist gerade im Fall Bogner gerichtskundig: BGH: „Wird in einem Kinofilm das vom Zuschauer erwartete Maß an bezahlter Werbung überschritten, muß spätestens im Vorspann der Hinweis erfolgen ‚Der Film enthält bezahlte Werbung'." Diese Hinweispflicht besteht allerdings nicht schon dann, wenn in einem Spielfilm überhaupt bezahlte Werbung stattfindet. Ein Übermaß an Werbung ist dann erreicht, wenn ein Film

Kennzeichen, Produkte usw. deutlich und wiederkehrend so einbezieht, daß der Film über weite Strecken wie ein Werbefilm aussieht – ungeachtet der dramaturgischen Absicht des Filmes; und daß Spielfilme mit eklatantem Placement, wenn sie später im Fernsehen ausgestrahlt werden, entweder in einer geschnittenen oder elektronisch manipulierten Fassung dem Sender übergeben werden müssen, ist Praxis.

Product-Placement kann auf unterschiedliche Weise helfen, einen Film mitzufinanzieren: zum einen durch kostenfreies Stellen von Requisiten oder Fahrzeugen, so daß diese Ausstattungskosten dem Produzenten erspart bleiben (z.B. Dutzende von Computern in Büroräumen); zum anderen dadurch, daß ein besonderes Produkt (Sonnenbrille im „Terminator", Apple Computer in „Jurassic Park", Nikon in „007 – Im Angesicht des Todes" oder die Armbanduhr „Omega Speedmaster Professional" bei „Apollo 13", die zu einer eigenen Anzeigen- und Werbekampagne parallel zum Film führte) prominent gezeigt wird. Für derartige Leistungen werden generell – je nach Qualität und erwartetem Erfolg des Filmes – Summen in die Hunderttausende von Dollar gezahlt. Die Vermittlung dieser Geschäfte wird gegen eine Provision von ca. 15-25% von besonderen Agenturen betrieben. Manche von ihnen verfügen über eigene Warenhäuser, in denen der Ausstatter und der Requisiteur die Produkte abholen können. Diese lesen möglichst frühzeitig das Drehbuch und machen Vorschläge, welche der von ihnen vertretenen Produkte in welchen Szenen plazierbar wären. Es kann so- gar zu Drehbuchänderungen kommen, um einen Sponsor besonders zu unterstützen. Auch Drehorte können sich durchaus nach derartigen Aspekten verändern. Anstatt einen Dialog vor einer öden Garage stattfinden zu lassen, könnte er z.B. auch in der Küche stattfinden, wo immer Gelegenheit besteht, eine Unmenge von Küchengeräten und -ausstattung wie auch Lebensmittel und Warenzeichen harmonisch einzuarbeiten. Was kann nicht alles im Hintergrund stehen und über Gänge der Darsteller ins Bild gerückt werden, was kann nicht alles im Rahmen von Dialogen en passant angefaßt oder angebissen werden!

Grundsätzlich freilich haben die Produkte in positivem Umfeld und Zusammenhang im Film zu erscheinen, um für die Hersteller attraktiv zu sein.

Das vielleicht offensichtlichste Beispiel von Product-Placement im deutschen Fernsehen findet im Automobil-Bereich statt: Audi fährt in „Ein Fall für Zwei", BMW in „Derrick", Ford in „Tatort", Mercedes in „Der Alte".

In einer Fortführung des Product-Placement kann es zu gegenseitigen Werbeeinbindungen kommen: dergestalt, daß z.B. McDonald extensiv über Plakatierung oder Spielzeug für „König der Löwen" wirbt (hier also eine einseitige Anbindung), oder wie im Falle des James-Bond-Filmes „Goldeneye", in der begleitend zum Filmstart eine Großkampagne für den im Film sichtbaren neuen BMW Z3 durchgeführt wird, die von BMW finanziert auch für den Film wirbt. Im Falle von „Goldeneye", wo plazierte Produkte wie IBM-Computer, Bollinger-Champagner oder Omega eigene Kampagnen in Abstimmung mit dem Film führen – setzen Produkte, die nicht im Film auftauchen, in Abstimmung mit dem Film parallele Werbeaktionen durch: Smirnoff, Perrier, Varta u.v.a. Siehe auch Merchandising.

Sponsoring

Das Programmsponsoring des ersten Halbjahres 1995 war bereits so umfangreich wie das des gesamten Vorjahres, wobei sich die Aktivitäten im wesentlichen in der Rangfolge ihrer Häufigkeit auf DSF, RTL, ARD, SAT.1 und ZDF* konzentrieren.
Die zehn Branchen mit dem meisten Sponsoring im Zeitraum Januar 1994 bis Juni 1995 sind, gemessen an der Anzahl der Sendungen:

Brauereien	2569
Zeitschriften	580
Lebensmittel	516
Automobil	255
Pharma	250
Getränke (allg.)	224
Versicherungen	205
Tourismus	169
Elektro	139
Baumärkte	116

Wobei in den folgenden Genres/Programmen schwerpunktmäßig gesponsert wird:

Sport	3879
Unterhaltung	608
Talk-Shows	355
Filme	280
Gesundheit	210
Computermagazine	139
Serien	145
Morgenmagazine	143
Kultur	127
Wetter	123

Top-Sponsoren:

Beck's Bier	742
Hasseröder Bier	531
Krombacher Bier	319
Veltins Bier	247
Funk-Uhr	239
Bitburger Bier	165
Warsteiner Bier	162
Bunte	157
Kellogg's	140
Center Parks	123

* Ausgewertete Sender ARD, ZDF, Sat1, RTL, DSF, Quelle: Media-Control.

Insgesamt wird ein Betrag von ca. 90 Mio DM prognostiziert, der 1995 von der werbetreibenden Wirtschaft im Sponsoring-Bereich investiert wird; für RTL z.B. bedeutet das ca. eine Verdoppelung der Einnahmen in diesem Bereich. Gewöhnlich kommt der Sponsoren-Beitrag mehr oder weniger in vollem Umfang der Produktion direkt zugute, die gesponsert wird. Der Spitzenreiter unter den gesponserten Sendungen ist die Bundesliga-Show „ran" bei SAT.1. Feste Kostenstrukturen haben sich für diese Geschäfte noch nicht herauskristallisiert, obwohl es Faustregeln gibt: RTL* verlangt (für das Firmen- oder Markenlogo 7 Sekunden lang im Opening direkt vor und 7 Sekunden im Closing unmittelbar im Anschluß an die Sendung) den jeweiligen 14-Sekundenpreis eines TV-Spots der entsprechenden Tarifgruppe zzgl. 20%igen Aufschlag. DFS und PRO7 verlangen den doppelten TV-Spot-Sekundenpreis. Dieser Markt befindet sich in fortlaufender Veränderung und im „fine-tuning": neben der vormals eher simplen Präsentation per Vor- und Abspann kommt es jetzt häufiger zu zusätzlicher Spot-Schaltung während des Programms, zu Hinweisen auf Videotext und Hinweisen in der Programmpromotion auch in anderen Medien, und das Design wird dem Corporate Design des Senders angeglichen, um eine harmonische Gesamterscheinung zu erreichen.

Merchandising, Licensing

Wie schon öfter hat Disney vorgemacht, wie es geht: Wahrscheinlich ist es möglich, nahezu das ganze Leben zu verbringen und sich immer von Disney-Produkten, genauer von Gebrauchsgegenständen, Waren und Produkten, die sich in irgendeiner Weise eines Disney-Charakters bedienen oder sich mit ihm schmücken, zu umgeben: Schlafen in einem „Micky Mouse"-Pyjama, erwachen unter „König der Löwen"-Bettwäsche, waschen mit „Goofy"-Seife, Schularbeiten auf „Minnie"-Papier, radieren mit „101 Dalmatiner"-Bleistiften, Spielen mit „Arielle"-Puzzles usw.

Es ist klar, daß sich große Popularität und Erfolg im Kino- und noch mehr Fernsehbereich – durch die wiederholte und langjährige Konfrontation – leicht auf Produkte übertragen lassen, die an und für sich mit der Figur, z.B. den „Ninja Turtles" (über 800 verschiedene Produkte – in Deutschland z.B. über 5 Mio verkaufte Hörspielcassetten), ursprünglich überhaupt nichts zu tun haben. Spielzeuge sind da noch die logischeren Produkte: Brett- und Würfelspiele, Puzzles, Action-Figuren, Modelle und CD-ROMs laden zumindest ein, sich mit den Charakteren und deren Abenteuern spielerisch zu beschäftigen. Bücher, Hefte, Audiocassetten und Videos sind der nächst größere Markt. Und daß Animationsfiguren sich hierzu besonders eignen, ist auch einsichtig, sind sie doch in jeder Form und Situation denkbar – nichts ist unmöglich – und vor allen Dingen lassen sie sich mühelos – dank Fernsehen – von Generation zu Generation von

* In der teuersten Tarifgruppe T29 mit DM 58.800 (Okt. 96) im Spielfilmblock sonntags bzw. feiertags 20.00-22.00 Uhr; in der billigsten Tarifgruppe T1 , mit DM 470,- (Jan. 96) im Kinderserienblock samstags und sonntags 5.00-7.00 Uhr.

Konsumenten weitervererben. Daß es in diesem Bereich inzwischen schon zu „collector's items", also Sammlerstücken, kommt, verwundert nicht. Mystische Kultverehrung à la „Star Trek" beschäftigt Hunderttausende und bringt diese dazu, zu kaufen, wo immer das Logo und deren Derivate aufgedruckt sind.
Kleidung, Schul- und Haushaltsgegenstände, Lebensmittel, alles läßt sich besser verkaufen über diesen Wiedererkennungswert: 500 verschiedene „Feuerstein"-Produkte stehen in Regalen oder liegen in Tiefkühlschränken, Hunderte von „Schlümpfe"-Waren – in allen Ecken der Erde. Daß z.B. Guerillakämpfer in Afrika oder Ceylon ein „Batman-" oder „Simsons"-T-Shirt tragen, überrascht niemanden.
Daß derartige Attraktionen auch in Vergnügungsparks zu finden sind – der „Weiße Hai" in den Universal Studios oder „Star Wars" bei Disney – ist nur konsequent.
Der nächste Schritt: eigene Läden, ausschießlich mit entsprechenden Waren bestückt, ist seit Jahren getan, die Disney-Shops in Shopping Malls, Warner Bros. folgt mit „Bugs Bunny & Co", „Batman" und anderen Charakteren.
Auch auf dem Markt deutscher Figuren gibt es Erfolge: die Figuren von Janosch, Benjamin Blümchen, Biene Maja, Peter Maffays Tabaluga, um nur einige wenige zu nennen.
Vielleicht am ehrgeizigsten in der Vermarktung ihres Logos ist die SAT.1-Sportsendung „ran": das „ran"-Logo ziert inzwischen eine Palette von über 30 unterschiedlichen Produkten – von Uhren über Handies zu Getränken und Sessel – mit einem angestrebten Jahresumsatz von 300 Mio DM. Ziel für 1996 ist die Schaffung von 200 eigenen, bundesweit gestreuten SAT.1 Shops.
Im Rahmen deutscher Medienfinanzierung spielt Merchandising nur auf dem Gebiet der Animationsserien eine Rolle; weder Kinofilme noch Fernsehserien bieten sich dafür an, im Vorfeld Merchandisingkonzepte zu entwickeln und die entsprechenden Partner in der Konsumgüterindustrie dafür zu begeistern, obwohl in den USA hier neue Entwicklungen, z. B. „Space Jam", zu verzeichnen sind. Selbst so erfolgreiche Serien wie die „Die Schwarzwaldklinik" hat da nur wenig bewegt, und dann vorwiegend im Buchbereich. Z. Zt. werden z.B. als Animationsserien die Bücher von Michael Ende vorbereitet („Jim Knopf" [26x30 Min], „Die unendliche Geschichte"), Merchandising ist in diesem Fall bereits vor Produktionsbeginn als Konzept mit eingeschlossen und wird entsprechend umgesetzt. Nach wie vor freilich sind die US-(Animations)-Serien das große Geschäft.

Blocked Funds

Bei Blocked Funds handelt es sich um Gelder in Währungen von Ländern, die starke Ein- oder Ausfuhrbeschränkungen ausüben, z.B. Indien oder Brasilien. Typischerweise erwirtschaften international operierende Konzerne, z.B. Konzerne oder Verleiher, in derartigen Ländern Beträge (z.B. durch Filmeinnahmen aus Verleih oder Verkauf), die sie nicht ausführen können. Derartige Konzerne sind dann oftmals bereit, solche Summen an Produzenten weiterzuveräußern (üblicherweise mit einer 15-30% Reduktion), um den Gegenwert in eigener Währung zu erhalten.

Der Produzent auf der anderen Seite erhält somit mehr ausländische Währung als er sonst auf normalem Umwege bekommen hätte. Der Film „Ghandi“ wurde anhand dieses Modelles kofinanziert. Bedingung ist natürlich, daß in dem Land produziert wird, in dem die Währung blockiert ist. Auf alle Fälle ist eine sorgfältige Abstimmung mit den entsprechenden Behörden von größter Wichtigkeit.

Bartering

Obwohl Bartering in der Zielsetzung dieses Buches und hierzulande im Vergleich zu den USA eine geringe Rolle spielt, werde ich es der Vollständigkeit halber kurz streifen.

Bartering stellt eine Form von Mediengegengeschäft dar, in der statt Gelder Produkte, Leistungen und Werbezeiten gehandelt werden. Dieses Geschäft wird in seiner direktesten Form zwischen dem Werbetreibenden, also einem Hersteller oder Konzern von Produkten und Waren, und dem Fernsehsender abgewickelt. Dafür, daß der Werbetreibende dem Sender kostenlos eine fertige Sendung, z.B. Game-Shows (oder wie in seiner US-Ausprägung auch Soap-Operas), anbietet, bietet dieser dem Werbetreibenden kostenlos oder verbilligt die dort zu Verfügung stehenden Werbezeiten an.

In diesen Werbezeiten – wenn nicht ohnehin im Rahmen der Sendungen selbst entweder durch Preise (bei Game-Shows, „The Price is Right“ z.B.) oder durch Product-Placement – wird dann gewöhnlich für Produkte des Werbetreibenden geworben. Es ist allerdings auch möglich, daß der Werbetreibende diese Werbezeiten an andere Interessierte weitervermittelt oder verkauft. Dieses wird dann gewöhnlich über eine Mediaagentur betreut, wobei diese Mediaagentur oftmals dem Konzern des Werbetreibenden direkt angeschlossen ist.

Diese Barter-Deals gibt es – je nach unterschiedlicher Marktsituation und Notwendigkeit von Sendern, Sendezeit mit Programmen zu füllen – in unterschiedlichen, prinzipiellen Variationen:

1. stellt der Sender dem Werbetreibenden die gesamte Werbezeit kostenlos im Austausch mit dem Programm zur Verfügung (full barter deal)
2. stellt der Sender dem Werbetreibenden einen Teil der Werbezeit kostenlos im Austausch mit dem Programm zur Verfügung und behält einen Teil der Werbezeit zur eigenen Nutzung und Weiterverkauf (partial barter deal)
3. stellt der Sender dem Werbetreibenden nicht nur die gesamte Werbezeit kostenlos zur Verfügung, sondern bezahlt auch noch für das Programm (cash plus barter deal).

Daß dieses Geschäft für den Werbetreibenden (und den Sender) nur dann von Interesse ist, wenn er mit seinen Sendungen sein Zielpublikum möglichst umfassend und weit – nach Möglichkeit auch international – erreichen kann, liegt auf der Hand; aus diesem Grund ist dieses Geschäft im Game-Show- und Soap-Opera-Bereich besonders ausgeprägt und wird überwieged von international operierenden Konzernen betrieben.

Es ist vorstellbar, daß die unterschiedlichen Formen von Bartering im Bereich des Ballungsraumfernsehens zum Tragen kommen werden.

Multimedia-Produktionen: Abläufe, Kosten, Finanzierung, Vertrieb

Spätestens seit der Internationalen Funkausstellung IFA in Berlin 1995 sind die Begriffe „Informations- und Kommunikationsgesellschaft", „multimediales Zeitalter", „Multimedia", „Datenhighway" und „Digitalisierung" auch dem Normalverbraucher keine unbekannten Schlagworte mehr. Prognosen über neu entstehende Kommunikations-Märkte, wirtschaftliche Zuwächse und vermehrte Arbeitsplätze wie auch Szenarien über steigende, individuell soziale Kommunikationsarmut, allgemein sinkendes kulturelles Niveau und technologisch-wirtschaftliches Fiasko halten sich die Waage. Einig scheint man sich darin zu sein, daß neue Distributionswege und neue Anwendungen audiovisueller Produkte in Bereichen, die bislang von nur geringerem Interesse oder geringerer wirtschaftlicher Bedeutung waren, stattfinden werden, daß auch die Telekommunikation boomen wird und sich auch die Art und Weise, in der künftig gearbeitet, gelebt und konsumiert wird, eindringlich verändern wird. Dies jedenfalls in denjenigen Gesellschaften, die technologisch auf dem Stand sind, diese Entwicklungen zu verwirklichen, bzw. an ihnen zu partizipieren, d.h. in den Industrienationen. Inwieweit diese Veränderungen neue Möglichkeiten auch für die Entwicklung und Herstellung audiovisueller Produkte darbieten und wie diese Produktionen sich finanzieren, soweit es heute bereits Realität ist und geschieht, soll im folgenden dargestellt werden, d.h. Bereiche wie Tele-Banking oder Tele-Servicing, bzw. Tele-Repairing usw., werden in diesem Zusammenhang nicht weiter erwähnt.

Technologische Grundlage und Voraussetzung des neuen Zeitalters ist die digitale Sendetechnik, die Ausstrahlung von Fernsehprogrammen in digitalem Format. Diese Technik erlaubt es, über einen Kanal oder Satellitentransponder fünf- bis zehnmal soviele Programme auszustrahlen als bislang im analogen Verfahren. Bis zu 500 Fernsehkanäle werden in Zukunft per Kabel oder Satellit rund um die Uhr Programm liefern können. Das hat zur Folge, daß sich der Zuschauer künftig sein Programm individuell selbst zusammenstellen können wird – nicht gratis natürlich – und entweder über eine Programm-/Kanalpauschalgebühr oder über Einzelabrufgebühr (und über Werbespots) sollen auch kleine Sparten- oder Nischenprogramme in der Lage sein, ihr spezifisches Publikum in einem Ausmaß zu finden, wie es bislang ökonomisch nicht möglich gewesen war.

Fernsehen rund um die Uhr in beliebiger Fülle allerdings stellt nur einen, und letztendlich geringeren Aspekt von Multimedia dar: Über die Verknüpfung mit dem Personal Computer und Drucker, dem Telefon und Fax, der Hi-Fi-Anlage, der Spielkonsole und

dem CD- und Video-CD-Spieler und Videorecorder, die über die sogenannte Set-Top-Box geschieht, öffnet sich eine weltweite Fülle von Tätigkeiten, Möglichkeiten, Veränderungen und Märkten. Ziel ist die Interaktivität, die den bislang passiven Zuschauer zu einem Benutzer und Gestalter des Mediums macht.
Die internationalen „Spieler" auf diesem neuen Markt positionieren sich, Allianzen werden geschlossen, Strategien entwickelt, Medienkonzerne, Telefongesellschaften, Elektronikkonzerne und Softwareanbieter versuchen, technische Standards festzulegen und herauszufinden, für welche Angebote und Anwendungen die Konsumenten bereit sind, zu zahlen.
Von Seiten

a) der Medienkonzerne, die Unterhaltungsangebote, Bildungsprogramme und Nachrichten bieten, handelt es sich dabei u.a. um Walt Disney/Capital Cities/ABC, Time Warner/TBS, CBS/Westinghouse, Seagram/MCA, Viacom/Blockbuster/ Columbia, Bertelsmann, Murdoch, Kirch oder SEGA
b) der Telefongesellschaften, wie u.a. AT&T, MCI, TCI, British Telecom, France Télécom, Telekom Deutschland, wird die Telekommunikation und Datenübertragung übernommen werden
c) der Firmen für Softwareangebote und Elektronik: Konzerne wie Sony, Apple, IBM, Philipps, Microsoft werden Computer und Unterhaltungselektronik beherrschen.

Oder eher allgemein stellt sich das Bild der an digitalen Medien Beteiligten folgendermaßen dar:

Medien:	Online-Publishing, CD-Technologien, Interactive Services, Virtual Reality, Audio/Video TV, Audio Tex, Print, Fax-Services
Technologien:	Communication Services, Multimedia, Prepress/DTP, Techdoc, Server/Database/Archive, Ausgabe-Systeme, Tools/Utilites
Services:	Consulting, Know-How, Software, Dienstleistungen
Platform-Provider:	Netzwerkbetreiber, Online-Dienste
Service-Provider:	Buchhandel, Berater, Texter, Mailbox-Betreiber, Journalisten, Tonstudios, AV-Studios, CD-ROM-Hersteller, Multimedia-Entwickler. Film-Videoproduktionsgesellschaften, Software-Hersteller/ Distributoren, Reprografiebetriebe, Copy-Shops, Grafik-Studios, Fotografen, PR-Agenturen, Werbeagenturen, Hausdruckerien, Druckereien, Druckvorstufe
Content-Provider:	Film-Videoproduzenten, Spielehersteller, Musikproduzenten, Verbände/Vereine, Nachrichtenagenturen, Rundfunk/Fernsehanstalten, Schulen/Universitäten, Schulungsinstitute, Behörden/ Institutionen

Die Auswirkungen dieser Veränderungen und Verknüpfungen werden alle Aspekte des täglichen, privaten wie beruflichen Lebens beeinflussen können. Im folgenden eine sicherlich unvollständige Auflistung möglicher neuer Produkte und Anwendungsbereiche:

CD-i
Electronic Publishing
CD-ROM: Edutainment
interaktive Multimedia-Magazine
interaktive Spielfilme
Infotainment
Online-Datennetze: Internet, Prodigy, Ziff Davis Europe Online (Burda, Springer, AT&T), T-Online (Deutsche Telekom), America Online (Bertelsmann, AOL, Axel Springer AG), Microsoft Network MSN, Compuserve (Bertelsmann)
Fernsehen/interaktives: Entertainment/Games
Education
Gambling
Nachrichten/News
Spiele/Games
Kommunikation, Gesprächsforen
Multimedia im Marketingmix
Werbung/Werbegames
„How To“-Programme
Verkaufsförderung
Dienstleistungen, z.B. Tele-Shopping, Tele-Banking, Reise
Marketingkommunikation
Betriebliche Bildung
Aus- und Fortbildung, Lernen
Betriebliche Service-Anwendung z.B. Tele-Repairing
Instructional Design/Instruktionsdesign
Multimediale Informationssysteme, z.B. in Museen
Multimedia in Unternehmen: im Verkauf und Vertrieb, Produktschulung und Kundeninformation
Tele-Medizin
Tele-Arbeitsplatz

Künftige Märkte für Produzenten im Sinne dieses Buches werden im Bereich der Datenautobahnen auch dort entstehen, wo Audiovisuelles über Netzwerke den Konsumenten angeboten werden. Das ist momentan z.B. im Bereich von Versandhauskatalogen der Fall, die multimedial derart aufbereitet werden, daß sie dem Endverbraucher versuchen, die Inhalte möglichst schmackhaft darzustellen. Daß hier – besonders auch in gesponserten oder beworbenen Programmen bzw. Seiten – noch große Weiterentwicklungen möglich sind, ist offenbar.
Über die z. Zt. bestehenden Informationsnetze Internet (weltweit 40 Mio Anschlüsse), Telenet (7 Mio Anschlüsse in Frankreich), CompuServe (weltweit 3 Mio Anschlüsse), T-Online (1 Mio Anschlüsse in Deutschland), die dem Anwender über die Services Yahoo (ca. 3 Mio Benutzer im Monat), ESPNet (ca. 2,8 Mio Benutzer im Monat),

HotWired (ca. 300.000 Benutzer pro Monat), GNN (ca. 250.000 Benutzer im Monat), Time Warner's Pathfinder (ca. 3.2 Mio Benutzer im Monat) einsehbar, ansteuerbar und praktikabel gemacht werden, kann der Benutzer eine Vielzahl von Informationen aus den Bereichen Technologie, Kultur, Service, Finanzen, Handel, Publizistik, Bildung und Unterhaltung gegen Gebühren abrufen.
In diesen zuletzt genannten Bereichen stellen einzelne Unternehmen, Institutionen oder Individuen ihre Inhalte vor. Diese können rein informativen Charakter haben (z.B. An-gebote von Universitäten) oder rein kommerziellen (z.B. Versandhäuser oder Einzelhandelgeschäfte) oder eine Mischung von beidem. Es ist also denkbar, daß reine Informationsangebote durch „Werbung" gesponsert werden, und daß diese Werbung präzise zielgerichtet auf die mehr oder weniger klar definierte Konsumentengruppe zugeschnitten ist. Diese Werbung wird von Agenturen produziert, und in diesem Rahmen ist das zusätzliche Betätigungsfeld des traditionellen Produzenten vorhanden – ähnlich wie im Bereich Industrie- und Imagefilm oder im Commercial. Diese Angebote in den Online-Diensten unterliegen stark dem Druck permanenter Informationserneuerung – ähnlich wie bei Zeitungen oder Zeitschriften – ein Angebot wird nur dann überleben können, wenn es sich für den Endverbraucher lohnt, sich häufig hineinzuklicken. Ein Service, der über Monate immer nur die gleichen Inhalte anbietet, lädt nicht zu mehrmaligem und kontinuierlichem Gebrauch ein. Die Preisstrukturen derartiger Services und Produktionen sind z. Zt. durchweg noch offen und ständigen Veränderungen unterworfen, man beschreitet hier Neuland, das noch relativ wenig fest zementierte Strukturen aufweist.

Es wird weiter zu neuen Verwertungsformen auch bereits bestehender Produkte und Libraries, z.B. Spielfilmen, kommen; u.a. Video-on-Demand, Near-Video-on-Demand und Multiplexing (die zeitversetzte Wiederholung eines gleichen Films, d.h. also die Möglichkeit, jederzeit oder fast jederzeit Spielfilme oder Programme auszuwählen und anzuschauen – was die bisherigen Videomiet- und Kauf-Verleih-/Videotheken und ihren technischen Zulieferern die Existenz einschränken bzw. kosten kann) Diese Entwicklung wird den Markt von seiner jetzigen Struktur der klassischen Distributionsreihenfolge Kino, Video, Pay-per-view, Pay-TV, Free-TV in einem Markt der Einzelbestellung verwandeln. Richtungsweisend ist bereits heute das Pay-per-view, das einzelne Sportereignisse oder Konzerte über Pay-TV oder Filme (z.B. im Hotel-Fernsehen) abrechnet, wenn es in Anspruch genommen wird.
In diesem Zusammenhang sind folgende Überlegungen des ZDF (wie sicherlich auch aller anderen Sender und Verwerter) für Produzenten und Rechteinhaber von besonderem Interesse: „In einem digitalen Medienmarkt mit einer Vielzahl von Pay-TV-Programmen gewinnt der Erwerb und Handel mit Senderechten naturgemäß noch stärker als bisher an Bedeutung. Daher erscheint eine Anpassung des vorhandenen Systems der Dokumentation und Verwertung von Senderechten an neue Möglichkeiten im Bereich der elektronischen Datenverarbeitung sinnvoll. Hinsichtlich des Erwerbs von Lizenzrechten wird sich das ZDF angesichts der zu erwartenden Kostenentwicklung stärker als in der Vergangenheit bemühen, finanzielle Mittel für ein sogenanntes ‚Rech-

te-Buy-out', also einen vollständigen Rechteerwerb, bei bestimmten Genres bereitzustellen."*

Daß es über die neuen Verwertungsmöglichkeiten auch zu anderen Inhalten kommen kann, die spezifische Interessensgruppen bedienen und auf Mindestabnahmegarantien basieren, ist offensichtlich. Mit dem besseren Erreichen von spezifischen Verbrauchern, die ihren Konsum einerseits über Benutzungsgebühren und andererseits auf diese Gruppen zielende Werbung bezahlt, sind auch bestehende Entwicklungen wie Ballungsraumfernsehen und privates Regionalfernsehen weiter denk- und besser finanzierbar. Bislang fehlen allerdings noch die Beweise.

Eine Umfrage unter deutschen Fernsehmachern betreffs interaktivem Fernsehen zeugt eher von gedämpften Erwartungen:

Dr. Helmut Thoma, RTL: „Was die vielbeschworene Interaktivität betrifft, so darf man die derzeitige Euphorie nicht überbewerten. ... RTL hat in der Vergangenheit einige Konzepte für interaktive Sendungen getestet – und keines wirklich für programmtauglich befunden."

Dr. Georg Kofler, PRO7: „Eine über die jetzt praktizierte, eingeschränkte Interaktivität über Telefon hinausgehende, wird es allerdings erst geben, wenn breitbandige Rückkanalverbindungen über Kabelanschluß oder geeignete Datenleitungen zur Verfügung stehen."

Fritz Pleitgen, WDR: „Die Veränderungen hin zum interaktiven Fernsehen werden nur schrittweise und längst nicht flächen-deckend um sich greifen. Technische Verzögerungen, das wirtschaftliche Risiko und ein insgesamt eher verhalten reagierendes Publikum, das die neuen Angebote nur zögernd akzeptieren wird, werden das Tempo der Entwicklung bestimmen."

Jobst Plog, NDR: „Die neuen – eher spielerischen – Formen des Fernsehens befinden sich allesamt höchstens in der Projektierungsphase. Und die soll in aller Ruhe abgeschlossen werden, sonst haben wir am Ende ein teures Spielzeug, das keiner will."

Während vieles also noch Zukunftsmusik ist, da sich noch nirgendwo bewiesen hat,

1. daß Multimedia in seiner vollkommenen Verknüpfung technisch funktioniert,
2. daß es den Endverbraucher ausreichend interessiert, von den erweiterten Angeboten – und genau von welchen in welchen Bereichen und in welchem Umfang? – Gebrauch zu machen und
3. daß er gewillt ist, hierfür – wieviel? – zu zahlen,**

möchte ich mich im folgenden auf die Produkte beschränken, die bereits heute entwikkelt, hergestellt und vertrieben werden, die also für Produzenten einen echten Markt darstellen: CD-I und CD-ROM.

* Zitiert aus ZDF Schriftenreihe, Heft 48, Das ZDF vor den Herausforderungen des digitalen Fernsehens.

** Für eine Übersicht der in der Bundesrepublik anlaufenden Versuchsprojekte siehe Seite172.

CD-ROM, der Markt

Von 1994 auf 1995 hat der größte Wachstumssprung der vergangenen fünf Jahre auf dem Bereich CD-ROM stattgefunden: Inzwischen schätzt man die Anzahl der weltweit hergestellten Titel auf 9500, eine Steigerung um 77% von den 5379 Titeln des Jahres 1994. Andere Erhebungen sprechen von über 11.800 verfügbaren Titeln. Den größten Markt stellt die USA mit einem Hard- und Software-Markt von ca. $ 600 Mio dar, der europäische Markt wird auf $ 120-190 Mio geschätzt. Weltweit wurden 1993 über 91 Mio CD-ROMs verkauft, was eine Steigerung von über 160% darstellt.
Das Titelangebot gliederte sich 1993 und 1994 weltweit in folgende Themenfelder:

Themen	1993	1994	Zuwachs %
Allgemeinwissen, Freizeit	600	1043	73,8
Kultur und Kunst	447	724	61,9
Linguistik und Sprachen	258	417	61,6
Firmeninformation	265	426	60,7
Werbung, Marketing, Design	280	429	53,2
Karriere, Bildung	424	631	48,8
Naturwissenschaft, Technik	280	386	37,8
Recht	297	399	34,4
Karten und Geographie	282	332	26,7
Nachschlagewerke, Lexika	106	131	23,6
Wirtschaft, Finanzwesen	249	302	21,3
insgesamt	3488	5220	49,7

Zu den Hits in Deutschland gehören

im März 1995

1. Steuerpaket 94/95
2. Star Trek: The Next Generation
3. Bertelsmann Universallexikon
4. Mathe Blaster
5. Das Magische Auge
6. Falk Stadtpläne Einzelstadt
7. Monty Python's Compl. Waste of Time
8. Gesetze auf CD-ROM
9. Woodstock: 25th Anniversary
10. SAT.1 ran: Multimedia Bundesliga
11. BAP – Pik Sibbe
12. Microsoft Cinemania 95
13. Bertelsmann Lexikon Geschichte

im September 1995

1. Hawkins: Kurze Geschichte der Zeit
2. LexiROM
3. Discovery
4. Bertelsmann Universallexikon
5. Focus Ratgeber: Medizin
6. Monthy Python's Compl. Waste of T.
7. Ollis Welt
8. Cinemania '95
9. Das All – Enzyklopädie
10. Abenteuer Mensch 3D

1994 ging es der gesamten Branche der Multimediadienstleister in Deutschland deutlich besser als im Jahr zuvor, wobei die Anteile, aus denen sich der Umsatz der Dienstleister zusammensetzt, ungefähr gleich blieb, nur der Software-Endverkauf vervierfachte sich:

Service/Beratung	13%
Hardware (Projektgeschäft)	16%
Software (Projektgeschäft)	51%
Hardware (Endgeschäft)	4%
Software (Endgeschäft)	16%

Auf diesem Markt tummeln sich knapp 100 Unternehmen, die einen Jahresumsatz von über 250.000 DM angaben, wobei M.I.T 1994 einen Umsatz von 32 Mio DM, Bertelsmann über 20 Mio DM und Lasermedia über 18 Mio DM verzeichnete.
Auf der Entwicklerseite ist ebenfalls eine Verbesserung eingetreten: während 1993 noch 20% der Unternehmen einen Pro-Kopf-Umsatz von unter 25.000 DM angaben, stieg diese Zahl für 1994 nach eigenen Angaben auf über 100.000 DM. Während 1993 jeder Angestellte einer Multimedia-Entwicklerfirma ca. 140.000 DM erwirtschaftete, sind es 1994 nach eigenen Angaben bereits 205.000 DM.

Zu den am schnellsten wachsenden Multimedia-Firmen in Deutschland 1994 gehören

Firma	Wachstum	Umsatz in TDM
1. Digital Word Publishing GmbH	+90%	3.000
2. fractales Multimedia Produkt. GmbH	+81%	2.100
3. Alstarte GmbH	+77%	2.200
4. kleinofen GmbH	+75%	4.000
5. Blickpunkt GmbH	+68%	2.400
6. MSP Systems GmbH	+67%	2.000
7. Art Department Werbeagentur	+67%	5.800
8. Hypermedia Medienproduktion GmbH	+66%	3.000
9. Computerland Gera	+66%	600
10. MacGuffin Software AG	+61%	1.690

CD-ROM-Titel vertreiben sich in Deutschland auf den folgenden Wegen, wobei zugleich deutlich wird, daß sich feste und etablierte oder exklusive Vertriebsstrukturen noch nicht gebildet haben: 20% kommen über Verbrauchermärkte, 24% über den Fachhandel, 32% über Mailorder, 15% über Spezialgeschäfte und 9% über den Buchhandel an den Verbraucher.

CD-ROM, die Produktion

Die Entwicklung und Herstellung einer CD-ROM unterscheidet sich in nahezu allen Bereichen von denen einer traditionellen Video- oder Filmproduktion für den Einsatz im Fernsehen oder im Kino. Die Produktion von film- oder videospezifischen Teilen, so wie der herkömmliche Film- oder Videoproduzent es versteht, ist nur noch ein Baustein in der langen Kette von Operationen, die für die Erstellung einer CD-ROM relevant sind.

Damit einhergehend ist auch das Erscheinen neuer Berufe, mit denen ein traditioneller Producer, wenn er denn in diesen Bereich einsteigen will, zu tun haben wird: z.B.

Strategischer Planer (planner)

Er ist der Kreative, der Informationen, Trends und Stimmungen erfaßt, analysiert und in Strategien für Produktziele umsetzt.

Information-Broker

Im Kauf-Verkaufs-Bereich von Unternehmen und im Beraterbereich von Agenturen sucht und vermittelt er Informationen aus Datennetzen für Ein- und Verkäufer bzw. für die Gestaltung des Projekts

Multimedia-Generalist oder Producer

Er hat noch am ehesten die Funktion des traditionellen Produktionsleiters oder Herstellungsleiters inne; er koordiniert die Arbeitsabläufe, verantwortet Kalkulation und Kontrolle im Verhältnis zu Manpower und Technikeinsatz. Verantwortlich für die Vorbereitung und Integration sämtlicher Medienelemente. Softwarekenntnisse erforderlich.

Screen-Designer

Jemand mit interaktivem Gespür und Anwender von gängigen Softwareprogrammen der Grafikerstellung, Bildbearbeitung und 3D-Animation. Entwicklung von Designkonzepten am Bildschirm.

Multimedia-Programmierer

Programmierkenntnis und Erfahrung mit Programmiersprachen und Netzwerken, verantwortlich für das Herstellen/Programmieren dessen, was Autoren und Kreative an inhaltlich-ästhetischen Vorgaben liefern.

Die Herstellung einer CD-ROM besteht aus folgenden Schritten:

1. Analyse der Benutzergruppen, des Informationsbedarfs und der Aufgaben der Zielgruppe
2. Konzeption
   Definierung der Kommunikationsziele:
   Aufgabenunterstützung
   didaktisches Konzept
   Werbeaussagen
   führt zu:
   einem Informationsmodell und
   einer Navigationsstruktur
   mündend in ein:
   Master-Drehbuch-Storyboard
3. Design und Realisierung/Gestaltungsmittel/Bedieneroberfläche
   Das Grund-Layout wird über Mediendesign und -erstellung, Interaktionstechniken mit anderen Medien und Medienintegration und Feingestaltung in eine erste Fassung gebracht, die über

4. Tests evaluiert und optimiert wird.

Zur Definition der Zielgruppe und deren Lokalität gehört die Entscheidung über das Medium, also:
Festplatte
Diskette
magnetische und optische Speichermedien
Videodisc
Online-/Netzwerk-Verbreitung
CD-ROM

Bei der Produktion ist besonders zu beachten:
Der Regisseur wird zum Art-Direktor, Programmierkenntnisse notwendig
Die vier Bildebenen und die daraus resultierenden Gestaltungsmöglichkeiten
FMV, Still oder Grafik?
Anforderungen an das Bild
Anforderungen an den Ton und
Die Interaktion von Regie und Programmierung

So wenig, wie man die Frage „Wie teuer ist ein Film?“ beantworten kann, ohne ein Treatment oder das Drehbuch zu kennen, so wenig kann man die Kosten für die Herstellung einer CD-ROM verallgemeinern. Noch sind die Vertriebswege und Prozentualaufteilungen zwischen Hersteller und Händler in Deutschland (Kaufhaus, Buchladen, Computer-Shop, Versandhandel, Spielwarenladen) vielfältig und uneinheitlich, und noch schwanken die Verkaufspreise zwischen 40 und 300 DM. Da auch das Käuferverhalten noch höchst ambivalent und ungeordnet, also unvorhersehbar, ausfällt – gerade weil sich für die meisten Endnutzer der gesamte Bereich kaum verständlich und höchst verwirrend darstellt – er kann die Ware, die er kaufen soll, weder einsehen noch ausprobieren, sondern ist allein auf den Klappentext angewiesen) sind auch Erlösrechnungen für Auftraggeber schwer aufzustellen.
Die beiden Budgetbereiche zwischen 100.000 und 400.000 DM auf der einen und zwischen 10.000 und 50.000 DM auf der anderen Seite stellen sich als die Hauptbetätigungsfelder heraus. Dabei haben sich Unternehmen von anfänglich spezialisierten Dienstleistern zum Produktionshäusern mit Full-service entwickelt, die Tendenz geht von kleineren zu höheren Budgets und zu lukrativen Aufträgen, die eine Kontinuität gewährleisten können. Die Szene konsolidiert sich.
Entsprechend beginnen sich Honorare und Vergütungen einzupendeln, sowohl bei der Akzeptanz durch den Auftraggeber als auch bei den Herstellern im Rahmen ihrer Kalkulationen. Diese (1. Quartal 1995) Stundenhonorare sind grob gesehen (und vergleichbar im Preisgefüge dem Bereich Videofilmproduktion): Screen-Designer 150-200 DM, Konzeption 150-200 DM, Audioediting 100-150 DM, Programmierung 150-200 DM, Autor 150-200 DM, Scanning 50-150 DM, Consulting 150-200 DM, 3D-Grafik/ Animation 150-250 DM.

Für Rechtevergütung werden folgende Sätze genannt:

bei Verkaufs-CD-ROM:	2,5% vom Verkaufspreis für Inhalt
	2,5% vom Verkaufspreis für Gestaltung
	5,0% vom Verkaufspreis für Umsetzung
Bei CD-ROM als Werbeträger:	10.000 DM pauschal

Die Zahlungen werden üblicherweise in drei Raten gestaffelt:
1. Auftragserteilung,
2. Abgabe des Storyboard,
3. Fertigstellung.

In den USA erreicht 1995 die Produktion von Live-action-Sequencen für die interaktive Spiel-CD-ROM mit der Produktion von „Wing Commander 4" in Höhe von $ 8 Mio einen vorläufigen Höhepunkt. „Wing Commander 3" hatte zuvor über 700.000 Kopien verkauft und über $ 40 Mio eingespielt – bei Herstellungskosten von $ 3 Mio. Die Besetzung des Films mit Kinostars wie Mark Hamill („Star Wars") und Malcolm MacDowell ist hochkarätig. Besetzung sowie Produktionsaufwand entspricht derweil Hollywood-Standards: „The Darkening" featured Christopher Walken, Jürgen Prochnow, David Warner und John Hurt. Daß Derartiges in Deutschland auf absehbare Zeit Zukunftsmusik bleiben wird, ist wahrscheinlich ... es ist klar, daß die Elemente, die einen Film international erfolgreich machen, ebenfalls für Games bestimmend sind.

Übersicht der Multimedia-Pilotprojekte in der Bundesrepublik Deutschland

Gebiet/Stadt	Berlin	Hamburg	Köln/Bonn	Leipzig	Nürnberg	München
Teilnehmerzahl	50	1000	100	100	max. 5000	max. 4000
Testgebiet	City	City	offen	offen	Großraum	Großraum
vorauss. Beginn	IV 94	II 95	II 95	II 95	II 95	II 95
vorauss. Dauer	1 Jahr	1,5 Jahre	1,5 Jahre	1,5 Jahre	2 Jahre	2 Jahre
geplante Angebote	Basisangebote, Pay-TV, Pay-Radio, Near-Video-on-demand, Services: Homeshopping, Telebanking, Text, Daten usw.					
Zielgruppe	Publikum, Medizin, Verwaltung, Wirtschaft, Wissenschaft					

Synergien mit der Musikbranche

Wer kennt sie nicht, diese Filme, in denen Schallplattenstars auch schauspielern und zwischendurch singen: von Elvis Presley, der am Schluß auch nicht mehr in der Lage war, zu sagen, in welchem Film er eigentlich gerade auftrat und mit wem er eigentlich welche Rolle gerade spielte, bis zu Bill Hailey, von Willi Nelson bis zu Louis Armstrong, von David Bowie bis zu den Beatles, von Peter Alexander bis zu Freddy. Allen gemein ist, daß Persönlichkeiten, die im Medium Musik erfolgreich waren, diese Popularität auf die Leinwand brachten, um auch in diesem Medium finanziell erfolgreich zu sein (mit oder ohne Musik) – von ernsthaften schauspielerischen Ambitionen oder Fähigkeiten mag man ja nicht immer sprechen – von Ausnahmen einmal abgesehen („Bodyguard" – Whitney Houston) –, da zudem der Sinnzusammenhang der musikalischen Einlagen ohnehin meist eher fehlte.

Daneben gibt es noch die reinen Konzertfilme, von „Woodstock" I oder II über „Gimme Shelter" (Rolling Stones) zu Pink Floyd und Led Zeppelin. In diesem Fall allerdings scheint sich die Beliebtheit der Bands nur beschränkt in „Box Office" im Kino zu übersetzen. Konzertfilme werden bei aller Popularität der Bands als ein eher riskantes Geschäft angesehen.

Mit dem Aufkommen von MTV und Videoclips ist ein Phänomen zur vollen Blüte gelangt, das z. Zt. die Beziehung zwischen Film und (Pop-)Musik dominiert: Ein, zwei Titelsongs bekannter Interpreten (Bruce Springsteen: „Philadelphia", Elton John: „The Lion King") führen die Soundtracks der Filme an, bringen diese Filme über speziell geschnittene Musik-Clips, die sowohl den Interpreten als auch Ausschnitte aus dem Film zeigen, und erzeugen so, in unablässigen Wiederholungen über Fernsehen (während die Songs ebenso unablässig über Radio zu hören sind) das Image von Film und Musik als Einheit. In diesem Kreislauf, der übrigens natürlich schon früher angestrebt worden war (z.B. die „James-Bond"-Filme, mal mit einem Paul-McCartney-Song, mal mit einem von Shirley Bassey oder Duran Duran) steigert sich sowohl der Verkauf der Filmmusik selbst als auch der Musikabsatz der Interpreten allgemein wie auch der des Films an der Kinokasse, wobei die Musik im Falle reiner Soundtracks gewöhnlich eher vom Film als umgekehrt profitiert. Plakat, Logo und Design sind aufeinander abgestimmt und einheitlich, das Produkt ist in beiden Medien etabliert und verbindet sich in der Vorstellung des Publikums harmonisch: Das gleichzeitige oder folgende Merchandising folgt dem gleichen Konzept.

Es ist im Rahmen dieser Cross-Promotion für Film- und Fernsehproduzenten interessant, einen vermarktbaren Soundtrack anzustreben: Die zusätzlichen Werbebudgets

der Schallplattenfirmen kommen dem Film zugute. Es ist durchaus auch möglich, daß die Plattenfirma in die Produktion des Soundtracks miteinsteigt – eine weitere Kostenersparnis für den Produzenten. Allerdings wächst dadurch auch die Gefahr kreativer Einflußnahme. U.U. sind auch spätere Verkaufsbeteiligungen verhandelbar.
Da inzwischen die marktbeherrschenden (amerikanischen) Musikkonzerne mit den marktbeherrschenden (amerikanischen) Entertainment Konzernen liiert sind (Time Warner: Warner Music Group und Warner Bros. / Sony Music und Columbia, Tri-Star / MCA Music Entertainment Group mit Universal Pictures), ist die gegenseitige Nutzung aller Resourcen auch über zum gleichen Konzern gehörende Fernseh- und Printmedien vollkommen, logisch und effektiv. Das Soundtrack-Album von „Batman Forever" schaffte den Sprung in die US-Top-Ten, der Film selbst war ein Blockbuster. Der Soundtrack von „Forest Gump" hatte bis Sommer 1995 ca. 3 Mio Stück verkauft.
Auf dem Sektor der klassischen Musik allerdings ist das Geschäft bescheidener: Konzertfilme werden ausschließlich für die Fernseh-Auswertung bzw. für den Home Video/ Disk Markt produziert, das Publikum ist ein eher kleines und spezialisiertes.

Aus US-amerikanischer Sicht stellt sich der Markt (1993) folgendermaßen dar:

Vergütungen aus weltweiten Musikvermarktungen:

Public performance*	$	1.008.000.000	(+ 32% Zuwachs)
Reproduction	$	1.506.000.000	(+ 6%)
Radio	$	474.000.000	(+12%)
Synchronization	$	259.000.000	(+ 7%)
Printed music sales	$	489.000.000	(+13%)
TV, cable, satellite	$	608.000.000	(+12%)
other (interest, investment)	$	705.000.000	(- 21%)
insgesamt	$	5.033.000.000	(+ 7%)

* Musik, die in Restaurants, Hotels, Clubs und Amusement-Parks gespielt wird.

Die Situation in Deutschland

Naturgemäß ist dieser Bereich im Vergleich zu den USA wenig entwickelt, da das grundlegende Problem der wenig erfolgreichen deutschen Kinofilme jegliche weiterführende Vermarktung nicht ermöglicht. Es gibt eben keine erfolgreichen Filme, die mit attraktiven – ob deutschen oder internationalen – Komponisten, Sängern oder Interpreten besetzt wären und deren Musik man erwerben und zuhause auf einer CD hören möchte. Wieder zeigt sich, daß der Kinoerfolg die Lokomotive für alle weiteren Erfolge darstellt. Allerdings funktioniert der TV-Markt auch hier recht gut; TV-Serien haben sich in der weiterführenden Vermarktung außerordentlich bewährt.
Nichtdestotrotz (Kino) und gerade deswegen (TV) gibt es in Deutschland Agenturen, die sich dieses Geschäftes annehmen (z.B. DAYDREAM in München), und Filme wie

die folgenden versuchen durchaus in dieser Richtung erfolgreich zu sein: Im Kino: „Keep on Running“ (die LPs und CDs waren finanziell erfolgreicher als der Film), „Manta – der Film“, „Faraway, so close“, „Frauen sind was Wunderbares“, „Unendliche Geschichte III“ und „Das Stadtgespräch“ – und im Fernsehen: „Terra-X“, „Wildbach“, „Um die Dreißig“.

Zu den rechtlichen Grundlagen

Grundsätzlich hat man es mit zwei relevanten Rechtsblöcken zu tun:
1. das Urheberrecht für die geistige Schöpfung (Autor, Komponist, Texter) – vertreten durch Musikverlage
2. das Leistungsschutzrecht für die handwerkliche Leistung (vom Sänger zum Musiker zum Plattenhersteller) – vertreten durch Tonträgerfirmen (Labels)

Der Urheber überträgt dem Musikverlag Beteiligungen für (alle) Nutzungsrechte an seinem Werk. Aus dieser Position heraus ist der Verlag, der Verleger daran interessiert, das gesamte Potential seines Produktes – der Komposition – vielfältig auszuwerten und auszuschöpfen.

Die Rolle der GEMA

Die GEMA – Gesellschaft für musikalische Aufführungs- und mechanische Vervielfältigungsrechte) ist die Interessenvertretung der Urheber wie auch der Bearbeiter, Arrangeure, Texter und Musikverleger. Die GEMA ist dank ihrer effektiven und weitestverbreiteten Organisation in der Tat in der Lage, nachzuvollziehen, wo wann in welcher Form und mit welcher Häufigkeit ein Werk aufgeführt, gesendet, vervielfältigt oder in anderer Weise benutzt (Jahrmarkt z.B.) wurde. Zugleich ist die GEMA in der Lage, für diese unterschiedlichen Nutzungen durch Rahmenverträge (z.B. mit Sendeanstalten) und Regularien das Inkasso der entsprechenden Gebühren zu betreiben. Da die GEMA zudem international operiert, werden die Interessen ihrer Mitglieder praktisch weltweit über bilaterale Vereinbarungen wahrgenommen.
Um dieser Rolle gerecht zu werden, übertragen sowohl die Urheber der Komposition als auch der Texte als auch die Musikverleger der GEMA per befristetem Wahrnehmungs- oder Geschäftsbesorgungsvertrag die Kontrolle und das Inkasso der Aufführungs-, Wiedergabe-, Vervielfältigungs- und Senderechte. Dieser sog. GEMA-Geschäftsbesorgungsauftrag gilt allerdings nur bei Auftragsproduktionen im Sendebereich Deutschlands. Er gilt nicht für die Medien Kino, Video, CD-I, CD-ROM, und nicht für Medien außerhalb des Territoriums Deutschland, Österreich und Schweiz.
Darstellung der GEMA-Tarife 1993 für Rundfunk/Fernsehen:
Tarif 1:
Tarif für Musik in Rundfunk, Fernsehen und für Film/Serien, sofern sie von inländischen Fernsehanstalten selbst produziert oder Auftragsproduktionen sind:

Minutenwert 1993:

Senderecht (SR) Rundfunk/Fernsehen	DM	7,00 (SR) (12/12)
Vervielfältigungsrecht (VR) Rdfk/Fernsehen	DM	4,01 (VR) (100%)
Gesamtwert	DM	11,01 für 100%

D.h. eine Minute Musik im Rundfunk pro ARD-Sender bringt 11,01 DM.
Das Verlagsinkasso für ein zu 100% kontrolliertes subverlegtes Werk beträgt 6/12 im Senderecht und 100% im Vervielfältigungsrecht. Die Einnahme pro Minute beträgt demnach 7,51 DM.
Das Verlagsinkasso für ein 100% kontrolliertes originalverlegtes Werk beträgt 4/12 im Senderecht und 40% im Vervielfältigungsrecht. Die Einnahme pro Minute beträgt demnach 3,93 DM.

Die Programme der Privatradiosender werden nur erfaßt, wenn das Werbeaufkommen 500.000 DM übersteigt.
Für das Fernsehen werden die Minutenwerte mit drei multipliziert sowie mit der Anzahl der ausstrahlenden Sender, d.h. Gesamt-ARD x 11, ebenso ZDF.
Das ergibt einen Gesamtminutenwert von 231 DM für Senderecht, und 132,33 DM für Vervielfältigungsrecht, insgesamt also 363,33 DM (100%).
Für subverlegte Werke (100% kontrolliert) ergibt sich eine Verlagseinnahme für ARD und ZDF von 247,83 DM.
Für originalverlegte Werke ist das Verlagsinkasso 129,89 DM.

Die Privatfernsehsender haben folgende Multiplikatoren erreicht (Stand 1993):

Sender:	Multiplikator 1993	Verlagseinnahme Original	Verlagseinn. Sub
RTL	8	DM 94,32	DM 180,24
SAT.1	7	DM 82,53	DM 157,71
3sat	3,5	DM 41,27	DM 78,85
PRO7	1,5	DM 17,69	DM 33,79
arte	6	DM 70,74	DM 135,18
premiere	3/4	DM 8,84	DM 16,90
RTL2	1/8	DM 1,96	DM 3,75
Vergleich ZDF/ARD	11	DM 129,69	DM 247,83

Tarif 2:
Musik in Filmen/Serien im Fernsehen, die keine Eigen- oder Auftragsproduktionen sind:
Grundtarif 1992 pro 1000 Sekunden 119,52 DM = Minutenwert 7,17 DM (100%). Da bei diesem Tarif nur Einkünfte auf das Senderecht verteilt werden, ist das Verlagsinkasso bei 6/12 3,58 DM und bei 4/12 2,39 DM.
Das ergibt pro Sender folgendes Inkasso (1992):

Sender:	Multiplikator	Original	Sub
ARD/ZDF	11	DM 26,29	DM 39,38
RTL	5,5	DM 13,14	DM 16,69
SAT.1	4,5	DM 10,76	DM 16,11
3sat	2	DM 4,78	DM 7,16
PRO7	1	DM 2,39	DM 3,58

Für 1995 sehen die GEMA-Multiplikatoren folgendermaßen aus:

Sender:	Mulitplikator
ARD/ZDF	11
RTL	8
SAT.1	7
PRO7	4
arte	6
3sat	4
RTL2	1 1/4
KABEL1	1/3
VOX	1/3
premiere	1
VIVA	1/12

Musik in Werbespots wird im Rundfunk nach Tarif 1 verrechnet, im Fernsehen nach Tarif 2, erhält aber zusätzlich den Multiplikator 3.

Für Film- und Fernsehproduzenten scheint es also sinnvoll, selbst zum Musikverleger der Musiken zu werden, die in ihrem Auftrag zu ihren Kosten für ihre audiovisuellen Produkte hergestellt werden. Die Einnahmen, die die GEMA den Musikverlagen zukommen läßt, gingen damit direkt an die Produzenten zurück.
Im Falle der Aufführungs- und Wiedergaberechte – also wenn z.B. eine Band einen nicht-eigenen Song im Rahmen eines öffentlichen Konzertes nachspielen will – beschränkt sich die Funktion der GEMA auf die einer Kontrolle und Wahrnehmung. Die Einwilligung einer Verwendung darf sie in einem derartigen Fall nicht verweigern.
Anders ist die Situation, wenn ein Musikwerk in einem Ton- oder Bildtonträger verwendet, synchronisiert werden soll, also z. B. als Filmmusik benutzt werden soll. In diesem Fall muß der Film-Produzent zusätzlich zu den von der GEMA verwalteten Rechten die Rechte des Filmherstellungs- oder Filmsynchronrechtes erwerben. Dieses Recht betrifft die notwendige Zustimmungserfordernis und entsprechende finanzielle Kompensation des Komponisten und/oder Texters für die Nutzung seines Werkes im Film- und TV-Bereich. (Dies ist nicht notwendig im Falle von Auftragsproduktionen bei einer ausschließlichen Nutzung im öffentlich-rechtlichen TV- und Rundfunkbereich, bzw. bei den großen privaten Sendern.)
Diese Rechte werden seit gut 10 Jahren – nachdem sie zuvor auch der GEMA übertragen worden waren – wieder von den Musikverlagen selbst verhandelt. Dies ist geschehen aufgrund der vielfältigen neuen technischen – und somit zusätzliche Einnahmen versprechenden – Auswertungsmöglichkeiten, wie auch aus dem Interesse heraus, selbst zu kontrollieren, d.h. zu genehmigen oder Zustimmung zu verweigern, welche Musik in welchen Filmen verwendet wird. Zudem erzielt der Musikverlag selbst hier Einnahmen, ohne diese über die GEMA teilen zu müssen.
Des weiteren muß beachtet werden, daß die Genehmigung des Musikverlags, einen bestimmten Titel verwenden zu dürfen, noch nicht besagt, eine bestimmte Version dieses Titels benutzen zu können. D.h. die besondere Aufnahme einer Komposition –

durch die Arrangeure und Musiker wie auch der Firma/Label, die diese Fassung hergestellt hat – werden durch das Leistungsschutzrecht der Tonträgerhersteller geschützt: Dies sind die Tonträgernutzungsrechte. Die Wahrnehmung dieser Interessen – der Sänger, Instrumentalisten etc. – findet durch die GVL, Gesellschaft zur Verwertung von Leistungsschutzrechten, gegenüber den Nutzern – Radio, Fernsehen, Film usw. – statt. Das sog. Master-Usage-Right oder Tonträgereinschneidungsrecht regelt diese Verwendung; in jedem Fall muß der Filmproduzent die entsprechende Verwendung mit dem Tonträgerhersteller, der jeweiligen Schallplattenfirma selbst verhandeln. Derartige Verhandlungen werden nicht von der GVL geführt.
Für den Filmproduzenten gibt es also mehrere Möglichkeiten, mit Musik im Film umzugehen:

1. Er benutzt bereits existierende Musik in ihrer auf dem Markt bestehenden Version.
2. Er benutzt vorgegebene Kompositionen und läßt diese neu interpretieren, also mit neuen Musikern und Interpreten produzieren.
3. Er läßt Musik speziell für den Film komponieren und produzieren.

Aus diesen Möglichkeiten gilt es, die dramaturgisch-künstlerisch sinnvollste und geschäftlich profitabelste und marketingmäßig effektivste Mischung zu kreieren. Dies zu koordinieren und zu bewerkstelligen ist die Aufgabe des Musical Supervisors oder von entsprechenden Agenturen im Bereich der Filmmusik.

Im folgenden werde ich auf einige Details dieses Themas – für Film und Fernsehverwendung – eingehen und auch aus den entsprechenden Verträgen zitieren:
Grundlage einer Zusammenarbeit zwischen einer Agentur und einem Filmproduzenten bildet der Kooperationsvertrag (besonderer Dank geht an Klaus Frers, DAYDREAM Prod., München, für die freundliche Genehmigung zu Zitaten aus Unterlagen).
Der Tätigkeitsumfang wird generell derart definiert:

„Die Vertragpartner beabsichtigen, hinsichtlich der Herstellung und der außerfilmischen Verwertung des Soundtracks zu der von dem Produktionsunternehmen herzustellenden (TV-Serie, Kinofilm) sowie weiterer auf dieser Produktion bezogene Musiken zu kooperieren.
Der Vertragspartner ist in Absprache mit dem Produktionsunternehmen für die Konzeption, Kalkulation und Produktionsabwicklung der Musik zum (Film, Serie) zuständig. Neben der Herstellung von stimmiger Filmmusik in Absprache mit Regie und Produktion berücksichtigt der Vertragspartner insbesondere die Vermarktbarkeit der Filmmusik durch Dritte im Tonträger- und Verlagsgeschäft. Soweit die vorgenannte Musik auch innerhalb der Filmproduktion Verwendung findet, ist der Vertragspartner zuständig für die Koordination mit dem Komponisten der Filmmusik.
Bezüglich der Musik, die in Hinsicht auf die Nutzung auf Tonträger hergestellt wird, wird der Vertragspartner die Konzeptionierung, Kalkulation, Abwicklung und Überwachung der Produktion übernehmen. Das gleiche gilt für die vorgesehene Nutzung von Originaltiteln und allen notwendigen Vertragsabschlüssen mit Komponisten und Interpreten sowie alle weiteren rechtlich relevanten Klärungen.
Der Vertragspartner wird die Vermarktung der Tonträger übernehmen. Hierzu gehört die Akquisition, Verhandlung, Überwachung des Marketing und der Lizenzverwertung seitens der

Lizenznehmer. Dies bezieht sich sowohl auf den Film-Soundtrack, als auch auf Auskoppelungen etc."

Im Rahmen der Soundtrack-Konzeption und Umsetzung sind die folgenden Eckdaten am Beispiel einer TV-Serie von Interesse:

1. Titel
   Es ist hilfreich, für die additive Vermarktung (z.B. Tonträger) eine beidseitig gut vermarktbare Namensgebung im Auge zu behalten – soweit machbar. (Unter additiver Vermarktung sind angestrebte Einnahmen aus der Soundtrackvermarktung gemeint, d.h. a) ein Kooperationsbeitrag [pro Tonträger], der sich auf die Titelschutzvermarktung bezieht – die Tatsache, daß ein Label Filmtitel und den daraus resultierenden Werbe- und Synergieeffekt für die Tonträgervermarktung nutzt, stellt einen Wert dar, dem durch diesen Kooperationsbeitrag entsprochen wird und b) Lizenzen, also Beteiligungen aus dem Verkauf des Tonträgers entsprechend des Anteils der beigesteuerten Eigenproduktion.)
2. Musik-Trailer (Programm-Trailer)
   Musik-Trailer (Trailer mit Interpret und Titelsong in Verbindung mit Bildmaterial / Videoclip) stellen eine sehr moderne Variante von Synergie zwischen Musik und Film dar.
3. Tonträger
   Es ergibt sich aus wirtschaftlicher und kreativer Sicht folgender Tonträger bei optimaler Wahrung der Produzenteninteressen:
   1. Titelsong (möglichst Verlag Produzent)
   2.-5. Eigenproduzierte Titel incl. 2 Themes (Verlag: Produzent)
   6.-14. Zielgruppenstimmige Koppelung von etabliertem Produkt, z.B. aktuelle Hitkoppelungen, Soulpop-Koppelungen usw. (je nach Zielgruppe zu definieren)
4. Komposition (Verlag, Produzent)
   a) dramaturgische Filmmusik
   b) titelorientierte Musik inkl. Titelsong: zielgerichtete Ausschreibungen mit diversen Teams
5. Musikproduktion
   a) Interpretencasting (möglichst „Namen")
   b) Aufnahme und Mischung von 2 bis 3 Titeln mit optimalem „Trailer/Hit"-Potential
   c) Schnitt von zwei Themen aus dramaturgischer Filmmusik zur Verwendung auf Tonträger
6. Musik in der Serie
   a) entscheidend für eine stimmige und reibungslose Integration ist die optimale Absprache und Transparenz in Richtung kreativer Entscheidungsträger als auch eine „integrative" Zusammenarbeit mit den Komponisten der dramaturgischen Filmmusik. Die Präsenz von Originaltiteln sollte nicht „überhöht", aber konsequent gehandhabt werden.
   b) Playbacks (soweit Auftritte im Film). Die Backing-Tracks müssen vor Dreh mit Time Code gefertigt und vorher nach notwendigen filmischen und kommerziellen Faktoren erarbeitet werden. Das Casting der Künstler bedarf insbesondere der Analyse ihres schauspielerischen Involvements. Ein abschließender Mix kann nach dem Dreh stattfinden.
7. Additive Vermarktung
   a) Kooperationsbeitrag 1,00-1,50 DM (gestaffelt) (bei Werbezeiten entsprechend bis zum 1,00 DM mehr)

b) Lizenzen
   5 Titel à 16%-18% PPD (PPD = 20,00 DM) (PPD / H.A.P. [Handelsabgabepreis] ist die gängige Basis zur Abrechnung von Lizenzen im Tonträgerbereich) ergibt bei Hochpreiskoppelung zusätzlich ca. 1,50-2,00 DM.
c) Verlag
   5 Titel bei 60/40 und 8/12 zu 4/12 abzgl. Administration
d) Garantie „Koop" und Lizenzen: je nach Werbeumfeld, Musiksegment und Hitpotential zwischen 60.000 und 150.000 DM zzgl. garantierter Einnahmen des Verlags pro Jahr.

Im Folgenden eine beispielhafte Kalkulation der Herstellungskosten eines Soundtracks nach dem obigen Muster – hier für einen Kinofilm entwickelt für internationale Auswertung, d.h. Rechteerwerb für weltweite Nutzung in allen Medien:

Herstellungskosten:

Produktion dramaturgische Filmmusik 40 Min.		
Honorar Komponist	$	50.000
5 Tage Aufnahmestudio	$	8.000
3 Tage Mischstudio	$	6.500
Tonmeister Aufnahme	$	4.000
Tonmeister Mischung	$	2.500
Arrangements	$	3.500
Honorare Studio-Musiker	$	20.000
Verpflegung, Unterkunft, Reisekosten	$	8.000
insgesamt	$	102.500

Produktion 5 Titelsongs		
Honorare Künstler	$	8.000
9 Tage Aufnahmestudio	$	14.000
4 Tage Mischstudio	$	9.000
Producer's Fee	$	9.000
Tonmeister Aufnahme	$	7.500
Tonmeister Mischung	$	3.000
Honorare Studio-Musiker	$	12.000
Verpflegung, Unterkunft, Reisekosten	$	5.000
insgesamt	$	67.500

Vor-Produktion von Playback-Titeln		
Honorar Komponist	$	3.000
Studiogebühr	$	3.000
Honorare Studio-Musiker	$	3.000
Tonmeister	$	3.000
Verpflegung	$	1.500
insgesamt	$	13.500

Verwendung von 6 Original-Titeln/Aufnahmen / 8 Min.	
Master Usage Rights	$ 70.000
Synchronisation Rights	$ 65.000
insgesamt	$ 135.000
Kalkulation Musical Supervisor	
Honorar	$ 25.000
Reise- Unterbringungskosten	$ 8.000
Bürokosten	$ 6.000
insgesamt	$ 39.000
Rechtsberatungen	$ 15.000
Gesamtherstellungskosten	$ 372.000
Recoupment-Möglichkeiten	
Verlagsrechte an allen Musiken, weltweit, in allen Medienliegen beim Filmproduzenten	
Master Tapes	$ 250.000
Title Usage Rights/ Tonträgereinschneidungsrecht	$ 150.000
insgesamt	$ 400.000
Kooperation Marketing-Budget der Tonträgerfirma	$ 200.000

Um eine lückenlose Verwertung zu ermöglichen, sind Absprachen im Rahmen eines Bandübernahme- und Komponistenvertrages zwischen Filmproduzent und Komponist notwendig; aus einem derartigen Muster wird im folgenden teilweise zitiert:

§ 1 Gegenstand des Vertrages
Komponist verpflichtet sich, für den Film („Programm") die dramaturgische Filmmusik („Vertragsaufnahmen") zu komponieren und zu produzieren.

§ 2 Lieferung des Masterbandes
(...)

§ 3 Rechteübertragung
Komponist überträgt Filmproduzent an den Vertragsaufnahmen, dem Masterband und dem Programm exklusiv sämtliche Nutzungsrechte für alle Nutzungsarten weltweit und zeitlich unbegrenzt, um die Vertragsaufnahmen, das Masterband und das Programm in jeder denkbaren Weise auszuwerten und die Vertragsaufnahmen in Verlag zu nehmen.

3.1 Komponist überträgt Filmproduzent an den Vertragsaufnahmen:
3.1.1 die Leistungsschutzrechte aus §§ 74, 75 Satz 1 und 2, 75 Abs. 1 UrhG
3.1.2 die Leistungsschutzrechte aus §§ 85 und 94 UrhG
3.1.3 die Vergütungsansprüche (unter Einschluß der Vergütungsansprüche der ausübenden Künstler) für erlaubnisfreie aber vergütungspflichtige Nutzungen durch Dritte, insbesondere aus §§ 46, 52, 54, 76, 77, 86 und 94 Abs. 4 UrhG,
3.1.4 sämtliche gewerbliche Schutzrechte und sonstige Befugnisse, die zur Ausübung der vertragsgegenständlichen Nutzungshandlungen erforderlich sind.

3.2 Filmproduzent ist danach insbesondere berechtigt,

3.2.1 die Vertragsaufnahmen auf Film – nach Vervielfältigung und Verbreitung in beliebigen Stückzahlungen – öffentlich vorzuführen. Die Rechteübertragung erstreckt sich auf alle jetzigen und künftigen filmtechnischen Verfahren und Systeme (z.B. 35mm, 16mm, 70mm, Farbfilm, plastischer Film, 3D-Film, Cinerama, VistaVision, Todd-AO, Cinemascope, Magnetbänder aller, auch digitalisierter Art) zu gewerblichen und nichtgewerblichen öffentlichen Vorführungen in beliebigen Vorführungsplätzen sowie auf Festivals und Messen.

3.2.2 die Vertragsaufnahmen durch Ausstrahlung von Funksendungen (Fernsehen und Hörfunk)der Öffentlichkeit zugänglich zu machen. Die Ausstrahlung kann mittels terrestrischer Funkanlagen, Satelliten unter Einschluß von Direktsatelliten, Kabelanlagen unter Einschluß von Kabelweitersendungen und ähnlicher technischer Einrichtungen oder mittels einerKombination solcher Anlagen und unabhängig davon, wie das Nutzungsentgelt erhoben wird (Gebühr, Pay-TV usw.), erfolgen, wobei das Recht der öffentlichen Wiedergabe von Funksendungen sowie die sich aus der Möglichkeit privater Aufzeichnungen solcher Sendungen ergebenden Entgeltansprüche eingeschlossen sind.

3.2.3 die Vertragsaufnahmen auf Bildtonträger jeder Art (insbesondee Zelluloid in allen Formen und Formaten, Videomagnetband in allen Systemen, CD-Video, Laserdisc, Disketten, Chips) und unter Anwendung aller technischen Verfahren aufzunehmen sowie die hergestellten Bildtonträger zu vervielfältigen und zu verbreiten, wobei die sich aus dem Vermieten und Verleihen der Bildtonträger und der Möglichkeit privater Überspielungen ergebenden urheberrechtlichen Vergütungsansprüche eingeschlossen sind.

3.2.4 die Vertragsaufnahmen auf Tonträger jeder Art (insbesondere Schallplatten, Musikcassetten, Compact-Disk, Multi Optical Compact Disc/MO-CD, Digital Compact Disc/DCC, MiniDisc, Digital Audio Tape/DAT, Compact-Disc-Video, Laser-Disc, Foto-CD, CD-ROM, CD-ROM-XA, RAM-Cards, CD-I, Disketten, Chips usw.) in jeder Konfiguration (insbesondere Einfach-, Doppel-, Mehrfach-Tonträger, Single und Maxi-Single) und unter Anwendung aller technischen Verfahren aufzunehmen sowie die hergestellten Tonträger zu vervielfältigen und zu verbreiten, wobei sich die aus dem Vermieten und Verleihen der Tonträger und der Möglichkeit privater Überspielungen ergebenden urheberrechtlichen Vergütungsansprüche eingeschlossen sind,

3.2.5 die Vertragsaufnahmen auf Kopplungstonträgern bzw. Kopplungsbildtonträgern jeder Art auszuwerten. Hierunter fallen sowohl Kopplungen, die lediglich Titel des Künstlers enthalten, als auch Kopplungen, auf denen Titel verschiedener Künstler enthalten sind.

3.2.6 die Vertragsaufnahmen auf jede Art und Weise und in allen Medien – auch unter Verwendung des Namens des Komponisten und Abbildungen von ihm in branchenüblicher Weise – zu bewerben, für Werbezwecke jeder Art (auch für artfremde Drittprodukte) auszuwerten, sofern dadurch nicht eine gröbliche Beeinträchtigung des künstlerischen Gehalts der Vertragsaufnahmen verursacht wird oder andere berechtigte Interessen des Komponisten und der ausübenden Künstler unzumutbar beeinträchtigt werden,

3.2.7 die Vertragsaufnahmen ganz oder teilweise im Wege des Sampling zu vervielfältigen,

3.2.8 die Vertragsaufnahmen zur Herstellung von Playbackversionen zu verwenden und diese ebenso auszuwerten wie die Vertragsaufnahme selbst,
3.2.9 Bearbeitungen, Kürzungen, Remixe, Nachsynchronisationen (in jeder Sprache und auch mit anderen Künstlern) oder sonstige Veränderungen bzw. Umgestaltungen der Vertragsaufnahmen vorzunehmen sowie die einzelnen Vertragsaufnahmen ganz oder teilweise miteinander oder mit Aufnahmen dritter Künstler zu verbinden und die veränderten, umgestalteten oder verbundenen Aufnahmen in gleicher Weise auszuwerten wie die Vertragsaufnahmen selbst.
3.2.10 die Vertragsaufnahmen als Musiknoten, Songbücher u.ä, Publikationen herzustellen, diese zu vervielfältigen und zu verbreiten.

Eine derartig umfassende Rechteeinräumung wird üblicherweise sowohl über eine pauschale Vergütung (gewöhnlich in zwei Raten à 50% – Vertragabschluß, Lieferung des Master-Tapes – zahlbar) als auch über eine erfolgsbedingte Beteiligung abgegolten. Hier handelt es sich zum einen um die Vergütungen durch die GEMA, zum anderen um eine prozentuale Beteiligung des Nettodetailpreises des Tonträgers.

Zum Marketing

Welche Punkte sind zu klären, wenn zwischen der Plattenfirma der Tonträger (CD, MC usw.) der Filmmusik mit dem Filmverleiher die Kampagne zum Start des Kinofilms selbst zu koordinieren ist, um einen optimalen Synergieeffekt herzustellen?

1. Zuerst sind die zeitlichen Abläufe festzulegen und zu vereinbaren, wobei beide Produkte zeitgleich, bei Hitpotential ggf. der Soundtrack auch früher, erscheinen sollen.
2. Sind die Cover-Erscheinungen und Logos (Darstellung der Künstler, Schauspieler, Namensnennungen) aufeinander abzustimmen.
3. Die Kampagne im Detail verpflichtet sich, auf den Soundtrack im Rahmen der Filmkampagne hinzuweisen (z.B.):
   - Trailerkampagne auf (Anzahl) der Kinoleinwände
   - Voranzeigen in der regionalen Tagespresse
   - zum Filmstart bundesweite Tageszeitungsbelegung
   - Anzeigen in Stadtmagazinen
   - Anzeigen in „McDonald's Kino News“
   - Anzeigen in „Cinema“
   - TV-Werbung / Spots
   - Filmposter-Plakatierung
   - Promotion: Filmmusik wird im Saal- und Foyerbeschallung in den Kinos eingesetzt
   - Verlosungen
   - Musikvideos

Der Filmverleiher ist üblicherweise an den Verkäufen im Handelsvertrieb als auch über Clubverkäufe mit einer bestimmten Pauschale bzw. Umsatzbeteiligungen beteiligt, wobei die einzelnen Prozentsätze sich je nach Produkt – Single, Maxi-Single, LP, MC, CD, CDD/MD – sowie nach Inlands- und Auslandsgeschäft unterscheiden.
Aus der Komplexität der oben angerissenen Thematik, der unterschiedlichen Auswertungs- und vielgestaltigen Verknüpfungsmöglichkeiten wird m.E. deutlich, daß dieser Bereich für Filmproduzenten sowohl attraktiv ist als auch, daß er derartiges Fachwissen und Know-how erfordert, daß die Kooperation mit einer auf diese Tätigkeit spezialisierten Agentur und Rechtsanwälten dringend zu empfehlen ist.

Festivals, Messen, Märkte

Filmfestivals sind der Ort, an dem, mit der Ausnahme von in Deutschand noch weitestgehend unüblichen Test-Screenings in einzelnen Kinos, nach deren Ergebnissen in den USA auch Filme umgeschnitten oder Teile nachgedreht werden, eine erste gewichtigere Publikums- und Kritikermeinungsäußerung stattfinden kann. Aus diesem Grund, da eine enthusiastische Publikumsakzeptanz auf den „richtigen" Festivals fast immer „automatisch" zu oft weltweiten Verkäufen führt, ist für den Produzenten die Wahl des, bzw. die Einladung auf Festivals von elementarem Interesse. Da zudem viele Festivals auf die Exklusivität der Weltpremiere oder der Erstaufführung im eigenen Land Wert legen, ist die Wahl des „passenden" Festivals von großer Bedeutung.
Einige Festivals fungieren zugleich als Markt, bzw. ist ihnen ein Markt oder eine Messe angeschlossen. Märkte und Messen stehen allen Produzenten zur Verfügung und Präsentationsstände, Suiten und Vorführmöglichkeiten usw. sind gegen Gebühren zu buchen, Festivals dagegen funktionieren generell über Einladung, bzw. über ein Vorauswahlgremium bei gemeldeten Filmen.
Nach wie vor ist unter diesen geschäftlichen (und kulturellen) Aspekten das wichtigste Filmfestival der Branche Cannes (Mai). AFM American Film Market und MIFED kommen gleich dahinter. Für deutsche Produzenten und Macher ist Berlin (Februar) ein Muß. Einen Film vom amerikanischen Sundance Filmfestival eingeladen zu bekommen, bedeutet die Erfüllung manchen Traums. Ebenfalls interessant sind Toronto und Montréal sowie Tokyo und Hongkong. Auch Rotterdam hat sich einen sehr guten Ruf erworben.
„Pflichtfestivals" den Fernsehmarkt betreffend sind MIPCOM und MPI-TV in Cannes und das amerikanische NATPE.
Was macht ein Festival – eigentlich ja Treffpunkt, um, weniger wichtig, sowohl Filme zu sehen als um noch mehr all diejenigen Personen zu treffen, die für das Geschäft wichtig sind und deren Treffen anders wochenlanges, weltweites Reisen erfordern würde – gut, bzw. nützlich, aus dem Blickwinkel des Produzenten?
Die Ziele einer professionellen Festivalnutzung: Das eigene Produkt unter optimalen Bedingungen allen für die internationale Verwertung in allen Medien relevanten Personen zeigen zu können, lassen sich elementar folgendermaßen definieren:

1. Optimale Vorführmöglichkeiten (Kino und Video) des Produktes zu gewährleisten.
2. Kommunikationsmöglichkeiten mit internationalen Entscheidungsträgern betr. Einkauf aller Medien zu ermöglichen.

3. Kommunikationsmöglichkeiten mit internationalen Entscheidungsträgern betr. Finanzierung und Koproduktion von neuen Vorhaben zu eröffnen.
4. Effektive internationale Presse- und PR-Arbeit zu gewährleisten.

Grundlagen, diese Ziele zu realisieren, sind mindestens eine effektive Kommunikationskultur, u.a.:

a) persönliche Fächer, um die Kontaktaufnahme von Besuchern untereinander zu gewährleisten.
b) Pressefächer, durch die Informationsmaterialien an bestimmte Pressekontakte lanciert werden können.
c) Festivalmitarbeiter, die in der Lage sind, gewünschte Kontakte zu anderen Festivalbesuchern herzustellen.
d) Social events wie Einladungen, Essen, Ausflüge; Verbands- oder Interessengruppeneinladungen.
e) Pressekonferenzen.
f) Firmen-, Besucher- und Gästeverzeichnisse, aus denen Funktionen und Adressen eventueller Ansprechpartner hervorgehen.
g) Produktverzeichnisse.
h) Verfügbarkeit von weltweiter Kommunikations- und Bürotechnik.

Eine Umfrage unter amerikanischen Film-Fernsehindustriemitgliedern 1995 hat folgendes Bild ergeben:

zu den 10 wichtigsten Festivals für Executives gehören:	zu den 10 wichtigsten Festivals für Film/Fernseh-Einkäufer gehören:	zu den 10 wichtigsten Festivals für Film/Fernseh-Verkäufer gehören:
1. Cannes	1. Cannes	1. Cannes
2. AFM American Film Market	2. AFM	2. Mifed
3. MIFED	3. MIFED	3. AFM
4. Berlin	4. Berlin	4. Mip-TV
5. Venedig	5. Mipcom	5. Mipcom
6. Toronto	6. Mip-TV	6. Berlin
7. Mip-TV	7. Toronto	7. Venedig
8. Sundance	8. Venedig	8. Toronto
9. Montréal	9. Sundance	9. NATPE
10. Tokyo	10. Tokyo	10. Tokyo

Aufgrund der Besonderheiten der Referenzfilmförderung des FFG Filmförderungsgesetzes der FFA scheint es sinnvoll, an dieser Stelle noch einmal die Liste der Festivals darzustellen, auf denen der Gewinn eines 1. Preises für Kurzfilme zu einer Förderung führt. Referenzfilmförderung erhalten, wenn sie auf den folgenden Filmfestivals von der Hauptjury Auszeichungen (erste Preise) erhalten haben (dies gilt auch für nicht-programmfüllende Kinder- oder Jugendfilme):

Internationales Trickfilmfestival Annecy
Internationale Farbfilmwoche Barcelona
Internationaler Autorenfilmwettbewerb Bergamo
Internationaler Agrarfilmwettbewerb Berlin
Internationale Filmfestspiele Berlin
Internationales Dokumentar- und Kurzfilmfestival Bilbao
Internationale Filmfestspiele Cannes
Internationale Filmfestspiele Cork
Internationales Sportfilmfestival Cortina d'Ampezzo
Festspiel der Völker – Intern. Schau des gesellschaftskundl. Kulturfilms Florenz
Internationales Kurzfilmfestival San Francisco
Internationale Kurzfilmtage Grenoble
Internationale Filmfestspiele Karlsbad
Internationaler Experimentalfilmwettbewerb Knokke-le-Zoute
Internationales Kurzfilmfestival Krakau
Internationale Filmfestspiele Locarno
Internationales Trickfilmfestival Mamaia
Internationale Filmwoche Mannheim
Internationale Filmfestspiele Melbourne
Internationale Filmfestspiele Moskau
Internationales Filmfestival Nyon
Internationales Film- u. Fernseh-Festival Oberhausen (Sportfilmtage)
Westdeutsche Kurzfilmtage Oberhausen
Internationale Filmfestspiele San Sebastian
Internationale Filmfestspiele Teheran
Internationales Kurzfilmfestival Thessaloniki
Internationale Festwoche für Berg- und Forschungsfilme Trient
Internationale Woche d. religiösen Films u.d. menschl. Werte Valladolid
Internationale Dokumentarfilmschau Venedig
Internatioales Trickfilmfestival Zagreb
Internationales Filmfestival für Verkehrssicherheit Zagreb

Des weiteren qualifizieren die folgenden Auszeichnungen für diese Regelung:

Der Bundesminister des Innern:	Deutscher Filmpreis und weitere Filmpreise, soweit sie für Kurzfilme i.S. des FFG verliehen werden
Der Bundesminister für Wirtschaft:	Deutscher Industriefilmpreis
Der Bundesminister für Jugend, Famile und Gesundheit:	Deutscher Jugendfilmpreis für Kurzfilme Deutscher Kinderfilmpreis für Kurzfilme
Der Kultusminister des Landes NRW:	Preis für den besten Kurzfilm mit bildungspolitischem Thema
The Academy of Motion Pictures, Arts and Sciences, Hollywood:	Oscar, Kurzfilmpreis
Die Katholische Filmarbeit in Deutschland:	Preis im Rahmen der Westdeutschen Kurzfilmtage Oberhausen und der Internationalen Filmwoche Mannheim

Das Internationale Evangelische Filmzentrum:	Preis im Rahmen der Westdeutschen Kurzfilmtage Oberhausen und der Internationalen Filmwoche Mannheim
Deutscher Volkshochschulverband:	Preis im Rahmen der Westdeutschen Kurzfilmtage Oberhausen und der Internationalen Filmwoche Mannheim
Die Fédération Internationale de la Presse Cinématographique Fipresci:	Preis der internationalen Filmkritik im Rahmen der West-deutschen Kurzfilmtage Oberhausen und der Internationalen Filmwoche Mannheim
Die AG der Filmjournalisten e.V.:	Preis der Deutschen Filmkritik (Curt-Ortel-Medaille)
Der Hauptverband Deutscher Filmtheater e.V.:	Kurzfilmpreise

Darüber hinaus gibt es eine Reihe von Festivals, auf denen „business“ betrieben wird, und eine Reihe von Festivals, deren Image einem Film weiterhelfen können. Die folgende Liste ist natürlich unvollständig und auch von persönlichen Erfahrungen gefärbt. Sowohl in der regelmäßigen Fachpresse als auch über spezielle Bücher zu diesem Thema kann sich jeder Interessierte einen Überblick über Art und Wesen einzelner Festivals verschaffen. (Für die Richtigkeit der Angaben kann keine Gewähr übernommen werden.)

Januar:

Bruxelles International Film Festival, Brüssel, Fax 0032/2/2186627
  Kurz- und Spielfilme
Sundance Film Festival, Park City, Utah, USA, Fax 001/801/5755175
  Kurz-, Dokumentar- und Spielfilme
Rotterdam Film Festival, Rotterdam, Fax 0031/10/4135132
  Kurz-, Experimental-, Dokumentar- und Spielfilme
Film Festival Max Ophüls Preis, Saarbrücken, Fax 0681/39452
  Kurz-, Dokumentar-, Spiel- und Erstlingsfilme
Solothurner Filmtage, Solothurn, Fax 0041/65/236410
  Kurz-, Animations-, Dokumentar- und Spielfilm

Februar:

Europees Kinderfilm Festival, Brüssel, Fax 0032/2/2196927
  Animations-, Kinder- und Jugendfilm
Internationale Filmfestspiele (mit Filmmarkt), Berlin, Fax 030/25489249
  Kurz-, Lang-, Dokumentarfilme,
Internationales Forum des Jungen Films, Berlin, Fax 030/2615025
  Kurz-, Lang-, Dokumentar- und Erstlingsfilme
Kinderfilm-Festival der Internationalen Filmfestspiele, Berlin, Fax 030/25489249
  Kurz- und Langfilme
Internationales Kurzfilmtreffen (mit Filmmarkt), Clermont-Ferrand, Fax 0033/73/921193
  Kurz-, Lang-, Dokumentarfilme, Animation

Internationales Fernseh-Festival, Monte Carlo, Fax 0033/93/507014
Fernsehproduktionen aller Art
Film-, Fernseh- und Videomarkt, Monte Carlo, Fax 0033/93/45634431
Fernseh- und Videoproduktionen aller Art
American Film Market (Markt), Los Angeles, Fax 001/340/4461600
Kinofilme aller Genres
Milia, Int. Publishing and New Media Market, Cannes, Fax 0033/7631/14490
Multimedia

März
Ann Arbor Film Festival, Ann Arbor, Michigan USA, Fax 001/313/9955336
Kurz- und Langfilme aller Art
Internationales Film-Festival, Antwerpen, Fax 0032/3/2194768
Dokumentar-, Spielfilm, Animation
Internationales Festival des Phantastischen Films, Brüssel, Fax 0032/2/2162169
Kurz- und Langfilme dieses Genres
Internationales Trickfilm-Festival, Cardiff, Fax 0044/222/2872112
Animation
Internationales Film-Festival, Hongkong, Fax 00852/23/665206
Langfilme aller Genres
Internationales Film-Festival, Santa Barbara, California USA, Fax 0044/805/9650557
Kurz- und Langfilme aller Arten
Internationales Trickfilmfestival, Stuttgart, Fax 0711/2624980
Animation
Internationales Kurzfilm-Festival, Tampere, Finnland, Fax 00358/32/230121
Kurzfilme aller Art
New Directors/New Films, New York City, Fax 001/212/875-5636
Neue Spielfilme aller Art

April
Internationaler Fernsehprogramm-Markt MIP-TV, Cannes, Fax 0033/44344400
Fernsehproduktionen aller Art
Internationales Film-Festival, Houston, Texas, USA, Fax 001/713/9659960
Kurz- und Langfilme aller Art
Film-Festival des Amerikanischen Film-Institutes AFI, Los Angeles, USA, Fax 001/213/4624049
Langfilme aller Art
Internationale Kurzfilmtage, Oberhausen, Fax 0208/852591
Kurzfilme aller Art
Interntionale Filmwoche, Verona, Fax 0039/45/590624
Kurz- und Langfilme aller Art
American Film Market AFM, Los Angeles, Fax 0044/310/2743124
Spielfilmpoduktionen aller Art

Mai
Internationales Film-Festival (mit Filmmarkt), Cannes, Fax 0033/1/45619494
Kurz- und Langspielfilme
Quinzaine des Réalisateurs..., Cannes, Fax 0033/1/40740796
Langfilme aller Art

Internationales Kurzfilm-Festival, Krakau, Fax 0048/12/275784
  Kurzfilme aller Art
Fernsehwettbewerb „Goldene Rose“, Montreux, Fax 0041/31/439474
  Internationale Fernsehproduktionen aller Art
Kinder- und Jugendfilm-Wettbewerb „Prix Jeunesse International“, München, Fax 089/59003053
  Kinder- und Jugendprogramme aller Art

Juni

Banff Television Festival (mit Markt), Banff, Canada, Fax 001/403/7625357
  Fernsehproduktionen aller Arten
Europäisches Festival des Industriefilms, Biarritz, Fax 0033/1/42560731
  Industrie- und Wirtschaftsfilmproduktionen
Internationales Werbefilm Festival, Cannes, Fax 0033/71/4371957
  Werbefilme aller Arten
Filmfest München, München, Fax 089/38190426
  Spiel- und Dokumentarfilme
Internationale Schau des Neuen Kinos (mit Filmmarkt), Pesaro, Italien, Fax 0039/6491163
  Erstlingsfilme
Film Festival, Sydney, Fax 0061/2/6928793
  Kurz- und Langspielfilme
Welt-Festival des Trickfilms (mit Filmmarkt), Zagreb, Fax 41/275994
  Animation

Juli

Open Air Kurzfilmfestival, Grenoble, Fax 0033/476/512443
  Kurzfilme aller Arten
Film-Festival, Wellington, Fax 0064/4/8017304
  Kurz- und Langfilme aller Arten

August

Internationales Film Festival, Edinburgh, Fax 00441/31/2295501
  Kurz- und Langspiel- und Dokumentarfilme
Internationales Film Festival (mit Filmmarkt), Locarno, Fax 0041/93/317465
  Film- und Fernsehproduktionen aller Arten

September

Internationales Kinderfilm-Festival, Frankfurt, Fax 069/21237881
  Kinder- und jugendrelevante Filme aller Art
Film-Festival, New York, Fax 001/212/7242813
  Kurz- und Langfilme aller Genres und Arten
Europäisches Medienkunst Festival, Osnabrück, Fax 0541/28327
  Experimentelles, Künstlerisches aller Arten und Medien
Internationales Film-Festival, Tokio, Fax 0081/3/5636310
  Kurz- und Langfilme aller Arten
Internationales Film-Festival, Toronto, Fax 001/416/9679477
  Kurz- und Langfilme aller Arten

Internationale Filmfestspiele, Venedig, Fax 0039/41/5227639
Kurz- und Langfilme aller Art
Internationales Kino-Festival, San Sebastian, Fax 0034/43/481259
Kurz- und Langfilme aller Art
Telluride Film Festival, USA, Fax 001/643-5938
Besonderheiten, Filme aller Art
Independent Feature Market, New York, Fax 0044/465-8525
Unabhängige amerikanische Produktionen
New York Film Festival, New York City, Fax 001/212/875-5636
Spielfilme aller Art

Oktober
Internationales Film Festival, Denver, USA, Fax 001/303/2980209
Kurz- und Langfilme aller Art
Internationale Filmtage, Hof, Fax 089/1236868
Kurz- und Langfilme aller Art
Internationaler Kino-, Fernseh- und Dokumentarfilmmarkt MIFED, Mailand, Fax 0039/2/4997274
Film- und Fernsehproduktionen aller Art
Internationaes Dokumentarfilm Festival, Nyon, Fax 0041/22/617071
Kurz- und Langdokumentarfilme
Mipcom, Cannes, Fax 0033/1/44344400
Markt für Kino-, Fernsehfilme aller Medien
Internationale Frankfurter Buchmesse, Frankfurt
Multimedia in Publishing

November
Internationaler Dokumentar- und Kurzfilm-Wettbewerb, Bilbao, Fax 4/4245624
Dokumentar- und Kurzfilme aller Art
Internationales Leipziger Festival für Dokumentar- und Animationsfilme, Leipzig, Fax 0341/592421
Kurz- und Langfilme aller Art w.o.
Internationales Film Festival, London, Fax 0044/6330786
Kurz- und Langfilme aller Art
Internationales Film- und Fernsehfestival (mit Markt), New York, Fax 001/914/2385040
Kurzfilme Industrie, Wirtschaft, Bildung
Internationale Filmwoche Mannheim, Fax 0621/101452
Kurz- und Langfilme aller Art
SMPTE Fernsehmarkt, USA, wechselnder Standort, Fax 001/914/7613115
Fernsehproduktionen aller Art
MIFED, Mailand, Fax 0039/2/49977020
Filmmarkt
Learntec, Karlsruhe, Fax 0721/3720139
Multimedia im Bildungsbereich

Dezember
Internationales Dokumentarfilm-Festival, Amsterdam, Fax 0033/20/6385388
Kurz- und Langfilme aller Art

Literaturverzeichnis

Fachzeitschriften

Zur Erstellung dieses Buches war in erster Linie das kontinuierliche Lesen von Fachzeitschriften (s.u.) hilfreich; des weiteren die Geschäftsberichte der deutschen Filmförderanstalten wie auch die regelmäßigen Publikationen der MEDIA-Programme, die Jahresbände der Sender und Berufsvereinigungen sowie die Presse-Informationen der Sender.

Daily Variety, Los Angeles
Weekly Variety, New York
Filmecho/Filmwoche, Wiesbaden
Blickpunkt Film, München
Professional Production, München
Medien-Bulletin, München
Screen Multimedia, Berlin
epd Informationsdienst, Frankfurt
Film- und Fernsehkameramann, München
black box, Hamburg
Media Perspektiven, Frankfurt
Medienreport, Waiblingen
Sight and Sound, London
ZUM, München
Music & Media, Amsterdam
w & v, München
American Cinematographer, Los Angeles
Film Bulletin, Bern
The Hollywood Reporter, Los Angeles
multi media, München
Der Spiegel, Hamburg
DIE ZEIT, Hamburg

Adressen

Institutionen, Verbände, Organisationen

AG Neuer Deutscher Spielfilmproduzenten e.V., Agnesstr. 14, 80798 München
Tel. 089/2717430, Fax 2725817
Berufsverband Produktion, Grimmstr. 1, 80336 München
Tel. 089/764535
Bundesverband Deutscher Fernsehproduzenten e.V., Widenmayerstr. 32, 80538 München
Tel. 089/223535
Deutscher Musikverleger-Verband e.V., Friedrich-Wilhelm-Str. 31, 53113 Bonn
Tel. 0228/238565, Fax 235916
Filmbewertungsstelle FBW, Rheingaustr. 140, 65203 Wiesbaden
Tel. 0611/7966004-0, Fax 96600411
Hauptverband Deutscher Filmtheater e.V., Langenbeckstr. 9, 65189 Wiesbaden
Tel. 0611/306660, Fax 376405
GEMA Generaldirektion, Bayreuther Str. 37, 10787 Berlin
Tel. 030/2124500, Fax 21245950
IG MEDIEN, Friedrichstr. 15, 70174 Stuttgart
Tel. 0711/20180, Fax 2018262
SPIO Spitzenorganisation der deutschen Filmwirtschaft,
Kreuzberger Ring 56, 65205 Wiesbaden
Tel. 0611/778910, Fax 7789139
Verband Deutscher Spielfilmproduzenten e.V., Beichstr. 8-9, 80802 München
Tel. 089/348602, Fax 337432
Verband der Filmverleiher e.V., Langenbeckstr. 9, 65189 Wiesbaden
Tel. 0611/14050, Fax 140512

Fernsehen

BR Bayerischer Rundfunk, Rundfunkplatz 1, 80335 München
Tel. 089/590001, Fax 59002375
hr Hessischer Rundfunk, Bertramstr. 8, 60320 Franfurt/M
Tel. 069/1551, Fax 1552900
mdr Mitteldeutscher Rundfunk, Kantstr. 71-73, 04275 Leipzig
Tel. 0341/55950, Fax 559554
NDR Norddeutscher Rundfunk, Rothenbaumchaussee 132-134, 20149 Hamburg
Tel. 040/41560, Fax 566745

ORB Ostdeutscher Rundfunk Brandenburg, August-Bebel-Str. 26-53, 14482 Potsdam
Tel. 0331/96510, Fax 9653571
RB Radio Bremen, Bürgermeister-Spitta-Str. 45, 28329 Bremen
Tel. 0421/2460, Fax 2462010
RIAS Berlin, Hans-Rosenthal-Platz, 10825 Berlin
Tel. 030/85030, Fax 8503390
SDR Süddeutscher Rundfunk, Neckarstr. 230, 70190 Stuttgart
Tel. 0711/9290, Fax 9293366
SFB Sender Freies Berlin, Masurenallee 8-14, 14057 Berlin
Tel. 030/30310, Fax 3015062
SR Saarländischer Rundfunk, Funkhaus Halberg, 66100 Saarbrücken
Tel. 0681/6020, Fax 6023874
SWF Südwestfunk, Hans-Bredow-Straße, 76530 Baden-Baden
Tel. 07221/920, Fax 922010
WDR Westdeutscher Rundfunk, Appelhofplatz 1, 50667 Köln
Tel. 0221/2201, Fax 2204800
ZDF Zweites Deutsches Fernsehen, Postfach 4040, 55100 Mainz
Tel. 06131/701, Fax 702157
arte Deutschland, Schützenstr. 1, 76530 Baden-Baden
Tel. 07221/93690, Fax 936950
Der Kabelkanal, Martin-Kollar-Str. 13, 81829 München
Tel. 089/451850, Fax 45185104
DSF Deutsches Sportfernsehen, Bahnhofstr. 27, 85774 Unterföhring
Tel. 089/950020, Fax 95002392
3sat, ZDF-Strasse, 55127 Mainz
Tel. 06131/701, Fax 706120
premiere, Tonndorfer Hauptstr. 90, 22045 Hamburg
Tel. 040/66800, Fax 66801199
PRO7 Television, Bahnhofstr. 28, 85774 Unterföhring
Tel. 089/95010, Fax 95001230
RTL, Aachener Str. 1036, 50858 Köln
Tel. 0221/4560, Fax 4561040
RTL2, Max-Planck-Str.39, 50850 Köln
Tel. 02234/95880, Fax 958896
SAT.1, Otto-Schott-Str. 13, 55127 Mainz
Tel. 06131/9000, Fax 900108

Filmförderungen Deutschland

BMI, Bundesarchiv, Potsdamer Str. 1, 56075 Koblenz
Tel. 0261/505465, Fax 505226
Stiftung Kuratorium Junger Deutscher Film e.V., Postfach 120, 65082 Wiesbaden
Tel. 0611/602312, Fax 692409
FFA Filmförderungsanstalt, Budapester Str. 41, 10787 Berlin
Tel. 030/2540900, Fax 2628976

Medien- und Filmgesellschaft, Friedrichstr. 24, 70174 Stuttgart
Tel. 0711/1223833, Fax 1222834
FFF FilmFernsehFonds Bayern GmbH, Schwanthaler Str. 69, 80336 München
Tel. 089/544602-0, Fax 544602-2
Filmboard Berlin-Brandenburg, August-Bebel-Straße 26-53, 14482 Potsdam
Tel. 0331/7212859, Fax 7212848
Film Fonds Hamburg, Hamburger Medienhaus, Friedensallee 14-16, 22765 Hamburg
Tel. 040/3905882, Fax 3904424
Hessische Filmförderung, Schweizer Str. 6, 60594 Frankfurt/M
Tel. 069/620167, Fax 6032185
Kulturelle Filmförderung Mecklenburg-Vorpommern, Röntgenstr. 22, 19055 Schwerin
Tel. 0385/555077, Fax 55507780
Kulturelle Filmförderung Niedersachsen, Hamburger Allee 4, 30161 Hannover
Tel. 0511/3615776, Fax 3615706
Filmbüro Nordrhein-Westfalen, Postfach 100534, 45405 Mühleim a.d. Ruhr
Tel. 0208/449841, Fax 474113
Filmstiftung Nordrhein-Westfalen, Kaistr. 14, 40221 Düsseldorf
Tel. 0221/ 930500, Fax 930505
Kulturelle Filmförderung des Saarlandes, Nauwieser Str. 19, 66111 Saarbrücken
Tel. 0681/36047, Fax 374668
Sachsen-Anhalt, Postfach 3780, 39012 Magdeburg
Tel. 0391/56701, Fax 5673774
Kulturelle Filmförderung Sachsen, Wigard/Ecke Albertstraße, 01097 Dresden
Tel. 0351/5646481
Kulturelle Filmförderung Schleswig-Holstein, Königstr. 21, 23552 Lübeck
Tel. 0451/71649, Fax 75374
MSH, Königstr. 21, 23552 Lübeck
Tel. 0451/ 1224109, Fax 71978
Kulturelle Filmförderung Thüringen, Werner-Seelenbinder-Str. 1, 99096 Erfurt
Tel. 0361/3472009, Fax 3863154

(Film)förderungen MEDIA, EURIMAGES

MEDIA Programm der Europäischen Union, Jacques Delmoly,
102 rue de la Loi, 1040 Brüssel, Belgien
Tel. 0032/2/2999147, Fax 2999214
MEDIA „Training", MRC, Fernando Labrada,
Calle Serrano 63, Esc. 3,6izda, 28006 Madrid, Spanien
Tel. 0034/1/5779404, Fax 5757199
MEDIA „Development", EMDA, David Kavanagh
39c Highbury Place, London N51QP
Tel. 0044/171/2269903, Fax 3542706
MEDIA „Distribution", John Dick, 35 avenue de Tervuren, 1040 Brüssel
Tel. 0032/2/7346841, Fax 7326912
Kino: Antoinette d'Esclaibes, 35 avenue de Tervuren, 1040 Brüssel
Tel. 0032/2/7346841, Fax 7326912

TV: Robert Strasser, Widenmayerstr. 32, 80538 München
Tel. 089/21214848, Fax 21214849
Video: Ashlyn Ward, 6 Eustace Street, Dublin 2,
Tel. 00353/1/6795744, Fax 6799657
MEDIA „Assistence“, Bruno Nguyen, 29 rue des deux églises, 1000 Brüssel
Tel. 0032/2/2820830
Council of Europe, Eurimages, 67075 Straßburg Cedex
Tel. 0033/388412640, Fax 388412760
Deutsche Kontaktadresse: Petra Wersch, FFA, Budapester Str. 41, 10787 Berlin
Tel. 030/25409020

Mediadesks Deutschland

Friedensallee 14-16, 22765 Hamburg,
Tel. 040/3906585, Fax 3908632
Widenmayerstr. 32, 80538 München,
Tel. 089/21214848, Fax 21214849
Kaistr. 14, 40221 Düsseldorf,
Tel. 0211/930500, Fax 930505
Media Antenne Berlin-Brandenburg, August-Bebel-Str. 26-53, 14482 Potsdam
Tel. 0331/721-2858, Fax 721-2883

Adressen in Zusammenhang mit dieser Veröffentlichung

EM-Entertainment, Thomas Haffa, Münchner Str. 14, 85774 Unterföhring,
Tel. 089/957150
DAYDREAM Prod., Klaus Frers, Menzinger Str. 70, 80992 München,
Tel. 089/8111041, Fax 8110812
Wolfgang Brehm, Eysseneckstr. 3, 60322 Frankfurt/M
Tel. 069/1520050, Fax 069/15200520
LICHTBLICK Filmprod., Helga Bähr, Friedensallee 7, 22765 Hamburg,
Tel. 040/39826240, Fax 39826245
Haro von Have, Unverzagt & Partner, Rothenbaumchaussee 43, 20149 Hamburg,
Tel. 040/441447, Fax 442888
Landesanstalt für Kommunikation, Postfach 102927, 70025 Stuttgart,
Tel. 0711/649580, Fax 6495815
KC GmbH, Adlerstr. 31, 79199 Stuttgart
Tel. 0711/9675-0, Fax 0711/9675190

Filmakademie Baden-Württemberg, Mathildenstr. 20, 71638 Ludwigsburg,
Tel. 07141/9690, Fax 969299,
Studienrichtung PRODUKTION, Prof. Bastian Clevé, Tel. 07141/969200

Anlagen

Anlage Nr. 1

Liste der Gastreferenten der Studienrichtung PRODUKTION an der Filmakademie Baden-Württemberg, Ludwigsburg

Gastreferenten des 1. Studienjahres 1991/1992

Nora Wischnat, Verlag der Autoren, Frankfurt
Hans-Joachim Mendig, Leiter Programmabt. Vorabendserien, Hessischer Rundfunk, Frankfurt
Heiner Tepe, Produzent Intercom Tepefilm, Hamburg
Doris Mattes, Doris Mattes Künstleragentur, München
Einhart Klucke, Filmreferent IG Medien, Stuttgart
Fred Oed, Geschäftsführer TC Gruppe, Ludwigsburg
Dr. jur. Norbert Flechsig, Justitiariat SDR, Stuttgart
Friedemann Schuchardt, Geschäftsführer Matthias Film Verleih und Produktion, Stuttgart
Sibylle Hubatschek-Rahn, stellv. Redaktionsleiterin „Kleines Fernsehspiel", ZDF, Mainz
Joseph Wutz, Referent Verleih, Filmstiftung NRW, Düsseldorf
Manuela Stehr, Referentin Produktion, Filmstiftung NRW, Düsseldorf
Dieter Brumm, Medienreferent IG Medien, Stuttgart
Ralf Schipper, Produzent Tempomedia, Frankfurt
Peter Pettkus, Creative Supervisor PUBLICIS FCB, Frankfurt
Christoph Holch, Leiter Fernsehspielredaktion I und II, ZDF, Mainz
Jochen Meusel, Video-Film-Kommunikation, Volkswagen AG, Wolfsburg
Susan Schulte, Redaktion Fernsehspiel SWF, Baden-Baden
Heidemarie Rohwedder, Intendantin Landesbühne Esslingen
Justus Pankau, Kameramann, Stuttgart
Nico Hofmann, Regisseur, Berlin
Dr. Fred Breinersdorfer, Autor, Stuttgart
Ray Harryhausen, Regisseur, Produzent, Special Effects, London
Theo Hinz, Geschäftsführer, Verleiher, Produzent, Filmverlag der Autoren, München

2. Studienjahr 1992/93
Schwerpunkt: allg. Produktionsstrukturen – Werbung/Industrie- und Imagefilm

Wolfgang Bösken, SWF, Herstellungsleiter, Baden-Baden
Arno Ortmair, Film-Line, Produzent, München
Dr. jur. Norbert P. Flechsig, Justitiariat SDR, Stuttgart
Peter Benz, Kodak AG, München
Klaus Georg Hafner, KODAK AG, Stuttgart
Käthe Niemeyer, Regieassistentin, Script/Continuity, München
Sabine Schroth, Casting-Agentin, München
Einhart Klucke, IG MEDIEN, Stuttgart
Hanns Eckelkamp, Produzent Verleiher, atlas filmkunst, Duisburg
Michael Schoemann, Regisseur ,Produzent, Wiesbaden
Angela Stöcker, FFF-Frau, Düsseldorf
Detlef W. Stichling, Geschäftsführer DCF Werbung, München
Matthias Süßlin, HMS Media Beratung, Wiesbaden

Hans Jürgen Seybusch, FILMBÜRO Product-Placement, München
Dieter Marcello, Regisseur, Produzent, Stuttgart
Ralf Schipper, Geschäftsführer TEMPOMEDIA, Frankfurt
Prof. Dieter Strecker, Psychologe, Stuttgart
Kerstin Wiedé, Herstellungsleiterin, Hamburg
Klaus Frers, Music-Supervisor, DAYDREAM PRODS., Tutzing
Armin Wenzl, OMNI Mediasound, Hamburg
Steffen Wolf, Direktor FBW, Wiesbaden
Peter Eckold, Herstellungsleiter, SDR TV Stuttgart
Uta Schmitt, Filmgeschäftsführerin, München

3. Studienjahr 1993/94
Schwerpunkt: allg. Produktionsstrukturen – Fernsehen, Dokumentar- und Kinderfilm

Wieland Schulz-Keil, Produzent
Thomas Weber, Produzent, Ludwigsburg
Dr. jur. Norbert P. Flechsig, Rechtsanwalt, Stuttgart
Einhart Klucke, IG Medien, Stuttgart
Ortwin Blum, Arbeitspsychologe
Wolfgang Bösken, Produktionsleiter SWF, Baden-Baden
Kerstin Wiedé, Herstellungsleiterin, Hamburg
Wolfgang Brehm, Rechtsanwalt, Frankfurt
Ian Stocks, Lecturer, Producer, Brisbane
Sibylle Hubatschek-Rahn, ZDF Kleines Fernsehspiel, Mainz
Martin Wiebel, Fernsehspiel WDR, Köln
Susan Schulte, Fernsehspiel SWF, Baden-Baden
Christoph Holch, Fernsehspiel ZDF, Mainz
Bernward Brokamp, Daytime u. Late-night Unterhaltung RTL, Köln
Joachim Mendig, Producer, Odeon-Film, Wiesbaden
Milan Bor, Tonmeister, München
Wolfgang Schröder, PREMIERE TV, Hamburg
Margarete Deiseroth-Gores, Rechtsanwältin, München
Helga Bähr, Produzentin, LICHTBLICK, Hamburg
Uta Schmitt, Filmgeschäftsführerin, München
Dr. Klaus Bessey, Ministerialrat, Stuttgart
Bernd Hellthaler, Produzent, EuroArtsEntertainment, Stuttgart
Thomas Frickel, a.g.dok, Frankfurt
Felix Neunzerling, PR Bavaria Studios, München
Christian Bauer, Tangram Film, München
Peter Krieg, barfuß film, Köln
Michael Burghoff, VIDEAL, Hamburg
Raimund Franken, atlas film, Duisburg
Armin Wenzl, OMNI-Mediasound, Hamburg
Prof. Dieter Strecker, Psychologe, Ettlingen
Jürgen Schau, Columbia Tri-Star, München
Dr. G. Müller-Ernstberger, GWFF, München
Karl Eberhard Schäfer, Frankfurter Filmproduktion, Frankfurt

Klaus Frers, Daydream Prods., Tutzing
Peter Kreglinger, Filmkritiker, Stuttgarter Zeitung
Wolfgang Odenthal, Connexion Film, Hamburg
Steffen Wolf, FBW, Wiesbaden
Angela Lipp-Fläxl, Kinobesitzerin, Freising
Cornelia Buhe, Script-Consultant, Berlin

4. Studienjahr 1994/95
Schwerpunkt: allg. Produktionsstrukturen – Spielfilm, Kino / Existenzgründung

Peter Hille, Ravensburger Film+TV, Ravensburg
Andreas Hess, Ravensburger Film+TV, Ravensburg
Einhart Klucke, IG MEDIEN, Stuttgart
Dr. jur. Norbert P. Flechsig, Justitiariat SDR, Stuttgart
Adrian Kutter, GILDE-Kinos, Biberach
Käthe Niemeyer, Regie-Assistentin, München
Augustin Kramann, Schauspieler, Stuttgart
Dr. Harald Müller, Geschäftsf. Produzent, ARTUS Film, München
Leo Hiemer, Filmemacher, Heidelberg
Raimund Franken, Medien-Consultant, Wuppertal
Gerhard Pfennig, VG Bild-Kunst, Bonn
Angelika Cyllok, PRO7, PR, München
Ute Schneider, MEDIA EFDO, Hamburg
Sigrid Lotz, MEDIA Desk, Hamburg
Bernie Stampfer, European Script Fund, London
Michael Wiedemann, AG Neuer Deutscher Spielfilmproduzenten, Mülheim
Wolfgang Bösken, Produktionsleiter SWF, Baden-Baden
Kerstin Wiedé, Producerin, RTL, Berlin
Manfred Kittelmann, Westdeutsche Landesbank, Düsseldorf
Uta Schmitt, Geschäftsführerin, München
Margarete Deiseroth-Gores, Rechtsanwältin, München
Wolfgang Brehm, Rechtsanwalt, Frankfurt
Thomas Bastian, CORSO Kinos, Stuttgart
Alfred Schantz, NIL Filmverleih, München
Arnim Wenzl, OMNI Mediasound, Hamburg
Klaus Frers, Musical Supervisor, München
Heike-Melba Fendel, Barbarella Entertainment, Köln
Cornelia Buhe, Script-Doktor, Berlin
Georg Bonhoeffer, Unternehmensberater, Köln
Dr. Arno Mette, Steuerberater, Köln
Herr Stiffler, IHK, Ludwigsburg
Frau Baumetz, Landeskreditbank Baden-Württemberg, Stuttgart
Michael Weber, Versicherungsfachmann, Speyer
Peter Schmeißer, Aggripina Versicherung, München
Helga Ebel-Gerlach, Psychologin, Köln
Andreas Schümchen, Chefredakteur „Medien Bulletin", München
Dr. Matthias Esche, Producer, NDF, München

5. Studienjahr 1995/96
Schwerpunkt: allg. Produktionsstrukturen – Multimedia

Helga Bähr, LICHTBLICK Filmprod., Hamburg
Dr. Klaus Bessey, Min.rat, Stuttgart
Rainer Bienger, Exec.Prod., München
Wolfgang Bösken, Produktionsleiter SWF, Baden-Baden
Cornelia Buhe, Dramaturgin, Berlin
Margarete Deisroth-Gores, Rechtsanwältin, München
Helga Ebel-Gerlach, Unternehmensberaterin, Köln
Peter T. Ebel, Autor Regisseur Producer, Haag
Dr. Norbert P. Flechsig, Justitiariat SDR, Stuttgart
Thomas Heymann, Rechtsanwalt, Frankfurt
Thomas Haffa, EM Entertainment, München
Einhart Klucke, Filmreferent IG Medien, Stuttgart
Dr. Johannes Kreile, VFF, München
Sibylle Kurz, Consultant, München
Hans Joachim Mendig, Producer ODEON Film, Wiesbaden
Käthe Niemeyer, Regieassistentin, München
Felix Neunzerling, Senator Film, Berlin
Jörg Rüggeberg, arte, Straßburg
Uta Schmitt, Filmgeschäftsführerin, Köln
Gerhard Schmidt, Gemini Film, Köln
Prof. Dieter Strecker, Psychologe, Sindelfingen
Ian Stocks, Producer, Lecturer, Brisbane
Fred Oed, TC Gruppe, Ludwigsburg
Gabriele Röthemeyer, Film- und Mediengesellschaft, Stuttgart
Steffen Wolf, FBW, Wiesbaden
Armin Wenzl, OMNI Mediasound, Krempel
Kerstin Wiedé, Producerin SAT.1, Berlin
Monika Westhäußer, Betriebswirtin, Stuttgart
Harro v. Have, Rechtsanwalt, Hamburg
Wolfgang Krusche, Geschf. GEYER-Werke, München
Axel Schulz, CineTeam, Frankfurt
Werner Grassmann, Abaton Kino, Hamburg
Walter Schobert, Filmmuseum, Frankfurt
Thomas Krall, UFA-Filmtheater, Düsseldorf

6. Studienjahr 1996/97
Schwerpunkt: allg. Produktionsstrukturen - Fernsehen

Prof. Dr. Norbert P. Flechsig, SDR, Stuttgart
Wolfgang Bösken, SWF, Baden-Baden
Hans-Joachim Mendig, ODEON Film, Wiesbden
Dr. Harald Müller, ARTUS Film, München
Käthe Niemeyer, Regisseurin, München
Jörg Schmitt, COLONIA MEDIA, Köln

Uta Schmitt, Filmgeschäftsführerin, Köln
Nicola Förg, CALL-A-BUDGET, Berlin
Frank Hübner, Medienberater, Köln
Steffen Wolf, FBW, Wiesbaden
Gabriele Röthemeyer, Medien- und Filmgesellschaft, Stuttgart
Dr. Klaus Bessey, Ministerialrat, Stuttgart
Peter Weber, Justitiariat ZDF, Mainz
Einhart Klucke, IG MEDIEN, Stuttgart
Margarete Deiseroth-Gores, Anwältin, München
Wolfgang Brehm, Anwalt, Frankfurt
Klaus Frers, DAYDREAM, München
Armin Wenzl, OMNI MEDIASOUND, Hamburg
Monika Westhäußer, Betriebswirtin, Stuttgart
Sybille Kurz, Unternehmensberaterin, Köln
Rita Serra-Roll, Casting Agentin, München
Barbara Flückiger, Tonmeisterin, Zürich
Thomas Freudenthal, Ausstatter Art Director, München
Felix Neunzerling, ZOOM FILMFABRIK, Berlin
Dr. Michael Koetz, Filmfestival Mannheim-Heidelberg, Mannheim
Alexander Thies, NEUE FILMPRODUKTION tv, Berlin
Lutz Konermann, Regisseur, München
Dr. Markus Schöneberger, RTL, Köln
Steven A. Reich, Anwalt, Berlin
Harro von Have, Anwalt, Hamburg
Helga Ebel-Gerlach, INTEGRAL, Düsseldorf
Prof. Dr. Dieter Strecker, Tübingen
Stephan Bechtle, Producer, BAVARIA Film, München
Cornelia Buhe, Script-Consultin, Berlin
Michael Töteberg, Medienagent, Rowohlt Verlag, Reinbek
Holm Dressler, Produzent HDTV, München
Heinrich Speck, Betriebswirt, Stuttgart
Tilman Taube, Produktionsleiter, München

Anlage Nr. 2

Darstellung eines Kapitalmittelflußplans (Cash-flow) von Fördermitteln am Beispiel eines Produktionsbudgets vom DM 1.5 Mio bei einer Eigenbeteiligung des Produzenten von 10%

Mit freundlicher Genehmigung von Bernd Keller, Stuttgart

Ausgabenplan	**Vor Prod. beginn**	**Prod.- beginn**	**Dreh- beginn**	**Dreh/Ende 1.Woche**	**Dreh/Ende 2.Woche**	**Dreh/Ende 3.Woche**	**Dreh/Ende 4.Woche**
Vorkosten	15.000						
Rechte		21.000	21.000				
Produktionsstab			33.310	9.550	9.550	9.550	9.550
Regiestab			46.420	19.450	19.450	19.450	19.450
Ausstattungsstab			38.620	16.066	16.066	16.066	16.066
Sonstiger Stab			6.500	15.932	15.932	15.932	19.932
Darsteller				70.252	70.252	70.252	70.252
Musiker							
Zusatzkosten Gage			47.790	27.825	27.824	27.824	79.564
Atelier							
Genehmigungen / Mieten		21.800	34.800				
Bau und Ausstattung		35.300	7.950	500	500	3.500	500
Technische Ausrüstung		1.000	1.000	1.000	1.000	1.000	1.000
Reise u. Transportkosten/Personen		13.400	20.700	29.584	29.584	29.584	61.409
Reise u. Transportkosten/Lasten			2.000				500
Filmmaterial und Bearbeitung			63.690				
Endfertigung							
Versicherung			85.742				
Allgemeine Kosten		6.500	4.600	100	100	100	100
Kostenmindernder Erträge							
Handlungskosten							
Überschreitung	218.769						
Summe Ausgaben	**233.769**	**99.000**	**414.122**	**190.259**	**190.258**	**193.258**	**278.323**

rehschluß 5.Woche	1.Woche n. Drehschluß	2.Woche n. Drehschluß	Roh-schnitt	Feinschnitt 2.W.n.Rohschn.	Mischung	Endab-nahme	Endab-rechnung	Summe
								15.000
					30.000	28.000		**100.000**
9.550	5.530	5.530	5.530				50.000	**147.650**
19.450	28.310		11.900	11.900		32.000		**227.780**
16.066	4.870							**123.820**
15.932	6.500				900			**97.560**
70.252								**351.260**
					70.500			**70.500**
56.994	21.019	1.018	1.018	1.018			6.252	**298.146**
								0
7.500	24.300			6.600				**95.000**
2.500	81.450							**132.200**
930	4.070					215.898		**226.898**
34.200	1.260			5.980				**225.701**
2.000								**4.500**
						193.016		**256.706**
						63.400		**63.400**
								85.742
3.100	20.600	100	100	7.100	100		19.780	**62.380**
						-24.629		**-24.629**
							175.000	**175.000**
238.474	**197.909**	**6.648**	**18.548**	**32.598**	**101.500**	**507.685**	**251.032**	**2.953.383**

Einnahmeplan Treuhandgeb. abgezogen	**Vor Prod. beginn**	**Prod.- beginn**	**Dreh- beginn**	**Dreh/Ende 1.Woche**	**Dreh/Ende 2.Woche**	**Dreh/Ende 3.Woche**	**Dreh/Ende 4.Woche**
FFA		195.800	74.167	74.167	74.167	74.167	74.167
FFA Drehbuchförd.		30.000					
BMI		125.000	41.667	41.667	41.667	41.667	41.667
BMI Drehbuchförd		20.000					
Kuratorium			54.000			36.000	
SWF			300.000				
ORF			200.000				
Eigenmittel	149.124						
Verleihgarantie	33.333	33.333					
Summe Einnahmen	**182.457**	**404.133**	**669.833**	**115.833**	**115.833**	**151.833**	**115.833**

Cashflowplan **Treuhandgeb. abgezogen**	**Vor Prod. beginn**	**Prod.- beginn**	**Dreh- beginn**	**Dreh/Ende 1.Woche**	**Dreh/Ende 2.Woche**	**Dreh/Ende 3.Woche**	**Dreh/Ende 4.Woche**
Einnahmen:							
FFA		195.800	74.167	74.167	74.167	74.167	74.167
FFA Drehbuchförd.		30.000					
BMI		125.000	41.667	41.667	41.667	41.667	41.667
BMI Drehbuchförd		20.000					
Kuratorium			54.000			36.000	
SWF			300.000				
ORF			200.000				
Eigenmittel	149.124						
Verleihgarantie	33.333	33.333					
Cashflow:							
Summe Einnahmen	182.457	404.133	669.833	115.833	115.833	151.833	115.833
Summe Ausgaben	233.769	99.000	414.122	190.259	190.258	193.258	278.323
Überschuß (Fehlbetrag) Periode	-51.312	305.133	255.711	-74.426	-74.425	-41.425	-162.490
Kummuliert	**-51.312**	**253.821**	**509.532**	**435.107**	**360.682**	**319.257**	**156.768**

…ehschluß 5.Woche	1.Woche n. Drehschluß	2.Woche n. Drehschluß	Rohschnitt	Feinschnitt 2.W.n.Rohschn.	Mischung	Endabnahme	Endabrechnung	Fördersumme abzüglich Treuhand
74.167				222.500				**863.300**
								30.000
41.667				75.000			50.000	**500.000**
								20.000
			15.600			12.000		**117.600**
				180.000		120.000		**600.000**
				120.000		80.000		**400.000**
						150.000	23.748	**322.872**
						33.334		**100.000**
115.833	**0**	**0**	**15.600**	**597.500**	**0**	**395.334**	**73.748**	**2.953.772**

…rehschluß 5.Woche	1.Woche n. Drehschluß	2.Woche n. Drehschluß	Rohschnitt	Feinschnitt 2.W.n.Rohschn.	Mischung	Endabnahme	Endabrechnung	End- Fördersumme abzüglich Treuhand
74.167				222.500				**863.300**
								30.000
41.667				75.000			50.000	**500.000**
								20.000
			15.600			12.000		**117.600**
				180.000		120.000		**600.000**
				120.000		80.000		**400.000**
						150.000	23.748	**322.872**
						33.334		**100.000**
115.833	0	0	15.600	597.500	0	395.334	73.748	**2.953.772**
238.474	197.909	6.648	18.548	32.598	101.500	507.685	251.032	**2.953.383**
-122.641	-197.909	-6.648	-2.948	564.902	-101.500	-112.351	-177.284	**0**
34.127	**-163.782**	**-170.430**	**######**	**391.524**	**290.024**	**177.673**	**389**	**389**

Anlage Nr. 3

Umfang der Rechteübertragung bei Film- und Fernsehproduktionen*

Der Autor überträgt dem Produzenten die ausschließlichen räumlich, zeitlich und sachlich uneingeschränkten Nutzungsrechte an dem Drehbuch und den zu übergebenden Materialien. Die Rechtsübertragung umfaßt insbesondere:

1. Verfilmung/Bearbeitung
   a. Das Drehbuchbearbeitungs- und Übersetzungsrecht, d.h. das Recht, das Drehbuch bzw. die Produktion sowie Charaktere, Handlungselemente, Dialoge, Szenen usw. des Drehbuchs bzw. der Produktion abzuändern, neue oder geänderte Teile hinzuzufügen, Teile herauszunehmen oder die Handlungsabfolgen umzustellen, (Co-)Autoren mit einer Bearbeitung zu beauftragen und das Drehbuch bzw. die Produktion in sämtliche Sprachen übersetzen zu lassen. Dies schließt die Umgestaltung der Produktion oder einzelner Bild- und/oder Tonbestandteile im Rahmen interaktiver Nutzung ein.
   b. Das Filmherstellungsrecht, d.h. das Recht, die Produktion unter Verwendung des Drehbuchs, von Teilen oder Bearbeitungen hiervon in deutscher oder fremdsprachiger Fassung für sämtliche unter Ziffer 4.2 genannten Nutzungsrechte herzustellen, einschließlich des Rechts zur Wiederverfilmung.
   c. Das Titelverwendungsrecht, d.h. den Titel des Drehbuchs auch zur Bezeichnung der Produktion zu verwenden.
   d. das Weiterentwicklungsrecht, d.h. die Befugnis, vom Autor entwickelte Handlungselemente oder in dem Drehbuch enthaltene Personen und deren Charakteristika sowie sonstigen Ideen neben der Drehbuchbearbeitung uneingeschränkt auch für Folgeproduktionen zu verwenden, und zwar auch dann, wenn die Drehbücher für solche weiteren Produktionen ohne Mitwirkung des Autors erstellt werden sollten.

2. Auswertung
   Die dem Produzenten vom Autor exklusiv eingeräumten, räumlich, zeitlich und sachlich uneingeschränkten Auswertungsrechte umfassen insbesondere die nachstehenden Befugnisse:
   a. Das Senderecht, d.h. das Recht, die Produktion durch Ton- und Fernsehrundfunk, Drahtfunk, Hertzsche Wellen, Laser, Mikrowellen oder ähnliche technische Einrichtungen ganz oder in Teilen der Öffentlichkeit beliebig häufig zugänglich zu machen. Dies gilt für alle möglichen Sendeverfahren (z.B. terrestrische Sender, Kabelfernsehen, Kabelweitersendung, Satellitenfernsehen und Einschluß von Direktsatelliten) und unabängig von der Rechtsform (öffentlich-rechtliches oder privates Fernsehen) oder der Finanzierungsweise der Fernsehanstalt (kommerzielles oder nicht-kommerzielles Fernsehen) oder der Gestaltung des Rechtsverhältnisses zwischen Sender und Empfänger (Free-TV, Pay-TV, pay per view, video on demand usw.)
   b. Die Rechte zur Verfügungstellung auf Abruf, d.h. das Recht, die Produktion mittels digitaler oder anderweitiger Speicher- und Übertragungstechnik einer Vielzahl von Nutzern derart zur Verfügung zu stellen, daß diese die Produktion auf jeweils individuellen Abruf kurzfristig mittels eines Fernseh- und/oder sonstigen Gerätes empfan-

* Mit besonderem Dank an Rechtsanwalt Wolfgang Brehm, Frankfurt/Main.

gen können (television on demand, video on demand, usw.). Hiervon mitumfaßt ist die Herstellung, Vervielfältigung und Verbreitung von Bild-/Tonträgern, auf denen die Produktion nicht vollständig gespeichert ist, so daß zum Empfang der Produktion durch den Nutzer die separate, auf jeweils individuellen Abruf erfolgende Übermittlung des fehlenden Datenanteils der Produktion erforderlich ist.

c. Die Theaterrechte (Kino- und Vorführungsrechte), d.h. das Recht, die Produktion durch technische Einrichtungen öffentlich wahrnehmbar zu machen, unabhängig von der technischen Ausgestaltung des Vorführsystems und der Bild-/Tonträger. Die Theaterrechte beziehen sich insbesondere auf alle Film- und Schmalfilmrechte (70, 35, 16, 8mm) sowie elektromagnetische (Video-)Systeme und umfassen die gewerbliche und nichtgewerbliche Filmvorführung.

d. Das Messerecht, d.h. das Recht, die Produktion auf Messen, Verkaufsausstellungen, Festivals und ähnlichen Veranstaltungen durch technische Einrichtungen unabhängig von der technischen Ausstattung des Vorführsystems und der Bild-/Tonträger öffentlich wahrnehmbar zu machen.

e. Die Bild- und Tonträgerrechte, d.h. das Recht zur Vervielfältigung und Verbreitung (Verkauf, Vermietung, Leihe usw.) der Produktion auf Bild-/Tonträgern aller Art zum Zwecke der nicht-öffentlichen Wiedergabe. Dieses Recht umfaßt sämtliche audiovisuellen Systeme wie Schmalfilme, Schmalfilm- und Videokassetten, Videobänder, Videoplatten, CD-ROM und CD-I 3DO unabhängig von der technischen Ausgestaltung des einzelnen Systems und unabhängig von der Art der Nutzung, einschließlich interaktiver Nutzung.
Eingeschlossen sind das Recht, die Produktion einem begrenzten Empfängerkreis (z.B. Hotels, Krankenhäuser, Flugzeuge, Schiffe, Schulen, Militär) zugänglich zu machen, und die sich aus dem Vermieten oder Verleihen bespielter Videokassetten und der Möglichkeit privater Überspielungen ergebenden urheberrechtlichen Vergütungsansprüche.

f. Das Vervielfältigungs- und Verbreitungsrecht, d.h. das Recht, die Produktion im Rahmen der hier eingeräumten Rechte beliebig – d.h. auch auf anderen als den ursprünglich verwendeten Bild-/Tonträgern zu vervielfältigen und zu verbreiten.

g. Das Bearbeitungs- und Synchronisationsrecht, d.h. das Recht, die Produktion unter Wahrung der Urheberpersönlichkeitsrechte zu kürzen, zu teilen, mit anderen Werken zu verbinden, den Titel neu festzusetzen oder in sonstiger Weise zu bearbeiten sowie das ausschließliche Recht, das Drehbuch in anderen Sprachen zu synchronisieren oder untertitelte oder Voice-over-Fassungen herzustellen.

h. Das Recht zur Werbung und Klammerauswertung, d.h. die Befugnis, Ausschnitte aus der Produktion für Werbezwecke zu nutzen oder innerhalb anderer Produktionen auszuwerten. Eingeschlossen ist das Recht, in branchenüblicher Weise (z.B. im Fernsehen, im Kino, auf Videogrammen oder in Druckschriften) auch unter Verwendung des Namens und Bildes des Autors für das Drehbuch und deren umfassende Auswertung zu werben.

i. Das Merchandising-Recht, d.h. das Recht zur kommerziellen Auswertung des Drehbuchs und der Produktion durch Herstellung und Vertrieb von Waren aller Art unter Verwendung von Vorkommnissen, Namen, Titeln, Figuren, Abbildungen und sonstigen in einer Beziehung zum Drehbuch oder der Produktion stehenden Zusammenhängen und unter Verwendung derartiger Elemente oder durch bearbeitete oder unbearbeitete Ausschnitte aus dem Drehbuch oder der Produktion für Waren und Dienstleistungen jeder Art zu werben.

j. Das Drucknebenrecht, d.h. das Recht, das Drehbuch (bzw. Zusammenfassungen oder Teile des Drehbuchs) zu veröffentlichen sowie das Recht zur Herstellung, Vervielfältigung und Verbreitung von bebilderten und nichtbebilderten Büchern, Heften, Comic-Streifen usw., die aus dem Drehbuch oder der Produktion durch Wiedergabe oder Nacherzählung des Inhalts – auch in abgewandelter oder neugestalteter Form – oder durch photographische, gezeichnete oder gemalte Abbildungen oder ähnliches abgeleitet sind.
k. Das Tonträgerrecht, d.h. das Recht zur Herstellung, Vervielfältigung und Verbreitung von Schallplatten, Bandkassetten oder sonstigen Tonträgern, die unter Verwendung des Soundtracks der Produktion oder unter Nacherzählungen, Neugestaltung oder sonstiger Bearbeitung des Inhalts des Drehbuchs oder der Produktion gestaltet werden, sowie das Recht, derartige Tonträger durch Funk zu senden oder öffentlich vorzuführen.
l. Das Bühnen- oder Radiohörspielrecht, d.h. das Recht, das Drehbuch für eine Bühnen- oder eine ggf. geänderte Radiohörspielfassung zu nutzen.
m. Über die in Ziffer 1 und 2 dieser Anlage hinaus genannten Rechte und Befugnisse ist die vorliegende Rechtsübertragung, wo immer dies rechtlich zulässig ist, als Vereinbarung über ein „Auftragswerk“ (work made for hire) im Sinne des US-amerikanischen Rechts anzusehen.
n. Der Produzent ist berechtigt, die ihm eingeräumten Rechte ganz oder teilweise auf Dritte zu übertragen.

Anlage Nr. 4

Auszüge aus den Grundsätzen sparsamer Wirtschaftsführung des FFG betreffend Gagen und Honorare und Eigenleistungen

Betreffend Gagen und Honorare und Eigenleistungen des Produzenten gelten die folgenden Bestimmungen des FFG:

§ 25

Regiegage, Herstellungsleitergage

(1) Die Höchstgagen für Regie sind:

5%	bis zu	DM 1 Mio Herstellungskosten (höchstens 50.000 DM)
4%	bis zu	DM 2 Mio Herstellungskosten (höchstens 80.000 DM)
3,5%	bis zu	DM 3 Mio Herstellungskosten (höchstens 105.000 DM)
4%	bis zu	DM 4 Mio Herstellungskosten (höchstens 120.000 DM)

(2) Die Höchstgagen für die Herstellungsleitung sind 2/3 der jeweiligen Regiegage nach Abs.1

(3) Bei Gagen unter 100.000 DM gilt ein Produktionszeitraum bis zu sechs Monaten, bei Gagen über 100.000 DM ein solcher bis zu 9 Monaten als abgegolten.

§ 26

Eigene Leistungen des Produzenten und Mehrfachbetätigung

(1) Erbringt der Filmhersteller sachliche eigene Leistungen, so können diese Leistungen höchstens mit den jeweils marktüblichen Preisen – soweit vorhanden Listenpreisen – unter Reduzierung der Beträge um 25% angesetzt werden.

(2) Sind der Produzent oder Mitproduzent bzw. der Allein- oder Mehrheitsgesellschafter bei einer GmbH und der Regisseur identisch, werden die gemäß § 25 Abs.1 kalkulierten Gagen um 20% reduziert.

(3) Sind der Produzent oder Mitproduzent bzw. der Allein- oder Mehrheitsgesellschafter bei einer GmbH und der Herstellungsleiter identisch, werden die gemäß § 25 Abs.2 kalkulierten Gagen um 20% reduziert.

(4) Erbringt der Produzent sonstige personelle Eigenleistungen, so können diese Leistungen höchstens mit den jeweils marktgerechten Preisen – soweit vorhanden Listenpreise abzgl. der handelsüblichen Rabatte – angesetzt werden.

(5) Bei Mehrfachbetätigungen innerhalb des Herstellungsprozesses eines Filmes sind entsprechende Reduzierungen der Gagensätze vorzunehmen. Entsprechendes gilt bei der Mehrfachbetätigung eines Filmschaffenden bei der Herstellung von mehr als vier Filmen im Jahr. Ein Mehrfachgagenansatz wie z.B. als Herstellungsleiter, Produktionsleiter oder Regisseur und gleichzeitig als Geschäftsführer (z.B. im Rahmen der Handlungskosten der Produktionsfirma) ist unzulässig.

Anlage Nr. 5

Auszüge aus den Grundsätzen sparsamer Wirtschaftsführung des FFG betr. Verleihvorkosten und Vertriebsspesen und -kosten

Tabellarische Übersicht der Verleihvorkosten / Nr. II

1. Programmbeifilm
2. Kopien für Hauptfilm, Werbevorspannfilm und Beiprogrammfilm zzgl. Verpackung und Transport vom Kopierwerk zu den Verleihfilialen, soweit nicht in den Herstellungskosten enthalten
3. Lavendelpositiv und Dupnegativ bzw. Interpositiv und Internegativ, soweit nicht in den Herstellungskosten enthalten
4. Synchronisation sowie IT-Band, soweit nicht in den Herstellungskosten enthalten
5. Kopienversicherung
6. Negativ-Versicherung, soweit nicht in den Herstellungskosten enthalten
7. Beschichtung, Instandhaltung und Wiederherstellung der Kopien für Haupt-, Vorspann- und Beiprogrammfilm, soweit diese Arbeiten außerhalb der Betriebsräume oder auch innerhalb der Betriebsräume des Verleihers, soweit sie zu marktüblichen Preisen durchgeführt werden
8. Herstellung des Werbevorspannfilms, falls dieser nicht vom Produzenten geliefert wird
9. Standard-Werbematerial
10. Ur- und Erstaufführungsreklame, die sich unmittelbar an Filmbesucher richtet, auch bei Mehrfachstarts in verschiedenen Großstädten, sowie filmbezogene Inserate in der Filmfachpresse und etwaige Filmpemierenveranstaltungen
11. Produktionspresse im Einvernehmen mit dem Produzenten, soweit nicht in den Herstellungskosten enthalten
12. Produktionsüberwachung, falls mit dem Produzenten vereinbart und in den Herstellungskosten nicht enthalten
13. Rechtsverfolgung gegenüber filmbezogenen Ansprüchen
14. Finanzierung, soweit in den Herstellungskosten nicht enthalten
15. Abgaben, insbesondere Zoll im grenzüberschreitenden Verkehr
16. SPIO-Filmsonderbeitrag
17. Gebühren der FSK und 18. der FBW, soweit nicht ausnahmsweise in den Herstellungskosten enthalten
19. Abrechnungskontrolle des Verleiherverbandes

§ 30

Vertriebsspesen, Vertriebsvorkosten

(1) Im Rahmen der Gundsätze sparsamer Wirtschaftsförderung liegen Vertriebsspesen für europäische Länder und für außereuropäische Länder bis zu 39% der tatsächlich und endgültig eingegangenen Lizenzerlöse eines Films.

(2) Zu den Vorkosten des Vertriebs rechnen nur die in der nachfolgenden tabellarischen Übersicht Nr. V aufgeführten Einzelkostenarten, soweit sie im Weltvertriebsvertrag vereinbart und vom Vertrieb vorgelegt worden sind.

Tabellarische Übersicht der Vertriebsvorkosten / Nr.V

1. Kosten der Service-Kopie von Hauptfilm und Vorspannfilm sowie der für Ansichtszwecke hergestellten Videokassetten zzgl. Verpackung und Transport vom Kopierwerk zum Fir-

mensitz, sofern der Produzent diese lt. Vertrag zu liefernden Kopien und Videokassetten nicht zur Verfügung stellt.

2. Kosten des Interpositivs und der Internegative für Hauptfilm, Vorspannfilm sowie der Video- und TV-Masterbänder aller erforderlichen Formate und Systeme, soweit diese nicht vom Produzenten kostenlos zur Verfügung gestellt oder von Lizenznehmern bezahlt werden
3. Synchronisationskosten für Fremdsprachenfassungen, soweit nicht vom Lizenznehmer getragen, einschl. verbundener Nebenkosten
4. Untertitelungskosten, soweit nicht vom Lizenznehmer übernommen
5. Instandhaltungskosten und Befundberichte für Negativ und Interpositiv; evtl. Regenerierungskosten
6. Kosten für Anzeigen in internationalen Fachzeitschriften sowie Werbekosten bei Filmfestivals und Filmmessen, sofern vom Produzenten genehmigt
7. Transport- und Vorführkosten bei Teilnahme an Filmfestivals und Filmmessen, soweit diese nicht von dritter Seite erstattet werden
8. Kosten für die Herstellung und Überspielung von IT-Bändern, soweit diese nicht vom Produzenten kostenlos zur Verfügung gestellt werden
9. Kosten der Herstellung fremdsprachiger Verkaufskataloge oder Pressehefte sowie Kosten der Herstellung sog. Verkaufstrailer für Filmmessen
10. Anwalts-, Gerichts-, Inkasso- und Buchprüfungskosten, welche mit der Eintreibung von Lizenzbeträgen in Zusammenhang stehen, sowie Kosten der im Ausland tätig werdenden Anwälte im Zusammenhang mit dem Abschluß und der Abwicklung von Lizenzverträgen
11. Kosten erforderlicher Rechte- und Materialversicherungen, soweit sie nicht vom Produzenten getragen werden

§ 30a
Provisionen bei der Veräußerung von Video- und Fernsehrechten

(1) Die folgenden Provisionen liegen im Rahmen der Grundsätze sparsamer Wirtschaftsführung
    a) bis zu 30% der Videolizenzerlöse bei Einschaltung eines Vertriebs durch Hersteller als Lizenzgeber
    oder
    b) bis zu 10% der Videolizenzerlöse im Falle des Eigenvertriebs des Herstellers als Lizenzgeber

(2) (...)

(3) Abs. 1 und 2 gelten entsprechend für die Veräußerung von Fernsehlizenzrechten

Anlage Nr. 5a Programmschema von arte

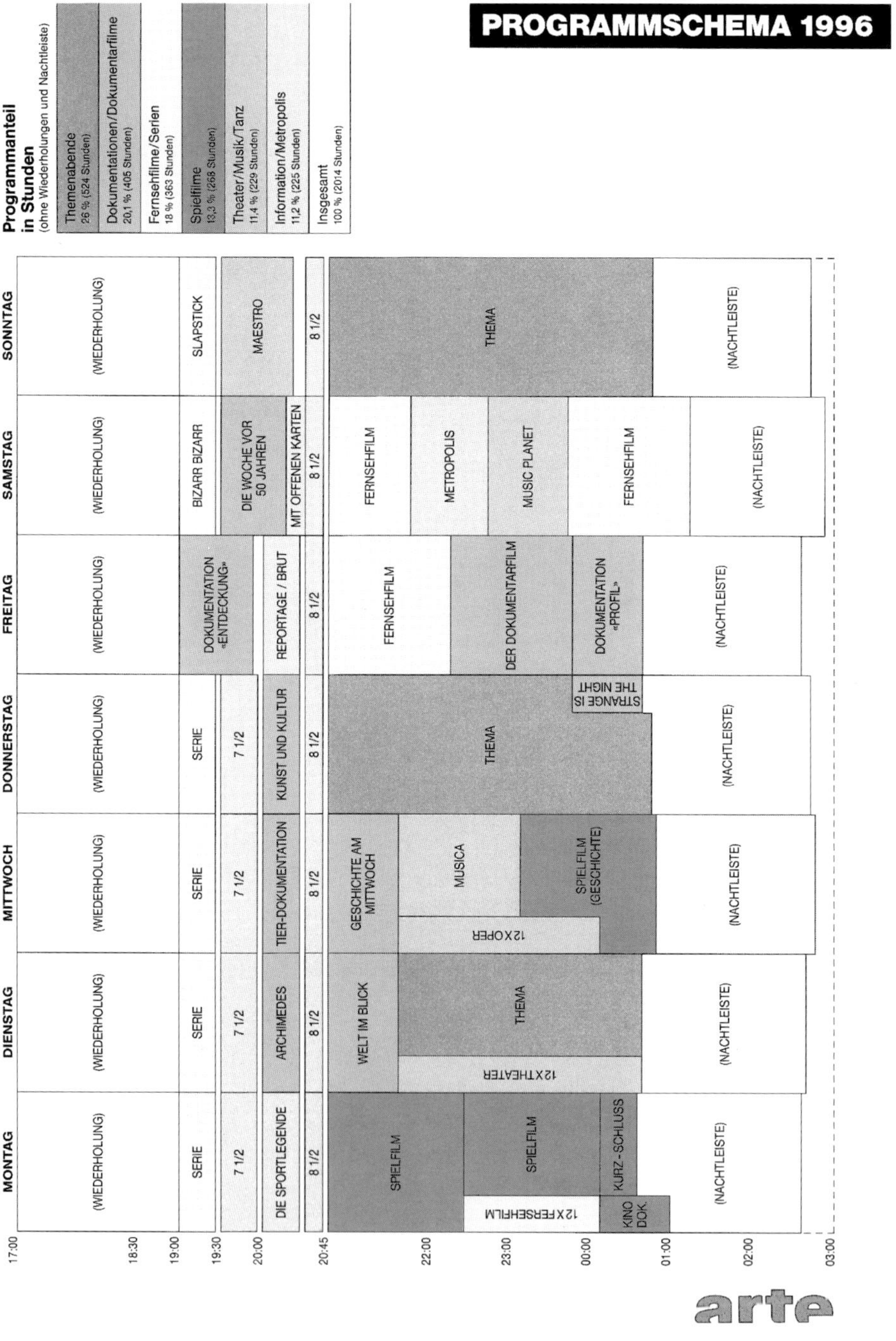

Anlage Nr. 6

Auszüge aus den Grundsätzen sparsamer Wirtschaftsführung des Filmförderungsgesetzes FFG betr. Herstellungskosten

§ 17 des Filmförderungsgesetzes
Herstellungskosten
Zu den Herstellungskosten eines Films im Sinne des FFG gehören die in der nachfolgenden tabellarischen Übersicht Nr. I aufgeführten Kostenarten (Nrn. 1 – 14). Bei den Herstellungskosten bleibt die Umsatzsteuer (abzugsfähige Vorsteuer) außer Ansatz (Nettoprinzip).

Tabellarische Übersicht der Herstellungskosten / Nr. I

1. Vorkosten der Produktion
2. Rechte und Manuskript
3. Gagen
   - Produktionsstab
   - Regiestab
   - Ausstattungsstab
   - Sonstiger Stab
   - Darsteller
   - Musiker
   - Zusatzkosten Gagen
4. Atelier
5. Ausstattung und Technik
6. Reise- und Transportkosten
7. Filmmaterial und Bearbeitung
8. Endfertigung
9. Versicherungen
10. Sonstige produktbezogene Kosten
11. Handlungskosten
12. Überschreitungsreserve
13. Finanzierungskosten
14. Treuhandgebühr

(15. Versicherungsvergütungen (./.))

Bei einer Coproduktion gelten als Herstellungskosten der von dem deutschen Hersteller vertraglich zu tragende Anteil an den Herstellungskosten des Films sowie die zusätzlichen Kosten für die Herstellung der deutschen Fassung des Films (einschließlich der Nullkopie).

§ 18
Sonstige produktbezogene Kosten
Zu den sonstigen produktbezogenen Kosten des Produzenten rechnen die in der nachfolgenden tabellarischen Übersicht Nr. III aufgeführten Einzelkostenarten jedoch nur, wenn diese nicht bereits unter Handlungskosten oder sonstigen in Teil B dieser Richtlinie geregelten Kosten eingestellt sind.

1. Personentransporte
2. Lastentransporte
3. kleine Ausgaben, die nicht Handlungskosten sind
4. Bahn- und Luftfrachten

5. Gebühren der FSK bzw. FBW,
   soweit sie ausnahmsweise in den Herstellungskosten enthalten sind
6. Berufsgenossenschaft
7. Sozialversicherung
8. Produktionspresse
9. Produzentenverband (filmbezogene Umlage)
10. Rechtsberatung
11. Telefon, Telegramm- Portikosten
12. Mieten für Produktionsräume
13. Büromaterial
14. Bewirtungen
15. Vermittlungsprovision
16. Zollkosten
17. Vervielfältigungen
18. Aushilfen

§ 19
Handlungskosten (Gemeinkosten) bei programmfüllenden Filmen

(1) Zu den Handlungskosten des Produzenten rechnen die in der nachfolgenden tabellarischen Übersicht Nr. IV aufgeführten Einzelkostenarten; diese dürfen nicht als Fertigungskosten (Nr. 1-9, Übersicht Nr. I) angesetzt werden.

(2) Im Rahmen der Grundsätze sparsamer Wirtschaftsführung liegen bei der Produktion von programmfüllenden Filmen Handlungskosten des Produzenten von 7,5% der Herstellungskosten oder des deutschen Herstellungskostenanteils (insoweit aber ohne Handlungskosten und Finanzierungskosten). In Einzelfällen kann der Vorstand der FFA den Nachweis oder die Glaubhaftmachung der Handlungskosten verlangen. Sollten die Handlungskosten mehr als 100.000 DM betragen, sind sie in jedem Falle in der Kalkulation glaubhaft vorzusehen, der zuständigen Kommission zur Genehmigung vorzulegen und mit dem Schlußkostenstand nachzuweisen.

Tabellarische Übersicht der Einzelkostenarten, die zu den Handlungskosten rechnen / Nr. IV

1. Aufwendungen für Einrichtungen und Unterhalt der ständigen Geschäftsräume
2. Allgemeiner Geschäftsbedarf (Schreibmaterialien usw.)
3. Allgemeine Post- und Telefongebühren
4. Allgemeine Personalkosten, soweit sich nicht das jeweilige Projekt speziell betreffen
5. Gewerbesteuer vom Ertrag und Kapital
6. Aufwendungen für allgemeine Rechts-, Steuer- und Devisenberatungen sowie Bilanzprüfungen
7. Zinsen und Bankspesen für allgemeine Kredite
8. Allgemeine Aufwendungen für Gästebewirtungen, Repräsentation, Blumen und Geschenke
9. Reisekosten und Aufwendungen im Rahmen der normalen Geschäftstätigkeit des Produzenten, sofern sie nicht für ein bestimmtes Projekt aufgewendet wurden.

§ 20

Finanzierungskosten

In den Kostenvoranschlag können die nachzuweisenden Finanzierungskosten in der Regel mit dem Zinssatz (einschl. Nebenkosten und Bereitstellungsprovision) der Filmkredite gewährten deutschen Konsortialbanken, keinesfalls mit mehr als 8% über dem jeweils geltenden Diskontsatz der Deutschen Bundesbank, eingesetzt werden. Finanzierungskosten für eigene Mittel des Herstellers dürfen nicht angesetzt werden.

§ 21

Überschreitungsreserve

In den Kostenvoranschlag kann eine Überschreitungsreserve bis zu 8% der Summe der kalkulierten Kostenarten Nr. 1-9 (Fertigungskosten) der tabell. Übersicht Nr. I eingesetzt werden.

§ 22

Zu den Vorkosten der Produktion rechnen Kosten für Motivsuche, Stoffentwicklung, Probeaufnahmen und Vorverhandlungen, soweit sie das Projekt betreffen.

§ 23

Reisekosten

Im Rahmen der Grundsätze sparsamer Wirtschaftsführung liegen Spesensätze aufgrund tarifvertraglicher und steuerrechtlicher Regelungen. Begründete Ausnahmen bei Spitzenkräften sind zulässig.

§ 24

Rabatte, Skonto, Boni, Materialveräußerungen

(1) Rabatte und Skonti sind von den jeweiligen Kostenpositionen der Schlußkostenrechnung abzuziehen. Skonti, die durch außerhalb des Filmprojekts stehende zusätzliche Eigenleistungen des Herstellers erreicht worden sind, brauchen bei den jeweiligen Kostenpositionen nicht abgezogen werden.
(2) (...)
(3) (...)
(4) Erträge aus der Veräußerung von Gegenständen (Sachen und Rechte), die in den Produktionskosten enthalten sind, sind produktionskostenmindernd anzusetzen oder zur Tilgung zu verwenden.

Anlage Nr. 7

Auszüge aus Verleih-Lizenzverträgen

Üblich sind bei derartigen Vereinbarungen zwei Modelle, das eine 35 : 65, das andere 50 : 50. Beide Vertragsvarianten umfassen zuerst die folgenden, gleich oder ähnlich lautenden Vereinbarungen:

Lizenzvereinbarung

§ 1

Der Lizenzgeber (Produzent) erklärt, daß er der alleinige und ausschließliche Inhaber der Vorführ- und Auswertungsrechte, soweit sie in dem vorliegenden Vertrag abgetreten werden, einschließlich der erforderlichen Autoren- und Musikrechte, an dem folgenden Spielfilm ist:
Titel („Film")

§ 2

Der Lizenzgeber überträgt Lizenznehmer (Verleiher) folgende Auswertungsrechte an dem Film exklusiv (z.B.):

- Kinorechte (35mm/16mm), kommerziell und nichtkommerziell
- Fernsehrechte
- Videorechte (einschließlich Videogramm, Leih- und Verkaufskassetten, Flugzeuge und Schiffe)

Die Übertragung der Rechte gilt für folgende Lizenzgebiete: (z.B.)

- Bundesrepublik Deutschland
- Republik Österreich
- Schweiz

Alle Lizenzrechte werden dem Lizenznehmer für die Dauer von (z.B.) 12 Jahren ab Vertragsbeginn übertragen.
Der Lizenznehmer verpflichtet sich, die 16mm-Rechte nicht unter einem Jahr nach Lizenzbeginn auszuwerten oder auswerten zu lassen.
Der Film ist ein deutscher Film nach FFG.
Der Lizenzgeber verpflichtet sich, die nach den einschlägigen Filmförderungsbestimmungen vorgeschriebenen Fernsehsperrfristen einzuhalten; eine vorgezogene Ausstrahlung über Pay-TV ist möglich.
Der Lizenznehmer garantiert einen Videoschutz von sechs Monaten ab Kinostart.

§ 3

Der Lizenznehmer verpflichtet sich, eine Garantie zu bezahlen in Höhe von DM
(...)

§ 4

Die zwischen den Vertragsparteien abzusprechenden Vorkosten beinhalten u.a. Kopienherstellung, Werbematerialien, Werbemaßnahmen, FSK-und FBW-Gebühren, Erstversände sowie filmbezogene Reise- und Premierenkosten. Die Verwendung der Vorkosten ist dem Lizenzgeber nachzuweisen. Vorkostenspezifizierung: siehe Anlage.
Die vom Lizenznehmer für die Kinoauswertung aufzubringenden Vorkosten sind festgelegt auf mindestens DM mit Ausnahme von Werbekostenzuschüssen für die Kinos).
Eine Änderung der Vorkostenhöhe bedarf der Rücksprache und schriftlichen Genehmigung durch den Lizenzgeber.
(...)

Der Lizenznehmer darf keinerlei Änderungen, Zusätze oder Schnitte an den Kopien noch an den Titeln des Films ohne vorherige schriftliche Zustimmung des Lizenzgebers vornehmen oder vornehmen lassen.
§ 5
Der Lizenznehmer verpflichtet sich, den Film bis (Datum) zu starten.
Der Lizenznehmer verpflichtet sich, den Film bestmöglich zu propagieren, zu vermieten und zu terminieren, sowie seine gesamte Auswertungstätigkeit mit der Sorgfalt eines ordentlichen Kaufmanns durchzuführen.
(...)

Die 35 : 65 Variante:
§ 6
Der Lizenznehmer verpflichtet sich, den Film im Ersteinsatz zu dem im FFG vorgeschriebenen Satz von mindestens 43,6% zu vermieten, sowie die Verleihspesen nach den Richtlinien des FFG abzurechnen.
Bis zur Abdeckung der Verleihvorkosten und der Vorab-Garantie werden die Bruttoverleiheinnahmen im Verhältnis 35 : 65 geteilt, d.h. 35% erhält der Lizenznehmer und 65% der Lizenzgeber, wobei die Vorverleihkosten aus dem 65%-Anteil des Lizenzgebers abgedeckt werden. Danach, also nach Abdeckung der Verleihvorkosten und der Garantie, werden die Bruttoverleiheinahmen im Verhältnis 40 : 60 geteilt.

Erlöse aus Videovertrieb:
Im Falle einer Garantiezahlung durch den Videolizenznehmer wird diese zu 100% gegen Vorkosten und Garantie aus der Kinoauswertung verrechnet. Mehrerlöse werden für den Fall, daß mit der Kinoauswertung Vorkosten und Garantie nicht abgedeckt werden können, zur Abdeckung einbehalten. Darüber hinausgehende Lizenzerlöse werden im Verhältnis 30% Lizenznehmer und 70% Lizenzgeber aufgeteilt.

Erlöse aus Fernsehvertrieb:
Im Falle einer Garantiezahlung durch den Fernsehsender wird diese zu 100% gegen Vorkosten und Garantie aus der Kinoauswertung verrechnet. Mehrerlöse werden für den Fall, daß mit der Kinoauswertung Vorkosten und Garantie nicht abgedeckt werden können, zur Abdekkung einbehalten. Darüber hinausgehende Lizenzerlöse werden im Verhältnis 25% Lizenznehmer und 75% Lizenzgeber aufgeteilt.
Einsätze, die bis 200,- DM Leihmiete (Mindestgarantie) erbringen, werden zwar genannt, aber nicht abgerechnet.

Die 50 : 50 Variante:
§ 6
Der Lizenznehmer verpflichtet sich, den Film im Ersteinsatz zu dem im FFG vorgeschriebenen Satz von mindestens 43,6% zu vermieten, sowie die Verleihspesen nach den Richtlinien des FFG abzurechnen.
Kinorechte:
Die Bruttoverleiheinnahmen werden zu 100% zur Deckung der Vorkosten und der Garantie verwendet. Nach Abdeckung dieser Kosten werden die Bruttoverleiheinnahmen zwischen Lizenzgeber und Lizenznehmer 50 : 50 geteilt.

Erlöse aus Videovertrieb:
Im Falle einer Garantiezahlung durch den Videolizenznehmer wird diese zu 100% gegen Vorkosten und Garantie aus der Kinoauswertung verrechnet. Mehrerlöse werden für den Fall, daß mit der Kinoauswertung Vorkosten und Garantie nicht abgedeckt werden können, zur Abdeckung einbehalten. Darüber hinausgehende Lizenzerlöse werden im Verhältnis 30% Lizenznehmer und 70% Lizenzgeber aufgeteilt.

Erlöse aus Fernsehvertrieb:
Im Falle einer Garantiezahlung durch den Fernsehsender wird diese zu 100% gegen Vorkosten und Garantie aus der Kinoauswertung verrechnet. Mehrerlöse werden für den Fall, daß mit der Kinoauswertung Vorkosten und Garantie nicht abgedeckt werden können, zur Abdeckung einbehalten. Darüber hinausgehende Lizenzerlöse werden im Verhältnis 25% Lizenznehmer und 75% Lizenzgeber aufgeteilt.
Einsätze, die bis DM 200,- Leihmiete (Mindestgarantie) erbringen, werden zwar genannt, aber nicht abgerechnet.
(...)

Bei internationalen Vereinbarungen sind auch folgende Passagen bzw. Vertragsformen üblich (Beispiel für deutschsprachige Rechte eines US-Films):

§ 3
Grant of Rights
(...)
§ 4
The Film
(...)

		Rights licenced	Rights not licenced
Cinematic:	Theatrical	X	
	Non-theatrical	X	
	Public Video		X
Video:	Home Video	X	
	Commercial Video	X	
Pay Television:	Terrestrial	X	
	Satellite		X
	Cable	X	
	Pay per View	X	
Free Television:	Terrestrial	X	
	Satellite		X
	Cable	X	
Ancillary Rights:	Hotels	X	
	Ships		X
	Airlines	X	

Provided that the following Holdbacks shall apply

a) for Germany and Austria

Video Rights	6 months from the date of the First Theatrical Release of the Film in the Territory
Pay TV Rights	18 months from the date of the First Theatrical Release of the Film in the Territory
Free TV Rights	30 months from the date of the First Theatrical Release of the Film in the Territory

b) for Switzerland and Liechtenstein

Video Rights	6 months from the date of the First Theatrical Release of the French version of the Film in Switzerland
Pay TV Rights	24 months from the date of the First Theatrical Release of the French version of the Film in Switzerland
Free TV Rights	36 months from the date of the First Theatrical Release of the French version of the Film in Switzerland

§...
Advance
The distributor will pay to the Licensor by way of a non-retunable advance the following sum:
$ (Zahl)
The Advance shall be recoupable by the Distributor in accordance with the provisions of §... hereof.

§... Gross Receipts

1. Gross Receipts arising from the exploitation of the Rights in the Territory shall be applied by the Distributor as follows:

1.1 Theatrical Gross Receipts shall be applied as follows: to the Distributor 35% as a distribution fee and to Licensor 65% with recoupment all the agreed Theatrical Distribution Expenses from Licensor's share;

1.2 Video Gross Receipts arising from the exploitation of the Video Rights shall be applied as follows: to the Distributor 25% as a distribution fee and to Licensor 75%. All video distribution expenses to be taken from the Distibutor's share.

1.3 Television Gross Receipts arising from the exploitation of the Free Television Rights and the Pay Television Rights shall be applied as follows: to the Distributor 25% as a distribution fee and to Licensor 75%.

1.4 Licensor's share of Theatrical Gross Receipts, Television Gross Receipts and Video Gross Receipts shall be retained by Distributor and applied in recoupment of the Advance until recoupment of the Advance.

Nach der Definition dieser spezifischen Vertragsdetails sind üblicherweise eine fast zehnseitige, engbedruckte „Standard Terms and Conditions/Allgemeine Geschäftsbedingungen" sowie eine Anlage über die genauen Liefermaterialien (z.B. Kopie, Dialogliste oder zusätzliche wie Werbedetails usw.) Bestandteil eines Lizenzvertrages. In diesen Seiten werden sowohl die einzelnen Begriffe exakt definiert als auch Rechte und Pflichten beider Vertragspartner, als auch die Verleihdetails, Abrechnung, Zahlung, Titelnennung, Versicherungen, Beendigung und Zusätze usw.

Anlage Nr. 8

Auszüge aus einem Darlehensvertrag – Produktion – der Filmboard Berlin-Brandenburg (vorläufige Fassung II.1995)

(...)

Die Filmboard gewährt dem Produzenten für den Film mit dem Titel (   )
ein Darlehen
in Höhe von DM (   )
Dies entspricht einer Mitfinanzierungsquote von % (   )
der von der Filmboard anerkannten Herstellungskosten
in Höhe von DM (   )
Unter Berücksichtigung der Bearbeitungsgebühr der Investitionsbank des Landes Brandenburg (ILB) nach Ziff. 1.2 in Höhe von DM (   ) zzgl. Mehrwertsteuer ergibt sich ein maximaler Auszahlungsbetrag von DM (   ).

Verzinsung, Verwendung und Erlöschen des Darlehens

1.1 Das Darlehen ist unverzinslich.
(...)

1.5 Ein Betrag in Höhe von DM (   ) muß zur Bezahlung von filmspezifischen Herstellungskosten verwendet werden, die in den Ländern Berlin oder Brandenburg anfallen (Regionaleffekt).

1.6 Werden die anerkannten Herstellungskosten unterschritten, so ermäßigt sich die Darlehenssumme um die prozentuale Quote der Unterschreitung. Entsteht dadurch eine Überfinanzierung, so wird das Darlehen entsprechend reduziert.
Die Darlehenssumme ändert sich nicht, wenn die von der Filmboard anerkannten Herstellungskosten überschritten werden. Die Überschreitungen sind vom Produzenten zu finanzieren.

1.7 Wird der Regionaleffekt nach Ziff. 1.5 unterschritten, so kann die Filmboard die Darlehenssumme um den Betrag der Unterschreitung ermäßigen.

Sicherung des Darlehens
(...)

2.2 Der Produzent tritt sicherungshalber die ihm zustehenden Rechte und Ansprüche aus bereits abgeschlossenen oder abzuschließenden Verträgen über die Verwertung des Films an die Filmboard bis zur Darlehenshöhe ab.

Weitere Pflichten des Produzenten
(...)

3.5 Der Produzent ist verpflichtet, die Filmboard laufend über den aktuellen Stand der Produktion zu unterrichten, insbesondere durch Vorlage der Stab- und Darstellerliste, des Drehplans unmittelbar vor Drehbeginn, der Tagesberichte, der Kostenstände, des Fertigstellungsplans sowie der Filmboard, und Beauftragten Zutritt zu den Drehorten zu gewähren.

Abruf und Auszahlung des Darlehens

(...)

4.3 Vor dem Abruf der ersten Rate hat der Produzent die Geschlossenheit der Gesamtfinanzierung und den Abschluß der zur Versicherung des Darlehens notwendigen Versicherungsverträge nachzuweisen. Die Auszahlung des gesamten oder von Teilen des Darlehens ist außerdem abhängig von der Erfüllung folgender Voraussetzungen:

4.4 Die Darlehensraten können vom Produzenten schriftlich in Abstimmung mit der Filmboard nach Fortschritt der Herstellungsarbeiten und unter Berücksichtigung bestehender Finanzierungsbedürfnisse abgerufen werden, und zwar höchstens:

- bis zu 25%, d.h. DM ( ) nach beidseitiger Unterzeichnung des Vertrages und Erfüllung aller Auszahlungsvoraussetzungen, jedoch nicht vor dem ( )
- bis zu 35%, d.h. DM ( ) bei Drehbeginn und Vorlage der ersten Dispo und des ersten Tagesberichtes, jedoch nicht vor dem ( )
- bis zu 20%, d.h. DM ( ) bei Abschluß der Dreharbeiten und Vorlage des letzten Dispo- und des letzten Tagesberichtes, jedoch nicht vor dem ( )
- bis zu 10%, d.h. DM ( ) nach Feststellung des Rohschnitts
- 10%, d.h. DM ( ), zzgl. der Restbeträge aus den vorherigen Raten, nach Vorlage des endgültigen Schlußberichtes und der Bestätigung des Prüfberichts der ILB, daß die anerkannten Herstellungskosten und der Regionaleffekt nicht unterschritten worden sind und daß keine Überschreitung im Sinne der Ziff. 1.6 vorliegt, sowie des Nachweises der Einlagerung einer Archivkopie.

Tilgung und Rückzahlung

5.1 Das Darlehen ist aus allen Verwertungserlösen des Produzenten nach Maßgabe der folgenden Ziff. 5.2 bis 5.4 zu tilgen.
Als Verwertungserlös im Sinne dieses Vertrages gelten alle Erlöse aus der Auswertung des Filmes oder der Verwertung der Nutzungsrechte an Bild- und Tonträgern des Films (einschl. der Erlöse aus Product-Placement, Merchandising oder ähnlichem) soweit sie nicht gemäß dem Finanzierungsplan zur Finanzierung der Herstellung des Films verwendet worden sind. Die Verwertungserlöse sind vom Produzenten unter Vorlage der erforderlichen Unterlagen, insbesondere von Kopien der Verleih-/Vertriebsabrechnungen, erstmals spätestens sechs Monate nach Verwertungsbeginn mit der ILB abzurechnen, danach halbjährlich. Der Produzent hat in den Verwertungsverträgen dafür zu sorgen, daß die Filmboard oder die ILB die Verwertungserlöse prüfen kann.

5.2 Aus den Verwertungserlösen des Verleihs/Vertriebs können zunächst die nachgewiesenen Verleih- und Vertriebsvorkosten einschl. der anteiligen Verleih-/Vertriebsspesen einbehalten werden, soweit sie den Richtlinien zum FFG entsprechen oder von der FFA anerkannt sind und sie nicht aus Förderdarlehen oder -zuschüssen der Filmboard oder anderen Filmförderungen finanziert sind.

5.3 Aus dem dem Produzenten zustehenden Anteil der Erlöse können danach die unbedingt oder rangbedingt rückzahlungspflichtigen Darlehen Dritter, die Verleih/Vertriebsgarantien sowie die Eigenmittel und die von der Filmboard anerkannten Rückstellungen refinanziert werden, soweit diese Mittel im Finanzierungsplan enthalten sind und zur Finanzierung der Herstellungskosten des Films verwendet worden sind.

5.4 Im Anschluß hieran wird der Produzent unverzüglich ( )% des ihm zustehenden Anteils der Erlöse zur Tilgung des Darlehens abführen.

5.5 Im Falle des Verzugs mit Tilgungsleistungen oder Rückzahlungsbeträgen können dem Produzenten Verzugszinsen in Höhe von 2% über dem jeweiligen Diskontsatz der Deutschen Bundesbank auferlegt werden. Dieser Zins ist unabhängig von der Höhe der Verwertungserlöse zu zahlen. Die Geltendmachung eines weiteren Verzugsschadens bleibt hiervon unberührt.

5.6 Soweit die Rückführung des Darlehens zu verwendenden Verwertungserlöse des Filmes innerhalb von 5 Jahren ab Verwertungsbeginn, oder falls es dazu nicht kommt, ab Fertigstellung der Nullkopie/Masterband, nicht zur Darlehenstilgung ausreichen und der Produzent die ihm aus diesem Vertrag sonst obliegenden Verpflichtungen ordnungsgemäß erfüllt hat, kann die Filmboard auf die Rückzahlung des hiernach nicht tilgbaren Darlehensrests verzichten. Ein Rechtsanspruch auf anteiligen oder vollen Verzicht der Rückzahlung steht dem Produzenten nicht zu.

(...)

Anlage Nr. 9

Auszüge aus „EURIMAGES: Model Co-Production Terms"

zitiert aus der Veröffentlichung von EURIMAGES/Denton International/The Denton International Group of Law Firms, 1993

Im April 1993 erschien die 22seitige DIN-A4-Publikation „Model Co-Production Terms", die auf die Spezifika eingeht, die Produzenten bei Koproduktionen jedweder Art – ob bei Koproduktionen im gleichen Land, bei Koproduktionen zwischen zwei Ländern oder bei Koproduktionen zwischen drei und mehr Ländern (also den typischen EURIMAGES-Konstellationen) anzusprechen und zu lösen haben. Diese Veröffentlichung stellt einen Leitfaden der zu klärenden Elemente dar, sie stellt nicht den Vertrag in all seinen letztendlich notwendigen Ausarbeitungen, Paragraphen und Zusätzen per se dar; in jedem Fall ist eine zusätzliche und individuelle Rechtsberatung dringendst zu empfehlen.

Bei allen Vertragsverhandlungen ist es von oberster Wichtigkeit, daß die Vertragsparteien sich bestens untereinander kennen und einschätzen können; es empfiehlt sich also, durch Recherche und persönliche Kontakte sowohl so viel wie möglich über den Status, die professionellen Erfahrungen und das Know-how, bzw. die Erfolge und Mißerfolge, als auch über das Geschäftsgebaren der Partner zu eruieren.

Während der Vertragsverhandlungen ist darauf zu achten, daß *alle* Aspekte der gemeinsamen Produktion erörtert und geklärt werden und daß es bei keinerlei ungelösten Punkten bleibt; zugleich ist es wichtig, nicht nur die eigenen Standpunkte verständlich zu machen, sondern auch die der Partner zu verstehen. In der Vorbereitung von Verhandlungen sollte man sich im Detail darüber klar sein, *was* zu verhandeln ist und *was* man selbst als Verhandlungsergebnis erzielen möchte. Vertragsverhandlungen sind ein flexibles und kreatives Geben und Nehmen (nicht umsonst sagt man, daß die eigentliche Kunstform in Hollywood die der Vertragsgstaltung sei).

Alle Verhandlungsergebnisse sollten auch in allen Phasen ihrer Entwicklung schriftlich festgehalten und untereinander kommuniziert werden; besonders im Falle europäischer Koproduktionen mit unterschiedlichen Sprachen und unterschiedlichen Rechtssystemen ist Klarheit von oberster Bedeutung. Zu einer Vertragsgestaltung gehört, daß die Verantwortlichkeiten jedes Partners unmißverständlich und erschöpfend, sowohl vom inhaltlichen wie auch vom terminlichen Umfang her, bestimmt worden sind. Ebenso gründlich notwendig ist die Klärung des ursprünglichen und umfassenden Rechteerwerbs.

Die folgenden englischsprachigen Auszüge mit *deutschsprachigen Anmerkungen* weisen auf die üblicherweise zu verhandelnden Vertragspunkte hin.

I. Date

   This agreement is made on (date)

   Das Datum wird erst dann eingesetzt, wenn alle Koproduzenten einer Schlußfassung des Vertrags zugestimmt haben.

II. Parties
Between
(1) (name) of (address), a company incorporated under (no.) in (country) – (hereinafter refered to as (A).)
(2) (name) of (address), a company incorporated under (no.) in (country) – (hereinafter refered to as (B).)
(3) (name) of (address), a company incorporated under (no.) in (country) – (hereinafter refered to as (C).)
(together the „Co-Producers")

III. Preamble A
The Co-Producers wish to produce a cinematographic work with the working title („the Film") based upon the following source material („the Underlying Works"): (literary work) entitled („title") written by (author) first published by (publisher) in (country) in (year) (unpublished)
oder
(unpublished) screenplay (based upon the above-mentioned literary work) entitled („title") written by (author) dated (date) („the Screenplay").
Falls dem Drehbuch keine literarische Vorlage zugrunde liegt, entfällt dieser Hinweis selbstverständlich.

IV. Preamble B
(A) has by (details of existing agreements) („the Underlying Rights Agreements"), subject to the terms of the Underlying Rights Agreements, acquired (an option to acquire) the right to make and exploit the Film based upon the Screenplay (as well as certain additional rights)
Zumindest ein Ko-Produzent muß im Rahmen der EURIMAGES-Richtlinien die entsprechenden Rechte besitzen.

V. Preamble C
The Co-Producers wish to apply for co-production support to EURIMAGES the pan-European fund of the Council of Europe for the support of co-production and distribution of feature films and documentaries.
Im Falle einer beabsichtigten Beantragung bei EURIMAGES sollte diese Präambel Teil des Vertrags sein.

VI. Preamble D
The Co-Producers wish to apply for the Film to have official co-production status (as a European cinematographic work under the European Convention on Cinematographic Co-production) (as a co-production under the (details of bilateral co-production treaty or treaties).
Zu Details der europäischen Konvention und der europäischen Elemente siehe entsprechende Ausführungen oben.

The Co-Producers agree as follows:

1. Budget
The Film shall be produced in accordance with the Budget for the Film amounting to (amount and currency or currencies) which is annexed as Appendix A („the Budget". Any change to the Budget shall require the written approval of all the Co-Producers.
Die Kalkulation der Herstellungskosten ist Teil der Anlagen zum Vertrag. Die Problematiken unterschiedlicher Währungen sind Teil eines späteren Vertragspunktes. Das Budget sollte in der Währung des federführenden Produzenten erstellt sein.

2. Underlying Works
2.1 To the extent that the Budget includes the amounts (excluding any deferments or profit participation) paid or to be paid by (A) for acquisition of rights in the Underlying Works, (A) hereby licenses such rights to the Co-Producers. The period of the licence shall on the date on which the amounts for such rights are reimbursed in full to (A) or, in case of amounts not yet paid by (A), are paid to the relevant third party, in each case out of the Budget. The period of the licence shall end on expiry of (A's) interest in the Underlying Works, subject to earlier expiry under Clauses 7,8,15,28 or 29.
2.2 (A) shall be responsible for arranging US copyright registration to record the interests of the Co-Producers (to the extent of such interests) in the Underlying Works and the Co-Producers shall execute any documents required for this purpose.
2.3 (A) shall renew or exercise any option acquired by (A) in respects to any Underlying Works, provided that all the Co-Producers agree in writing that such option should be renewed or exercised.
Dieses Modell sieht vor, daß der Co-Produzent, der ursprünglich die Rechte erworben hat, im Rahmen des Budgets von den Ko-Produzenten diese Kosten dem Innenverhältnis entsprechend erstattet bekommt. Weiterführende Rechte, z.B. Remakes oder Sequels, unterliegen nur dann dieser Regelung, wenn sie von allen Ko-Producern im Rahmen des Budgets anerkannt und miterworben werden sollen. Die Regelung von Rechteteilnahme bedarf der sorgfältigsten Bearbeitung. Da das US-Copyright besondere Vorteile mit sich bringt, ist die Ernennung des Antragstellers von großer Bedeutung.
3. Co-Production Control
3.1 The Co-Producers agree to produce the Film in accordance with the terms of this Agreement, but subject always to Clause 3.2
3.2 Decisions (including creative decisions) relating to production and delivery of the Film shall if possible be made by the Co-Producers jointly. If within a (24) hour period during principal photography or within a (72) hour period outside principal photography, the Co-Producers are unable to reach a joint decision on any particular matter, then the matter shall be decided by (A) as delegate producer. (A) shall not make any decision which increases the pro-duction costs of the Film above the Budget unless (A) provides or procures the additional finance required to cover such increase, subject to the rights of the completion guarantor, if any.
Üblichweise ist der federführende Produzent (delegate producer) derjenige, der den größten finanziellen Anteil der Produktion trägt. Die Entscheidungskompetenz und ihre möglichen finanziellen Auswirkungen sollten klar geregelt sein.
4. Overcost
Subject to Clause 3.2, no expenditure on production and delivery of the Film above the amount of the Budget shall be incurred unless the Co-Producers agree in writing the division between them of responsibility for providing or procuring the additional finance required to cover such overcost, subject always to the rights of the completion guarantor, if any.
5. Underspend
5.1 The aggregate sum of:
a) the amount, if any, by which the Budget exceeds the total cost actually incurred by the Co-Producers on the items in the Budget and
b) the amount of any fee payable on the calling of the completion guarantee, if any, but in fact not paid because the completion guarantee was not called shall be devided between

the Co-Producers in the same proportions as their respective contributions to the Budget specified in Clause 6.2.

5.2 The amount of any underspend on any particular item in the Budget may be utilised for other items in the Budget, subject to the requirements of the completion guarantor, if any.
Üblicherweise werden Budgetunterschreitungen in dem Verhältnis auf die Koproduzenten verteilt, in dem sie finanziell an der Produktion beteiligt sind. – Da die Gesamtgebühr der Completion Bond Teil des Budgets ist, aber nur bei Inanspruchnahme in voller Höhe zahlbar ist, ist der nichtbeanspruchte Teil unter den Koproduzenten aufteilbar.

6. Financing Plan

6.1 The Financing Plan for the Film is equal to the amount of the Budget and is annexed as Appendix B („the Financing Plan"). Any change to the Financing Plan shall require the approval of all the Co-Producers.

6.2 a) A agrees to provide or procure finance or other contributions of a total values equal to (number)% of the Budget, according to that part of the Financing Plan allocated to A.
b) B agrees to provide or procure finance or other contributions of a total values equal to (number)% of the Budget, according to that part of the Financing Plan allocated to B.
c) C agrees to provide or procure finance or other contributions of a total values equal to (number)% of the Budget, according to that part of the Financing Plan allocated to C.
Der Finanzierungsplan stellt sowohl den jeweiligen Betrag der Koproduzenten dar als auch das prozentuale Verhältnis zueinander. Entsprechendes gilt für den Betrag, der bei EURIMAGES beantragt wird. Ein Minoritätsproducer von nur 10% Beteiligung kann keine EURIMAGES-Mittel in seinen Anteil einbeziehen. Im Falle von Eigenleistungen, die nicht finanzieller Art sind, z.B. Rechte, sind diese gemeinsam zu evaluieren und in Übereinstimmung mit nationalen Filmförderungsrichtlinien zu bringen. Die Herkunft der Finanzierung braucht nicht weiter spezifiert zu werden, da auch nicht-nationale oder nicht-europäische Finanzierung akzeptabel ist. Bei einer rein finanziellen Beteiligung allerdings kann die tatsächliche Rolle des Koproduzenten überprüft werden, um Subventionsbetrug zu verhindern.

7. Application to EURIMAGES

7.1 (A) is designated as the delegate producer to apply on behalf of all the Co-Producers to EURIMAGES for co-production support in accordance with the Financing Plan for this purpose and (B) and (C) shall execute any confirmation reasonably required by EURIMAGES. If EURIMAGES support is refused the Co-Producers shall renegotiate in good faith the Financing Plan and Clause 6 above. If (number) days after the date of the EURIMAGES refusal, no agreement has been reached between the Co-Producers, then the underlying rights licensed under Clause 2.1 shall revert to (A), subject to the reimbursement by (A) to the other Co-Producers of finance provided or procured by them for acquisition by (A) of such rights, and subject also to any security interests of third parties.
Für den Fall, daß EURIMAGES keine Fördeung bewilligt, ist dafür Sorge zu tragen, daß es entweder zu Neuverhandlungen bzgl. der Refinanzierung des Projektes kommt oder zu einer Regelung, wie bereits erworbene Rechte oder getätigte Zahlungen an die Beteiligten zurückgehen.

8. Application to National Authorities

8.1 For purposes of obtaining approval of co-production status under (bilateral co-production treaty or treaties) (the European Convention on Cinematographic Coproduction) (A) shall apply to (institution, country), (B) shall apply to (institution, country) and (C) shall apply to (institution, country).

8.2 If approval of co-production status by any competent national film authority is refused, then the Co-Producers shall renegotiate in good faith the Financing Plan and Clause 6 above. If (number) days after the date of such refusal, no agreement has been reached between the Co-Producers, then the underlying rights licensed under Clause 2.1 shall revert to (A), subject to the reimbursement by (A) to the other Co-Producers of finance provided or procured by them for acquisition by (A) of such rights, and subject also to any security interests of third parties.

8.3 In the event that

a) the Film is granted conditional approval of coproduction status but final approval of co-production status is refused
or

b) a competent authority refuses a necessary permission for distribution of the Film in (A's) Territory, (B's) Territory, or (C's) Territory
the financial liability of the Co-Producers in relation to the costs of production of the Filmshall (unless otherwise agreed by them in writing) be determined by the terms of this Agreement.

Da die unterschiedlichen Länderfördersysteme darauf bestehen, Filme z.B. in Deutschland als „deutsche" Filme für landeseigene Förderung zu bewerten, ist es notwendig, diesen Status vor Produktionsbeginn während des Antragsverfahrens bestätigt zu bekommen. Sollte die Klassifizierung verweigert werden, wird das gesamte Projekt und Vertragswerk neu evaluiert und verhandelt werden müssen.

9. Cashflow

9.1 The Co-Producers agree to negotiate in good faith and agree a cashflow schedule drawn up in the relevant currency or currencies („the Cashflow Schedule") for the Budget no later than (number) days before the Start Date (as defined in Clause 15.1). Failing such Agreement (A) shall decide the Cashflow Schedule.

9.2 a) (A) agrees to provide or procure advances in the relevant currency or currencies in accordance with that part of the Cashflow Schedule which is allocated to (A).

b) (B) agrees to provide or procure advances in the relevant currency or currencies in accordance with that part of the Cashflow Schedule which is allocated to (B).

c) (C) agrees to provide or procure advances in the relevant currency or currencies in accordance with that part of the Cashflow Schedule which is allocated to (C).

9.3 (A) shall arrange for a production account to be set up at (name of bank) in the name of (name).
(B) shall arrange for a production account to be set up at (name of bank) in the name of (name).
(C) shall arrange for a production account to be set up at (name of bank) in the name of (name).
The money deposited is such account shall be co-owned by the Co-Producers (as tenants in common) in the same proportions as the Co-Producers' respective contributions to the Budget specified in Clause 6.2. Such money and any interest accruing thereon shall be applied exclusively towards the production and delivery of the Film.

Der Kapitalmittelflußplan der einzelnen Koproduzenten spezifiert diese Ausgaben. Das Problem der wechselnden Kurse, das nicht durch einen Completion Bond abgedeckt wird, kann dadurch beseitigt werden, daß die Koproduzenten vor der Produktion zum Zeitpunkt des Vertragsabschlusses ausreichend die notwendige Fremdwährung einkaufen. Das Management des Kontos, auf dem die EURIMAGES-Zahlungen eingehen, sollte über eine gemeinsame, untereinander abhängige Verfügungsgewalt geregelt sein.

10. Screenplay

10.1 The final shooting script for the Film shall be based upon the Screenplay and for this purpose the Co-Producers shall agree in writing an approved screenplay („the Approved Screenplay") not later than (number) days before the Start Date as defined in Clause 15.1

10.2 Any changes to the Approved Screenplay shall be minor and reasonable changes caused by exigencies of production, shall not substantively change the Approved Screenplay and shall not increase the production costs of the Film above the Budget, or otherwise shall require the written approval of all the Co-Producers, subject to Clause 3.2

11. Specifications

The Film shall conform to the Specifications set out in Appendix C („the Specifications"). Any change to the Specifications shall require the written approval of all Co-Producers, subject to Clause 3.2.

12. European Elements

In order for the Film to qualify as a European cinematographic work under the European Convention on Cinematographic Coproduction:

a) (A) shall be responsible for securing from its country the following European elements:
Creative group:
(Director)
(Scriptwriter)
(Composer)
Performing Group
(1st day by number of days worked)
(2nd role by number of days worked)
(3rd role by number of days worked)
Technical Craft Group
(Cinematographer)
(Sound Recordist)
(Editor)
(Art Director/Designer)
(Studio or – if none – shooting location)
(Post-production location).

b) (B) shall be responsible for securing from its country the following European elements:
Creative Group
( )
Performing Group
( )
Technical Craft Group
( ).

c) (C) shall be responsible for securing from its country the following European elements:
Creative Group
( )
Performing Group
( )
Technical Craft Group
( ).

Zu Anmerkungen betr. Besetzung von Schauspielern und Crew siehe bitte das Kapitel betr. EURIMAGES. Denkbar sind Variationen, z.B. daß ein Koproduzent vorwiegend die kreativen, ein anderer vorwiegend die Crew-Elemente besorgt. Üblicherweise wird die Aufteilung dem finanziellen Anteil entsprechen. Es ist notwendig, den jeweiligen Status im eigenen Land zu klären.

13. Third Party Contracts

13.1 The benefit of all contracts concluded by a Co-Producer in relation to the Film (except the Underlying Rights Agreement) shall be held by that Co-Producer for itself and the other Co-Producers.

13.2 All contracts for production of the Film (including but not limited to contracts with directors, writers, composers, actors, musicians, cinematographers, choreographers, record producers,crew, editors) shall be in a form usual in the film industry and shall be consistent with this Agreement and with the requirements of the completion guarantor, if any, and financiers. Such contracts shall contain a grant of rights to permit the widest legally permissible exploitation of the Film. Such grant of rights shall specifically include the unrestricted authorisation of exploitation of the Film by means of rental and lending and the contracts shall include an acknowledgement that the payment provided in the contracts includes an element representing equitable renumeration for the authorisation of rental and lending. Further any such contract shall include a waiver of moral rights, to the extent if any that such waiver is legally permissible.

13.3 (A) shall be responsible for obtaining music clearances.

Die unterschiedlichen Urheberrechtsgesetzgebungen in Europa machen es erforderlich, insbesondere in der Frage der moral rights bzgl. der Produktion und der Distribution Einigung zu erzielen und Vorsorge zu treffen.

14. Insurances

14.1 (A) shall procure that the usual production insurances shall be effected and maintained including:

a) liability to third parties for the duration of production of the Film
b) indemnity against damage or loss of the negative and other property to be used in connection with the production of the Film
c) indemnity against the risk of accident, illness or death of the director, principal cast and crew and any other persons reasonably specified by the Co-Producers, including the risk of abandonment resulting from such accident, illness or death
d) employer's liability for the duration of production of the Film
e) errors and omissions insurance
f) if possible, insurance against moral rights claims and claims for equitable renumeration for rental and lending
g) such other insurances as may be reasonably required by the Co-Producers or by law.

14.2 (A) shall procure that each policy for such insurances shall have each of the Co-producers named as insured for its respective interest and (A) shall supply a copy of any such policy to the other Co-Producers.

14.3 Each Co-Producer shall notify the others on the happening of any event which may give rise to a claim under any such insurances. Each Co-Producer shall consult with the others about the settlement of any insured losses.

14.4 Each Co-Producer agrees that it will not do or permit to be done anything which may cause any such insurance policy to lapse or become wholly or partly void or voidable by the insurers.

14.5 Any sums paid out by insurers for claims against such insurance policies shall be applied towards unpaid production costs, subject to the requirements of the completion guarantor, if any.

Im Falle einer Completion Bond steht dieser üblicherweise an erster Stelle betr. Rückzahlungen; die Rolle der Completion Bond Gesellschaft ist sorgfältig zu klären.

15. Production

15.1 Principal photography of the Film is to commence not later than (date) or such later start date as may be agreed in writing by all the Co-Producers („the Start Date")

15.2 The Co-Producers agree to negotiate in good faith and agree a shooting schedule („the Shooting Schedule") no later than 30 days before the Start Date. Failing such agreement, (A) shall decide the Shooting Schedule. Any change to the Shooting Schedule shall be minor and reasonable caused by the exigencies of production, and shall not increase the production costs of the Film above the Budget, or otherwise shall require the written approval of all the Co-Producers.

15.3 If principal photography has not commenced by the Start Date, then the Co-Producers shall negotiate in good faith the re-allocation of underlying rights licensed under Clause 2.1. If 6 months after the Start Date, no agreement has been reached, then the underlying rights licensed under Clause 2.1 shall revert to (A), subject to the reimbursement by (A) to the other Co-Producers of finance provided or procured by them for the acquisition by (A) of such rights, and subject also to any security interests of third parties.

15.4 The Co-Producers agree to make the Film to a standard suitable for general theatrical release.

15.5 The language of the original version of the Film shall be (language).

15.6 Each Co-Producer shall keep the other Co-Producers fully informed about the progress of production of the Film.

15.7 The authorized representatives of each Co-Producer shall be given unrestricted access to inspect daily rushes of the Film during principal photography, and during post-production to view all cuts of the Film and to attend at editing studios and other post-production facilities.

15.8 Before delivery of the Film the Co-Producers shall consult each other about any publicity which they intend to release.

Die Originalsprachfassung muß bei EURIMAGES-Förderung in der Sprache eines Herstellungslandes sein.

16. Delivery

16.1 The Co-Producers agree to negotiate in good faith and agree to a delivery schedule („the Delivery Schedule") no later than 30 days before the Start Date. Failing such agreement, the Delivery Schedule shall be the delivery schedule annexed as Appendix D. Thereafter, the Delivery Schedule shall not be changed without the written approval of all the Co-Producers.

16.2 On or before (date) („the Delivery Date") (A) shall deliver to itself and the other Co-Producers the materials listed in the Delivery Schedule (provided that the costs of such materials is included in the Budget), at a laboratory in (country) for access on the laboratory's usual terms.

16.3 The Delivery Date may be postponed by a period of up to 3 months if delivery is delayed for a reason beyond the control of the Co-Producers.

EURIMAGES verlangt, daß alle Koproduzenten Zugriff auf das Neativ haben können.

17. Completion Guarantee
(A) shall procure that a guarantee of completion and delivery of the Film in accordance with the terms of this Agreement shall be given in favour of the Co-Producers by a completion guarantor approved by the Co-Producers, and that any conditions precedent (including payment of a premium to a completion guarantor) to the guarantee are fulfilled. The form of the completion guarantee shall be subject to the approval of all the Co-Producers. The Co-Producers shall execute all documents normally required by the Completion guarantor.

18. Ownership of Rights in the Film

18.1 (The Co-Producers shall be the joint authors of the Film.)

18.2 All copyright and exploitation rights and other rights related to the copyright which are owned or acquired by the Co-Producers in the Film as a creative work shall be owned by them jointly (as tenants in common) in the same proportions as their respective contribution to Budget specified in Clause 6.

18.3 The copyright by-line for the Film shall be as follows:
a) in (A's) territory
© (A, B & C) (year of publication)
b) in (B's) territory
© (B, A & C) (year of publication)
c) in (C's) territory
© (C, A & B) (year of publication)

18.4 (A) shall arrange for the Co-Producers' ownership of the copyright in the Film to be registered at the US Copyright Registry (and the WIPO Audio-visual Copyright Register).
In diesem Paragraphen ist es wichtig, die jeweils relevante Urheberrechtsgesetzgebung der jeweils beteiligten Länder zu berücksichtigen. Die Aufteilung der Rechte unter den Koproduzenten muß diesem Modell nicht folgen, es gibt viele andere Möglichkeiten.

19. Registration
(...)

20. Distribution

20.1 a) The Co-Producers hereby irrevocably license (A) to exploit the Film for the duration of the copyright in the Film (in the (   ) language) for (all media including rental and lending) in the following (teritories)
(„A's territory")
b) The Co-Producers hereby irrevocably license (B) to exploit the Film for the duration of the copyright in the Film (in the (   ) language) for (all media including rental and lending) in the following (teritories)
(„B's territory")
c) The Co-Producers hereby irrevocably license (C) to exploit the Film for the duration of the copyright in the Film (in the (   ) language) for (all media including rental and lending) in the following (teritories)
(„C's territory")

20.2 a) (A) shall be responsible for distribution costs in (A's) territory to the extent that such costs are not included in the Budget
b) (B) shall be responsible for distribution costs in (B's) territory to the extent that such costs are not included in the Budget

c) (C) shall be responsible for distribution costs in (C's) territory to the extent that such costs are not included in the Budget

20.3 The Co-Producers authorize (A) to negotiate and conclude on behalf of all the Co-Producers agreements with third parties relating to the exploitation of the Film in the world excluding (A's) territory, (B's) territory and (C's) territory („the Rest of the World"). The terms of such agreements shall be subject to the prior written approval of all the Co-Producers (as to the amount of any distribution advances and as to any entitlements to deduct commission and expenses).

20.4 No Co-Producer shall without the written approval of the other Co-Producers licence rights for satellite transmission of the Film for reception in countries subject to European Community legislation. The Co-Producers shall work together to agree a mutally acceptable system of licensing satellite transmission of the Film for reception in such countries.

20.5 The terms of any agreemet between any Co-Producer and a third party for the exploitation of the Film in that Co-Producer's territory shall be subject to the prior written approval of all the Co-Producers (as to the amount of any distribution advances and to any entitlements to deduct commission and expenses).

Diese Vorlage stellt nur eine Möglichkeit der Vertragsregelung dar, zusätzlich zu den Territorien können z.B. die Medien und Nebenrechte individuell verhandelt werden. Dieser Pararaph erfordert mit die größte Sorgfalt und Klarheit. Hierbei ist darauf zu achten, daß „zukünftige Medien" in unterschiedlichen Ländern unterschiedliche Behandlungen erfordern.

21. Theatrical release

(...)

22. Negative

The negative and all other physical materials of the Film shall be co-owned by the Co-Producers (as tenants in common) in the same proportions as their respective contribution to Budget specified in Clause 6.2

23. Credit

(...)

24. Recoupment and Profit Participation

24.1 Recoupment and profit participation shall take place in accordance with the recoupment schedule („the Recoupment Schedule") consistent with the requirements of financiers (including EURIMAGES if relevant) which the Co-Producers agree to negotiate in good faith and agree no later than 30 days before the Start Date. The Recoupment Scheduel, once agreed, shall not be changed without the written approval of all the Co-Producers.

24.2 If the Co-Producers have not agreed the Recoupment Schedule 30 days before Start Date, then recoupment and profit participation shall take place as follows:

a) Receipts (as defined in Clause 24.3) from (A's) territory shall be applied by (A) in the following order:

(i) towards recoupment by (A) of its contributions to the Budget, untilrecouped

(ii) towards recoupment by (B) and/or (C) of their contributions to the Budget simultaneously and proportionately according to their respective contributions, until recouped

(iii) towards recoupment in accordance with paragraph (e) below.

b) Receipts from (Bs) territory shall be applied by (B) in the following order:

(i) towards recoupment by (B) of its contributions to the Budget, untilrecouped

(ii) towards recoupment by (A) and/or (C) of their contributions to the Budget simultaneously and proportionately according to their respective contributions, until recouped
(iii) towards recoupment in accordance with paragraph (e) below.

c) Receipts from (Cs) territory shall be applied by (C) in the following order:
(i) towards recoupment by (C) of its contributions to the Budget, untilrecouped
(ii) towards recoupment by (A) and/or (B) of their contributions to the Budget simultaneously and proportionately according to their respective contributions, until recouped
(iii) towards recoupment in accordance with paragraph (e) below

d) Receipts from the Rest of the World shall be applied by A in the following order:
(i) towards recoupment by (A), (B) and (C) of their contributions to the Budget, simultaneously and proportionately according to their respective contributions, until recoupment by any of them and thereafter to whichever of (A), (B) and (C) remains unrecouped, until recoupment by the last of (A), (B) or (C)

e) after recoupment by the Co-Producers of their respective contributions to the Budget, Receipts shall be applied in the following order:
(i) towards recoupment of any completion guarantor's advances and interest thereon
(ii) towards recoupment, simultaneously and proportionately of any advances made or produced by the Co-Producers in excess of their respective contributions to the Budet, with the prior written approval of the Co-Producers
(iii) towards any deferments

g) after recoupment in accordance with paragraph (e) above, any further Receipts shall be deemed „Net Profits" and shall be applied as follows:
(i) towards any Net Profit participations previousy agreed in writing by all the Co-Producers
(ii) to the Co-Producers simultaneously and proportionately according to their respective contributions to the Budget.

24.3 For the purpose of Clause 24.2, Receipts shall include:

a) all sums received from distributor under distribution agreements with one or all of the Co-Producers, whether or not remitted to the relevant collection account
b) national subsidies and other benefits accorded to any Co-Producer for the Film
c) any prize money relating to the Film
d) any interest accruing on the collection accounts referred to in Cause 25
e) value added tax refunds (and other tax benefits) obtained by any Co-Producer.

Hier handelt es sich nur um grundlegende Strukturen, die in vielen Formen verhandelt werden können, mit der Ausnahme von Vorgaben durch EURIMAGES (falls beteiligt), bzw. Interessen einer Completion Bond Company oder von Banken und Investoren. Insbesondere in 24.3 sollte darauf geachtet werden, inwieweit nationale Regelungen bindend und bestimmend sind, z.B. Referenzfilmförderung.

25. Collection

25.1 For Receipts from (A's) Territory, A shall set up a separate interest-bearing collection account in the name „(A, B, C) Collection Account for Receipts from (A's) Territory (title of Film)" at (name and address of bank and branch).

25.2 For Receipts from (B's) Territory, B shall set up a separate interest-bearing collection account in the name „(A, B, C) Collection Account for Receipts from (B's) Territory (title of Film)" at (name and address of same bank and branch).

25.3 For Receipts from (C's) Territory, C shall set up a separate interest-bearing collection account in the name „(A, B, C) Collection Account for Receipts from (C's) Territory (title of Film)" at (name and address of same bank and branch).

25.4 For Receipts from the Rest of the World, A shall set up a separate interest-bearing collection account in the name „(A, B, C) Collection Account for Receipts from the Rest of the World (title of Film)" at (name and address of same bank and branch).

25.5 Each Co-Producer shall irrevocably instruct the relvant distributors to remit receipts to the relevant collection account.

25.6 By a letter in the form of Appendix E the Co-Producers shall, no later than 7 days after the Delivery Date, jointly instruct the relevant bank to deal with monies in the collection accounts according to this Clause 25 and shall obtain from the relevant bank an irrevocable waiver of all rights as set-off. The Co-Producers shall jointly give further written instructions to the relevant bank regarding any necessary adjustments to the schedule to the bank instructions, in the light of the certified cost statement referred to in Clause 27.

Statt des hier vorgeschlagenen Modells kann der Einzug der Einnahmen z.B. auch über eine unabhängige Agentur wie die National Film Trustee Company in London geschehen. Im Falle einer Bankfinanzierungsbeteiligung werden die entsprechenden Konten wahrscheinlich bei dieser Bank angesiedelt sein.

26. Records

(...)

27. Certification of Costs

(A) shall be responsible for arranging for a firm of chartered accountants to prepare a statement of the costs of production of the Film certified by the accountants as complete and accurate and further showing a reconciliation of the production costs with the Budget. The Co-Producers shall co-operate with the firm of accountants for this purpose.

28. Insolvency

28.1 In this Agreement, „Event of Insolvency" shall mean any deterioration in the financial circumstances of a company which prejudices the legal status of that company.

28.2 The Co-Producers hereby declare a trust over the rights in the Film, for their respective interests according to Clause 18.2.

28.3 The Co-Producers hereby declare a trust over the negative and other physical materials of the Film, for their respective interests according to Clause 22.

28.4 The Co-Producers hereby declare a trust over any money held in any production account relating to the Film, for their respective interests according to Clause 9.

28.5 The Co-Producers hereby declare a trust over any money held in any collection account relating to the Film, for their respective interests according to Clause 24.

28.6 The licence of Underlying Rights to any Co-Producer under Clause 2 shall terminate automatically if any Event of Insolvency occurs in relation to that Co-Producer.

28.7 If any Event of Insolvency occurs in relation to the licensor of the Underlying Rights under Clause 2, the other Co-Producers shall be entitled to purchase the licensor's interest in the Underlying Work at a fair market values.

28.8 Subject to licences granted to third parties, the licence of distribution rights to any Co-Producer under Clause 20 shall terminate automatically if any Event of Insolvency occurs in relation to that Co-Producer.

28.9 Any agreement between one or all of the Co-Producers as licensor and a distributor shall include provisions to the effects that:

a) the distributor holds in a dedicated collection account on trust for the Co-Producers for their respective interests according to Clause 24 any money which is or will become payable by such distributor to te licensor

b) if an Event of Insolvency occurs in elation to the licensor, the distribution agreement shall be serviced by those Co-Producers in relation to which an Event of Insolvency has not occured.

28.10 Any financing agreements between any Co-Producer and a third party for financing the Budget shall include a provision to the effect that if an Event of Insolvency occurs in relation to that Co-Producer then:

a) the third party shall be entitled to recover advances already provided to that Co-Producer in relation to which an Event of Insolvency has not yet occured

b) any further advances shall be made directly to the other Co-Producers in relation to which an Event of Insolvency has not yet occured, subject to those Co-Producers asuming towards the third party the obligations of the Co-Producer in relation to which an Event of Insolvency has occured.

Der Bankrott eines beteiligten Koproduzenten kann unterschiedliche Elemente in Gefahr bringen: sowohl die ursprünglichen Rechte als auch das Copyright am Film, die physischen Elemente des Films als auch Gelder in den Produktionskonten oder Gelder in den Einzugskonten. Auch hier müssen die individuellen Ländergesetzgebungen sorgfältig beachtet werden. Rechtsberatung ist dringend empfohlen.

29. Termination

(...)

30. Choice of Law

The Co-Producers agree that this Agreement shall be governed by the laws of (country).

Das anzuwendende Recht muß definiert sein, und dies möglichst präzise. Diese Wahl umfaßt das Vertragsrecht, Steuerrecht und Konkursrecht und sollte nur mit juristischem Beirat entschieden werden.

31. Jurisdiction

The Co-Producers agree to submit to the jurisdiction of the following courts:

a) the court of (   ) if (A) is the party to be sued

b) the court of (   ) if (B) is the party to be sued

c) the court of (   ) if (C) is the party to be sued

Die Wahl des Gerichtsstandortes ist von folgenreicher Konsequenz und sollte nur mit juristscher Beratung entschieden werden.

Signed by

Name in capitals:

Position

duly authorized on behalf of (A)

in the presence of:

Signature of witness

Name of witness in capitals

address of witness

Signed by
Name in capitals:
Position
duly authorized on behalf of (A)
in the presence of:
Signature of witness
Name of witness in capitals
address of witness

Signed by
Name in capitals:
Position
duly authorized on behalf of (A)
in the presence of:
Signature of witness
Name of witness in capitals
address of witness

Appendices
Appendix A – Budget
Appendix B – Financing Plan
Appendix C – Specifications
- running length
- film stock
- aspect ratio
- name of director
- name of script writer
- name of composer
- names of artists for lead roles (if different to 1st, 2nd, 3rd roles according to the European convention)
- name of artist for first performing role
- name of artist for second performing role
- name of artist for third performing role
- name of cinematographer
- name of sound recordist
- name of film editor
- name of art director/designer
- studio/shooting locations
- post-production location
- laboratory

Appendix D – Delivery materials
1. original picture and sound negative
2. feature interpositive and internegative
3. international textless backgrounds for main/end titles
4. trailer interpositive and internegative
5. international trailer textless backgrounds

6. 35mm/optical sound track feature and trailers
7. 35mm/magnetic m/e tracks feature and trailers
8. 35mm/3track magnetic sound tracks for feature and trailer

Appendix E – instructions to bank

To: (name of bank)
(address)
for the attention of (name) (date)
Dear Sirs,
Re: (title of Film)
1. We refer to:
account No ( ) in the name (A,B,C) Collection Account for receipts from (A's) Territory (title of film)
account No ( ) in the name (A,B,C) Collection Account for Receipts from the Rest of the World (title of Film)
account No ( ) in the name (A,B,C) Collection Account for Receipts from (B's) Territory (title of Film)
account No ( ) in the name (A,B,C) Collection Account for Receipts from (C's) Territory (title of Film) all held at (bank, branch) (together „the Collection Accounts").
2. We further refer to the co-production agreement dated (date) between (A, B and C) relating to the film provisionally entitled ( ) and we attach a copy of the coproduction agreement („the Co-Production Agreemet").
3. By this letter, we irrevocably instruct you to deal with the money (and any interest accrued tereon) in the Collection Accounts according to Clause 25 of the Co-Production Agreement. For this purpose the relevant amounts to be recouped and the details of the parties entitled to recoup and/or participate in the net profits are set out in the attached schedule.
4. You confirm your agreement to the above by signing and returning to us the attached duplicate of this letter,
Yours sincerely
duly authorized on behalf of (A)
duly authorized on behalf of (B)
duly authorized on behalf of (C).
We confirm our agreement to the above
athorized signature for
(bank)
(date)
(attach recoupment schedule)

Die Bankinstruktionen sollten auf dem Briefpapier jedes Koproduzenten erstellt sein.

Anlage Nr. 10

Darstellung eines Finanzierungsplans für eine europäische Koproduktion im Rahmen der EURIMAGES-Förderung

In diesem Fall handelt es sich um einen fiktiven französischen Spielfilm mit deutscher Minoritätsbeteiligung – eine französisch-deutsche Koproduktion – mit insgesamt 4 Partnern (erforderlich sind mindestens 3)

Filmtitel („X“)		FF	DM
Gesamtherstellungskosten		32.230.000	9.572.310
Frankreich	80%	7.657.848	
Deutschland	20%	1.914.462	
1. Ausführender Produzent / Frankreich			
a) Aide selective, dtsch.-franz. Abkommen		1.150.000	341.550
b) Fernsehbeteiligung		8.000.000	2.376.000
c) Soficas			
Sofica I		1.750.000	519.750
Sofica II		1.750.000	519.750
d) Eurimages		1.723.000	511.731
e) Eigenmittel des Produzenten		4.965.000	1.474.605
f) Partner 1 (z.B. Österreich) (inkl. EURIMAGES 82.269 DM)		3.612.200	1.072.823
g) Partner 2 (z.B. Niederlande)		2.833.800	841.639
gesamt		25.784.000	7.657.848
2. Koproduzent / Deutschland			
h) FFA (deutsch-franz. Abkommen)*			100.000
i) EURIMAGES			148.500
j) Filmbüro Berlin-Brandenburg			400.000
k) Film Fonds Hamburg			270.000
l) Filmstiftung NRW			290.000
m) FKT Berlin			300.000
n) Eigenmittel des Produzenten (Verleihgarantie)			405.962
gesamt			1.914.462

* Richtlinie betr. die Antragstellung für Projektfilmförderung nach dem Abkommen zwischen der Bundesrepublik Deutschland und der Regierung der Französischen Republik vom 5. Februar 81 – geändert am 24. November 87 – gemäß §32 Abs. 6 FFG
„Auf der Grundlage (...) kann die FFA jährlich den Herstellern von je 3 majoritären und 3 minoritären deutsch-französischen Gemeinschaftsproduktionen auf Antrag zur Finanzierung der Herstellungskosten eines nach den Vorschriften des FFG programmfüllenden deutschen Films ein zweckgebundenes, zinsloses und bedingt rückzahlbares Darlehen gewähren, sofern das Projekt als deutsch-französische Gemeinschaftsproduktion verwirklicht werden soll und von der nach § 4 vorgesehenen Kommission als zu fördernd anerkannt worden ist.

Im Falle einer minoritären deutschen Gemeinschaftsproduktionsbeteiligung kann eine Gleichstellung mit einer majoritären deutschen Gemeinschaftsproduktion dann erfolgen, wenn die für diesen Förderungsbereich zur Verfügung gestellten Förderungshilfen nicht an Vorhaben mit Mehrheitsbeteiligunge bereits verausgabt worden sind und der Regisseur Deutscher ist.
Die Förderung kann auch erfolgen bei einer Mindestbeteiligung von 20%, jedoch nur bei Vorhaben mit besonderer europäischer Bedeutung und Gesamtherstellungskosten von mindestens 3 Mio DM. Die Förderung kann allein oder zusätzlich zu einer bereits erteilten Förderung erfolgen."

Anlage Nr. 11 Antragsformulare EURIMAGES

Application form for the support of a

FEATURE FILM CO-PRODUCTION

I - LIST OF DOCUMENTS REQUIRED FOR PROJECT APPLICATION [1 ; 2]

☞ **In 2 COPIES**

. UNBOUND (i.e. no staples, paperclips, etc.)
. PAGE-NUMBERED (i.e. page numbering for the whole file)
. PROVIDED ON ONE SIDE OF THE PAPER ONLY
. ON UNIFORM PAPER, A4 SIZE ONLY (21 x 29.7 CM)
(no plastic or cardboard dividers, no inserts, avoid colour photos, etc...)

documents (1 to 9) in the languages indicated below:

1.	Application form completed in typescript	English **or** French
2.	A one page synopsis of the film and the treatment [maximum 15 pages]	English **and** French
3.	The director's comprehensive comments on the style, structure and visual elements of the film, and a brief description of the main characters	English **and** French
4.	A list of principal actors and principal technical crew members (names and nationalities)	English **or** French
5.	Dates and location(s) of principal photography (as well as name and location of laboratory)	English **or** French
6.	A detailed filmography of a. the director; b. all co-producers; c. the principal actors; d. the principal technicians. These documents should mention participation in festivals and the countries of release of recent films (cinema, TV)	English **or** French
7.	An expenditure breakdown between co-producers in FF (according to the following model)	English **or** French
8.	A financing plan specifying each co-producer's contribution to the financing of the film in the co-producer's national currency and in FF (see following model), the sources of finance as well as the amount applied for to Eurimages	English **or** French
9.	Details of the marketing strategy and the distribution plan	English **and** French

☞ **1 COPY, in English or French, of documents (a. to g.)**

a.	A statement from the other co-producers that the delegate producer is designated to act as their representative on this occasion
b.	A copy of the co-production agreement(s) between the co-producers, including any appendices and addenda to the(se) agreement(s)
c.	Contracts or letters of intent from the principal actors
d.	A detailed budget in the relevant currencies
e.	Relevant items of evidence, if already available, regarding sources of finance of the film detailed in the financing plan referred to in item 8 above
f.	The script (if possible in French **or** English, otherwise in the original language)
g.	Recent excerpts from the national registry of companies of each co-producer's country, stating the legal status of each of their companies and the names of the persons who are authorised to enter into agreements on behalf of the company concerned

---

1 **NO DOCUMENT FORWARDED BY FAX WILL BE ACCEPTED**

2 **ALL CORRESPONDENCE AND REQUIRED DOCUMENTS SHOULD BE WRITTEN IN EITHER ENGLISH OR FRENCH OR, IF APPROPRIATE, ACCOMPANIED BY A TRANSLATION INTO ENGLISH OR FRENCH**

FOR INFORMATION:

II - LIST OF ADDITIONAL DOCUMENTS TO BE PROVIDED WHEN THE FINANCIAL ASSISTANCE APPLIED FOR HAS BEEN AWARDED

(to complete the Award Agreement) [1]

☞ **1 COPY, In English or French, of documents (I. to VII.)**

I.	A proof of the transfer to the co-producer concerned, of the rights of the director, of the scriptwriter(s) and, if appropriate, of the existing copyright of the literary or dramatic work on which the script is based
II.	A detailed budget in the relevant currencies if changed from that previously submitted
III.	The revised financing plan including the amount of financial assistance awarded by Eurimages (see the following model)
IV.	All outstanding relevant items of evidence confirming the various sources of finance of each co-producer
V.	Any addendum to the co-production agreement(s)
VI.	The definitive cast and crew list
VII.	The detail(s) of the bank account(s) opened specifically for this co-production.

1 **ALL CORRESPONDENCE AND REQUIRED DOCUMENTS SHOULD BE WRITTEN IN EITHER ENGLISH OR FRENCH OR, IF APPROPRIATE, ACCOMPANIED BY A TRANSLATION INTO ENGLISH OR FRENCH**

Application form [1] for the support of a

FEATURE FILM CO-PRODUCTION

NB: BEFORE COMPLETING THIS APPLICATION FORM, PLEASE CONTACT THE EURIMAGES SECRETARIAT TO ENSURE THAT YOU HAVE THE MOST UP-TO-DATE VERSION

Original title of the project (translation into French or English if appropriate) . . . .

. . . .

Name of the director(s) . . . .

Nationality(ies) . . . .

Original script / adaptation [2] . . . .

If adaptation, please name the source material . . . .

Author . . . .

Name of the scriptwriter(s) . . . .

Nationality(ies) . . . .

Nature of the project Drama/Dramatic Comedy/Adventure/Thriller/Science Fiction/Historic/Cartoon/Children's film [2]
Other . . . .

Language of Original version . . . .

Length . . . . hours . . . . min Colour / b & w / 35 mm / 16 mm / [2]
other . . . .

Planned starting date of the shooting . . . . Duration . . . .

Planned release date: Country 1 . . . .
Country 2 . . . .
Country 3 . . . .

ESTIMATED TOTAL PRODUCTION COSTS

Amount in national currency . . . . in FF . . . .

Rate of exchange (please contact Eurimages Secretariat, see para. 7.2 of Regulations) . . .

Amount of financial assistance applied for:

- in FF . . . . Percentage of total production costs: . . . . %

---

1) *EURIMAGES reserves the right to exchange the information contained in this form with the Media Programme*
2) *Please delete as appropriate*

---

1. DELEGATE PRODUCER (designated to represent all the co-producers to EURIMAGES)

Name of Company . . . .

Name of representative in charge . . . . Function . . . . . .

Address . . . .

. . . .

. . . . Country . . . .

Telephone No . . . . Fax No. . . . .

---

2. CO-PRODUCER

Name of Company . . . .

Name of representative in charge . . . . Function . . . . . .

Address . . . .

. . . .

. . . . Country . . . .

Telephone No . . . . Fax No. . . . .

---

3. CO-PRODUCER **)*

Name of Company . . . .

Name of representative in charge . . . . Function . . . . . .

Address . . . .

. . . .

. . . . Country . . . .

Telephone No . . . . Fax No. . . . .

**) If more than three co-producers from member and/or non-member States of EURIMAGES are involved, please give their details in an appendix, using the same format.*

The undersigned, representing all co-producers involved, herewith declares to have received, understood and agreed to EURIMAGES' support conditions as laid down in the Regulations stipulated by the Board of Management.

Signature of applicant: . . . . Date : . . . .

Name of signatory: . . . .

Please send all the documents requested to EURIMAGES, specifying as follows:

FREIGHT OF CARRIAGE AND INSURANCE PAID UP TO [1]
COUNCIL OF EUROPE
EURIMAGES
PALAIS DE L'EUROPE
AVENUE DE L'EUROPE
F - 67075 STRASBOURG CEDEX

Tel: (33) 88 41 26 40
Fax: (33) 88 41 27 60

---

1) *to be indicated for dispatches from countries outside the European Union*

EXPENDITURE BREAKDOWN BETWEEN CO-PRODUCERS *[NB: Reimbursable V.A.T. not to be included]*

FILM TITLE

BUDGET ESTIMATE AS AT 199	TOTAL (in FF)	Co-producer's name	share in %	Co-producer's name	share in %	co-producer's name	share in %
1. Research, writers and rights							
2. Producers							
3. Director							
4. Actors							
5. Production staff							
6. Social security charges and taxes							
7. Studio rentals							
8. Sets and costumes							
9. Equipment, rentals and purchases							
10. Raw stock and laboratory							
11. Travel, transport and living expenses							
12. Post-production							
13. Insurance							
14. Overheads							
15. Contingencies							
16. Financial participation							
TOTAL							

HOW TO FILL IN THE FOLLOWING FINANCING PLAN

1 If the amount of financial assistance granted by EURIMAGES is different from that applied for, you are requested to send a revised financing plan following the same model.

2 Indicate the co-producer's sources of finance (name of company) and enclose all items of evidence of financing (contracts, letters, decisions, etc...).

3 Indicate the date the contract was signed or, if appropriate, indicate "under negotiation".

4 Specify rights (e.g. theatrical, video, TV, all rights, etc...) and territory covered (e.g. exclusive territory, rest of the world).

IMPORTANT : **Distribution guarantees and presales included in the financing plan approved by the Board of Management are not considered as producer's net receipts subject to EURIMAGES' repayment procedure if the producer provides validating documentation before the principal photography begins.**

5 Submit, if appropriate, bank references guaranteeing the financial capacity of the producer.

6 Specify as appropriate, e.g.: financial participation, subsidies, loans, deferrals.

7 Calculate the percentage of the total amount applied for (granted by) EURIMAGES to this co-producer.

N.B.: This percentage must be equal to the percentage mentioned below (at 8) except in cases of disproportionate allocation of the support according to Article 4.3 of the Regulations concerning the feature film.

8 Indicate the percentage of the total production costs.

IMPORTANT: minimum eligible 10% of total production cost
maximum eligible 70% of total production cost.

FINANCING PLAN AS AT .... 199[1]

TITLE OF THE FILM ....

ESTIMATED TOTAL PRODUCTION COSTS

Amount in national currency .... in FF ....
Rate of exchange ....
Amount of financial assistance applied for (granted by) EURIMAGES:
- in FF .... Percentage of total production costs ....%

1. NAME OF CO-PRODUCER / COUNTRY ....

Sources of finance[2]	Date[3]	Detail	Amount (nat. currency)	Amount (in FF)
Public support				
....	....	....	....	....
....	....	....	....	....
....	....	....	....	....
Television				
1. Co-production				
....	....	....	....	....
....	....	....	....	....
2. Television rights				
....	....	....	....	....
	....	....	....	....
Distribution guarantees		[4]		
....	....	....	....	....
....	....	....	....	....
....	....	....	....	....
....	....	....	....	....
Presales		[4]		
....	....	....	....	....
....	....	....	....	....
....	....	....	....	....
....	....	....	....	....
National co-producer				
....	....	....	....	....
Producer own investments[5]				
....	....	....	....	....
Other		[6]		
....	....	....	....	....
....	....	....	....	....
....	....	....	....	....
SUB-TOTAL				
EURIMAGES				= % [7]
TOTAL				= % [8]

FINANCING PLAN AS AT .... 199[1]

TITLE OF THE FILM ....

2. NAME OF CO-PRODUCER / COUNTRY				
Sources of finance[2]	Date[3]	Detail	Amount (nat. currency)	Amount (in FF)
Public support	....	....	....	....
Television 1. Co-production	....	....	....	....
2. Television rights	....	....	....	....
Distribution guarantees	....	[4]	....	....
Presales	....	[4]	....	....
National co-producer	....	....	....	....
Producer own investments[5]	....	....	....	....
Other	....	[6]	....	....
SUB-TOTAL				
EURIMAGES				= % [7]
TOTAL				= % [8]

FINANCING PLAN AS AT .... 199[1]

TITLE OF THE FILM ....

3. NAME OF CO-PRODUCER / COUNTRY				
Sources of finance[2]	Date[3]	Detail	Amount (nat. currency)	Amount (in FF)
Public support				
…	…	…	…	…
…	…	…	…	…
…	…	…	…	…
Television				
1. Co-production				
…	…	…	…	…
…	…	…	…	…
2. Television rights				
…	…	…	…	…
	…	…	…	…
Distribution guarantees		[4]		
…	…	…	…	…
…	…	…	…	…
…	…	…	…	…
…	…	…	…	…
Presales		[4]		
…	…	…	…	…
…	…	…	…	…
…	…	…	…	…
…	…	…	…	…
National co-producer				
…	…	…	…	…
Producer own investments[5]				
…	…	…	…	…
Other		[6]		
…	…	…	…	…
…	…	…	…	…
…	…	…	…	…
SUB-TOTAL				
EURIMAGES				= % [7]
TOTAL				= % [8]

Anlage Nr. 12

Auszüge aus dem Gesellschaftervertrag „Fünfundzwanzigste Beteiligungs-KG VIDEAL", Jan. 1995

§ 1 Gegenstand der Beteiligung, Mitunternehmerschaft (...)

§ 2 Beteiligungskapital

Die persönlich haftende Gesellschafterin kann weitere Personen als Kommanditisten in die Gesellschaft aufnehmen und zwar mit einem Kommanditkapital bis zu insgesamt DM 10.000.000,-. Das Kommanditkapital kann bis zu DM 15.000.000,- zur Realisierung weiterer Produktionen erhöht werden. In jedem Fall richtet sich die Verwendung des KG-Kapitals nach dem in den Emissionsunterlagen vorgesehenen Schlüssel.

§ 3 Dauer der Gesellschaft (...)

§ 4 Treuhandschaft (...)

§ 5 Vertretung und Geschäftsführung

(1) Zur Vertretung und Geschäftsführung ist allein VIDEAL berechtigt und verpflichtet, wobei sie Dritten gegenüber im eigenen Namen auftritt. VIDEAL handelt durch ihre gesetzlichen Vertreter.

(2) Die Geschäftsführungsbefugnis von VIDEAL erstreckt sich auf alle Handlungen, die der gewöhnliche Geschäftsverkehr mit sich bringt und welche zur Erreichung des Unternehmenszweckes erforderlich erscheinen.

(3) VIDEAL ist zu sparsamer Geschäftsführung verpflichtet.

§ 6 Ausschluß der Nachschußpflicht

Über die Verpflichtung zur Vermögenseinlage gemäß Beitrittserklärung hinaus sind die Kommanditisten zu einem Nachschuß nicht verpflichtet, auch nicht als Ausgeich untereinander.

§ 7 Gewinn und Verlust, Gewinnentnahmerecht, Konten, Vergütung

(1) Am Jahresgewinn der Gesellschaft und an einem eventuellen Jahresverlust nehmen die Kommanditisten im Verhältnis ihrer Beteiligung am KG-Kapital teil. Entnahmen der Gesellschafter sind nur auf Beschluß der Gesellschafterversammlung zulässig. §172 (IV) HGB bleibt unberührt.

(2) Die Kapitaleinlagen der Kommanditisten werden auf einem festen Kapitalkonto verbucht. Eine Veränderung dieses festen Kapitalkontos kann nur durch Gesellschafterbeschluß erfolgen.

(3) Die geschäftsführende Gesellschafterin erhält ab einschließlich 1996 vorab als Vergütung für ihre Geschäftsführungstätigkeit einen Betrag in Höhe von 15% der Nettoerlöse der Gesellschaft (Nettoerlöse sind alle erwirtschafteten Erlöse abzüglich der Mehrwertsteuer). Die geschäftsführende Gesellschafterin ist berechtigt, auf diese Vergütung angemessene Vorabbeträge zu entnehmen. Die Vergütung entfällt ggf. nach Beitritt der Gesellschaft zu einer gemeinsamen Auswertungsgesellschaft aller VIDEAL-Gesellschaften, sofern dort eine entsprechende Vergütung vorgenommen wird.

§ 8 Zustimmungsbedürftige Rechtsgeschäfte, Genehmigungen (...)

§ 9 Kontroll- und Informationsrecht

(1) Den Kommanditisten wird ein Informations- und Kontrollrecht gemäß §§118 HGB, 716 BGB eingeräumt

(2) Die Kommanditisten können verlangen, daß sie halbjährlich Berichte über alle wesentlichen Geschäftsvorgänge erhalten.

§ 10 Gesellschafterversammlung (...)
§ 11 Beirat (...)
§ 12 Jahresabschluß (...)
§ 13 Auflösung der Kommanditgeselschaft (...)
§ 14 Veräußerung von Gesellschaftsanteilen (...)
§ 15 Schlußbestimmung (...)

Anlage Nr. 13
Funktionsschema 25. Beteiligungs-KD VIDEAL

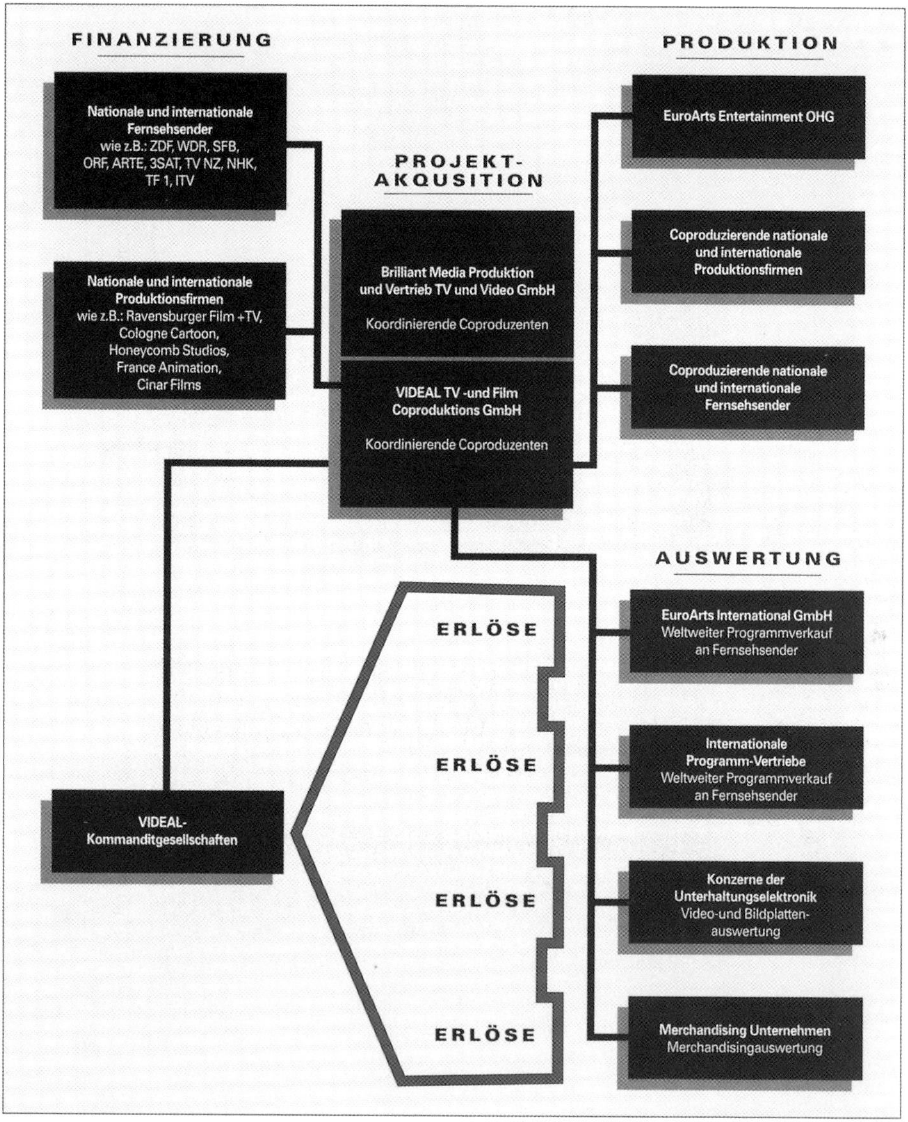

Funktionsschema zur Verdeutlichung der Ertragsrückflüsse und der Funktion der an den Projekten beteiligten Partner :
Die Aufteilung der Produktionsaufwendungen auf verschiedene Partner sowie die nachhaltige Kontrolle der branchenerfahrenen Initiatoren bei der Finanzierung, der Produktion und in allen Auswertungsbereichen gewährleistet eine umfassende Erfolgsoptimierung.

Anlage Nr. 14

Beispiel VIDEAL-Steuervorteil

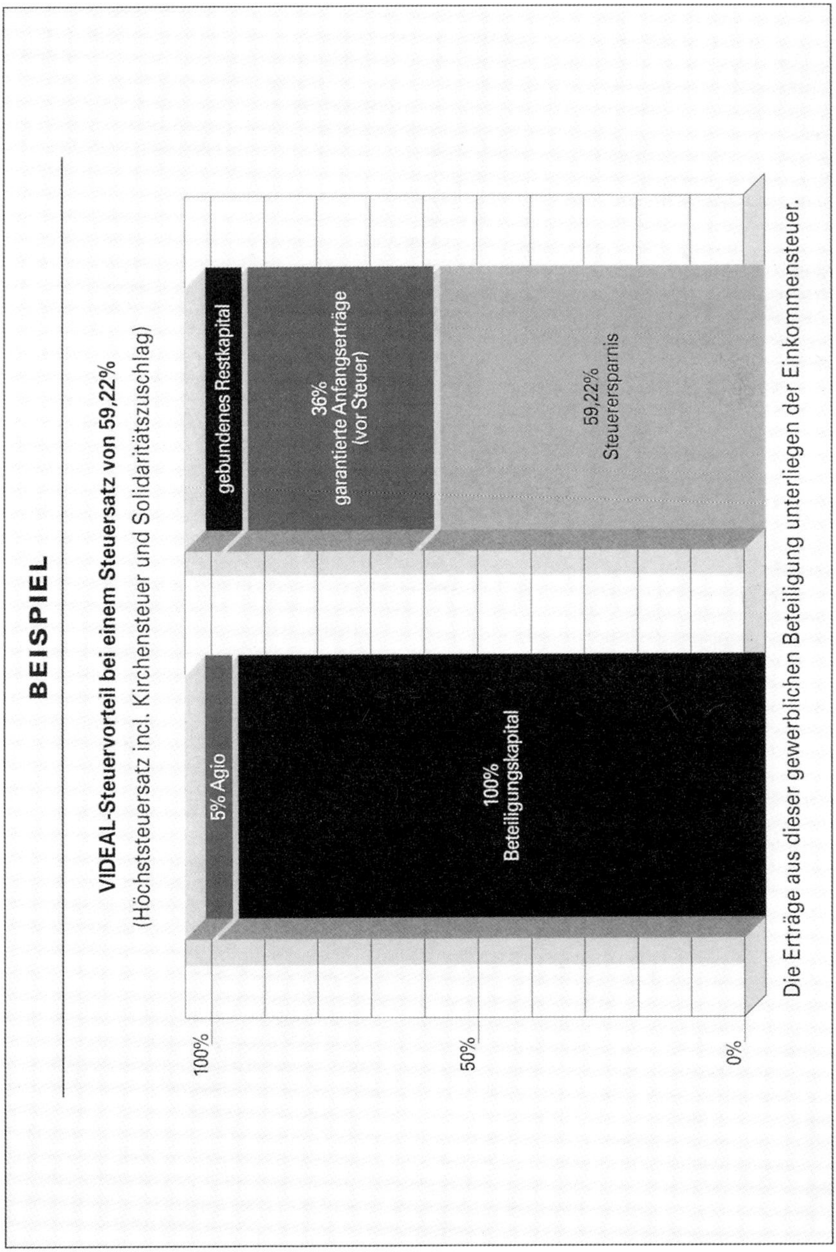

Anlage Nr. 15

Bisheriger Verlauf vergleichbarer Vorläufergesellschaften

Stand: Oktober 1994

Bet.-KG	11. Bet.-KG	12. Bet.-KG	13. Bet.-KG	14. Bet.-KG	15. Bet.-KG	16. Bet.-KG	17. Bet.-KG	18. Bet.-KG	19. Bet.-KG	20. Bet.-KG	21. Bet.-KG
Placierung	1988	1989	1989	1990	1990	1991	1991	1992	1992	1993	1993
Produktherstellung	1988/ 1989	1989	1989/ 1990	1990/ 1991	1990	1991/ 1992	1991	1992/ 1993	1992	1993/ 1994	1993/ 1994
1. Auswertungsjahr	1990	1990	1991	1992	1991	1993	1992	1994	1993	1995	1995
Auswertungsjahre	4 3/4	4 3/4	3 3/4	2 3/4	3 3/4	1 3/4	2 3/4	3/4	1 3/4	0	0
Steuerliche Verlustzuweisung	78,91%*	103.35%	81,21%*	85,46%*	99,87%	81,47%*	99,89%	85,04%*	96,70%	99,69%	95,26%
Erträge in der Investitionsphase (steuerfrei)	20%		18%	18%		18%		16,05%			
Durch Verlustzuweisung Erstattung aus Steuermitteln bis zu	56%	59%	57%	55%	55%	57%	57%	56%	56%	55%	55%
Ausschüttungen bis 31.10.1994 auf das Nominalkapital (Die Erträge unterliegen der Einkommensteuer)	69%	55%	43%	37%	36%	31%	33%	20%	25%	**	5%**
Bei höchster Steuerprogression Rückfluß vor Steuer auf das effektiv eingesetzte Kapital	156,81%	134,14%	100,00%	82,22%	80,00%	72,09%	76,74%	45,45%	56,81%		11,62%

* Verlustzuweisungsquote bedingt durch frühzeitige Ertragsausschüttungen schon während der Investitionsphase.

** Das erste Auswertungsjahr der 20. bzw 21. Bet-KG ist das Jahr 1995. Bereits heute zeichnen sich für die Gesellschaften überdurchschnittliche Auschüttungsergebnisse ab.

Die 22. Bet.-KG und die 23. Bet.-KG wurden 1994 placiert.

Die Gesellschaften bis einschließlich 13. Bet.-KG/1991 sind abschließend finanzamtlich betriebsgeprüft.

Der Autor

© Nicole Weegmann

Bastian Clevé, Jg. 1950, hat 1991 den Studiengang PRODUKTION an der Filmakademie Baden-Württemberg in Ludwigsburg aufgebaut und leitet ihn seitdem. Davor war er 12 Jahre lang in Los Angeles als Autor, Produktionsleiter, Regisseur und Line-Producer für deutsche und amerikanische Fernseh- und Kinoproduktionen tätig. In der Zeit von 1972-79 hat er in Deutschland für seine Filme zahlreiche Preise und Auszeichnungen erhalten (u.a. Deutscher Filmpreis 1978 und 1979). Zu zahlreichen, weltweiten Vorlesungsreisen gesellen sich weitere Veröffentlichungen, u.a.: „The Art of Personal Filmmaking" (1989), „Film Production Management" (Focal Press, 1994) und „Investoren im Visier" (Bleicher Verlag, 1997).

* * *

Weitere geplante Titel in der Reihe Produktionspraxis:

- **Messen, Märkte, Festivals**
  Video, Film und Fernsehen auf dem Weg an die Öffentlichkeit
- **Kinos und Filmverleih**
  Strukturen und Märkte
- **Who is Who bei Film und Fernsehen**
  Schauspieler, Agenten, Manager, Intendanten, Regisseure
- **Handbuch Filmrecht**
  Rechte und Pflichten von Schauspielern, Produzenten, Regisseuren, Autoren
- **Handbuch Ausbildung**
  Fachhochschulen, Filmhochschulen, Universitäten für Film, Fernsehen und Theater
- **Produktionsmanagement für Film und Fernsehen**